2009年2月

NOMIKA債権総論　正誤表

渡辺達徳・野澤正充著＝NOMIKA『債権総論』（平成19年11月30日初版1刷）に誤りがございました。ここにお詫び申し上げます。訂正一覧を作成いたしましたので、読者の皆様には訂正してご利用いただきたくお願い申し上げます。

弘文堂編集部

頁／行	訂正前	訂正後
はしがきi頁9行目	④	③
24頁2行目	322条・323条1項 抵当権に関する374条	321条・322条 抵当権に関する375条
32頁11行目 同頁18行目 同頁下から3行目、 下から1行目条文、 それぞれ	選択権を持たない 取り消すことが 411条1項 411条2項	選択権を有する 撤回することが 411条本文 411条但書
45頁下から18行目・5行目・3行目、47頁上から15行目、同頁図、キャプション	榁限	榁原
74頁中段、「次に、②履行代行者とは、…」から始まる段落2行目	(i)は、受任者（104条）	(i)は、委任による代理人（104条）
111頁下から3行目	(419条2項)	(420条2項)
119頁4行目	第3章に	Ⅲに
120頁下から5行目	自己の財産	自己の債権
121頁10行目②	「② 履行の請求：1の…」	「② 履行の請求：119頁の…」
130頁2行目	「確定判決をなどの…」	「確定判決などの」
134頁2行目 同頁18行目	「＊　債権者代権の…」 「本節4の冒頭（2）で述べたように」	「＊　債権者代位権の…」 「本節2 2で述べたように」
139頁2行目、次の条文を加える	(破産78条)	(破産78条・173条1項)
142頁下から2行目	強制施行	強制執行

149頁15行目、判例年月日	最判昭52・7・21	最判昭52・7・12
162頁下から3行目	500万円づつ	500万円ずつ
164頁1行目	債権債務・債務	債権・債務
165頁3行目		「不可分債務についてしか規定していないが、不可分債権も同様であり、」を削除
165頁「2－2 相対的効力」4、6行目	429条1項本文 429条1項但書	429条1項前段 429条1項後段
166頁2行目、3行目条文	(430条本文) (430条但書)	(430条) (430条)
170頁4～5行目の記述を改める	「…ABCの各負担部分は80万円となる。」	「…BCの負担する連帯債務額は280万円となり、これをAが80万円、BとCが100万円ずつ負担することとなる。」
同頁、7行目	「240万円÷20「万円」を…」	「240万円÷40万円」を…」
175頁図のキャプション	連帯責務	連帯債務
186頁14行目判例カード中	「主の売主の債務不履行…」	「主の債務不履行…」
同行	「…売主が買い主に負担することあるべき…」	「…売主が買い主に対し負担することあるべき…」
同頁18行目	「任ずるものと認めるを…」	「任ずるものと認めるのを…」
193頁下から2行目	無視力	無資力
202頁18行目	①367条2項	①366条2項
222頁下から5行目	右抗弁権	同抗弁権
226頁7行目	「有するに至ったか応じて」	「有するに至ったかに応じて」
259頁17行目	債権質権者（367条）	債権質権者（366条）
281頁9行目	501条1号	501条後段1号
308頁8行目	健康保険68条	健康保険61条
314頁2行目	乙債権（2箇所ある）	丙債権（2箇所とも訂正）
331頁判例索引右段3行目、判例年月日	昭52・7・21	昭52・7・12

弘文堂NOMIKA

3

債権総論

渡辺達徳　野澤正充

弘文堂

はしがき

　本書は，「弘文堂ノミカ（NOMIKA）シリーズ」の第3弾として，松尾弘＝古積健三郎『物権法』，前田陽一『債権各論Ⅱ―不法行為法』に続いて刊行されるものである。

　本シリーズの基本的スタイルは，すでに既刊2冊の「はしがき」にも紹介されているとおり，①基本的にパンデクテン体系（Pandekten System）に忠実な解説の順序とすること，②個々の条文や制度の趣旨，意義，要件および効果の整理と確認を大切にするとともに，主要判例については事案に即して判旨を紹介すること，④活字のポイントを落として，辞書的な用語説明や一歩進んだ議論の紹介を行うこと，といった点に集約される。こうした解説を通じて，読者が実定法解釈を身に付けるための知的基盤をしっかりと整え，その上で，新たな問題意識を持って思索する場を提供することが，本シリーズで目指されていることであるといえよう。

　本書においては，「Ⅰ　序論」「Ⅱ　債権の目的」「Ⅲ　債権の効力」「Ⅶ　債権の消滅」を渡辺が，そして，「Ⅳ　責任財産の保全」「Ⅴ　多数当事者の債権関係」「Ⅵ　債権・債務および契約関係の移転」を野澤正充教授が，それぞれ担当し，執筆中は，原稿を持ち寄っては意見交換や検討を行う作業を幾度となく繰り返した。したがって，本書の全体について2人の執筆者の意見が反映されてはいるが，実質的には「分担執筆」であって，各執筆部分においては執筆担当者の特徴が表れたものとなっている。

＊　　　　＊　　　　＊

　翻って，現在，民法（債権法）の改正が俎上に載せられている（学会の有志により組織された「民法（債権法）改正検討委員会」のホームページ〔http://www.shojihomu.or.jp/saikenhou/〕から，情報を得られる）。また，債権法の改正に際して少なからぬ影響を与えると思われる「国際的動産売買契約に関する国連条約」（ウィーン売買条約）の批准も間近と伝えられる。さらには，野澤教授も「あとがき」で触れておられる「ユニドロワ国際商事契約原則」なども含めて，

債権法の理論状況および将来像を知る上で不可欠な国際的契約ルールが，近時，脚光を浴びている。そして，そう遠くない将来において，日本民法における債権法の規定は，大きく装いを改める可能性を秘めているといえよう。

　それにもかかわらず，この時期に債権総論の教科書を執筆し，刊行することについては，野澤教授にも私にも多少の逡巡がなかったわけではない。しかし，さきに記したような法学教育の変革期において，現在における債権法総則の理論および判例の到達点と将来に向けた課題を学習者に対して示す必要性は，決して否定され得ないであろう。また，本シリーズの眼目の一つである「読者が実定法解釈を身に付けるための知的基盤をしっかりと整え」ることは，普遍的な民法教育の目標として維持されるものといえよう。

＊　　　　　＊　　　　　＊

　本書の執筆が進められたのは，法科大学院における授業が開始され，修了者を対象として新司法試験が行われて，その合格者が司法修習を経て修了を迎えようとする時期と重なっている。この間，野澤教授も私も，法科大学院における未修者・既修者の教育に携わるとともに，法学部の授業や演習をも担当してきた。それゆえ，本書の原稿を持ち寄っての意見交換・検討会においては，原稿の内容そのものにとどまらず，法科大学院における民法教育，将来の法学部における民法教育，そして教科書や参考書のあり方などにも思いを馳せながら，夜遅くまで議論が重ねられたこともあった。本書の記述の中には，こうした経験が，ささやかながら顔を覗かせていることもあろうと推測している。

　こうした本書の執筆過程において，多くの知的刺激を与えてくださった野澤教授に感謝するとともに，意見交換・検討に終始お付き合いいただき，時には読者としての立場から有益なアドバイスをくださった弘文堂編集部の高岡俊英さんにも，この場を借りて御礼申し上げたい。

　　2007年10月

渡辺　達徳

目 次

はしがき……………………i

執筆担当
渡辺達徳…Ⅰ・Ⅱ・Ⅲ・Ⅶ
野澤正充…Ⅳ・Ⅴ・Ⅵ

債権総論

Ⅰ 序 論

1 債権の意義……3

2 債権法の対象……4
1 債権法が規定すべきことがら……4
2 債権法総則(債権総論)の構成……4

3 債権の機能……6
1 債権法の役割……6
2 債権総論に含まれる債権担保的規定……7

Ⅱ 債権の目的

1 はじめに……9
1 債権の目的とは何か……9
2 金銭に見積もることのできないもの……9
3 給付の要件……10
　3-1 確定性……10
　3-2 実現可能性……10
　3-3 適法性,社会的妥当性……11
4 民法に定める「債権の目的」……11

2 特定物債権 ... 13

1 特定物債権の意義 ... 13
2 特定物の引渡し義務を負う債務者の善管注意義務 ... 13
3 特定物に関するその他の効果 ... 14

3 種類債権 ... 15

1 種類債権の意義 ... 15
2 給付すべき物の品質 ... 16
3 種類債権の特定 ... 16
 3-1 規定の意義 ... 16
 3-2 特定の要件 ... 17
 3-3 特定の効果 ... 18
4 制限種類債権（限定種類債権） ... 19

4 金銭債権 ... 20

1 金銭債権の意義 ... 20
2 通貨による弁済 ... 21

5 利息債権 ... 22

1 利息債権の意義 ... 22
2 元本債権と利息債権 ... 23
 2-1 元本債権と利息債権との関係 ... 23
 2-2 基本権たる利息債権 ... 23
 2-3 支分権たる利息債権 ... 23
3 利息債権の発生と利率 ... 24
4 重　利 ... 24
5 利息制限法 ... 25
 5-1 法律の目的・概要 ... 25
 5-2 制限超過利息の取扱い ... 26

6 選択債権 …… *31*

1 選択債権の意義 …… *31*
2 選択権者 …… *31*
3 選択権の行使 …… *32*
4 選択の効果 …… *32*

III 債権の効力

1 はじめに——債権の効力の概観 …… *35*

1 民法の規定する「債権の効力」 …… *35*
2 債権の受領と請求 …… *36*
3 自然債務 …… *37*
4 債務と責任 …… *39*
 4-1 債務と責任の意義 …… *39*
 4-2 責任なき債務 …… *39*
 4-3 債務なき責任 …… *40*

2 第三者による債権侵害 …… *40*

1 はじめに …… *40*
2 債権侵害による不法行為 …… *41*
 2-1 通説による類型的整理 …… *41*
 2-2 通説批判と新しい体系化の方向 …… *42*
3 債権に基づく妨害排除請求 …… *45*
 3-1 判例準則のあらまし …… *45*
 3-2 事例類型ごとの整理 …… *46*

3 現実的履行の強制 …… *51*

1 はじめに …… *51*

2 直接強制（414条1項） 52
- 2-1 直接強制の意義 52
- 2-2 直接強制の要件および具体例 53

3 代替執行（414条2項） 53
- 3-1 代替執行の意義 53
- 3-2 代替執行の要件および具体例 54

4 間接強制 55
- 4-1 間接強制の意義 55
- 4-2 間接強制の要件および具体例 55

5 現実的履行の強制と損害賠償 57

4 債務不履行 58

1 はじめに——履行障害と債務不履行 58
- 1-1 履行障害の意味と債務不履行の位置付け 58
- 1-2 債務不履行の態様と基本的効果 60
- 1-3 債務不履行をめぐる議論の現状 62
- 1-4 本書における解説の構成 66

2 履行遅滞 67
- 2-1 履行遅滞の意義，要件 67
- 2-2 履行が可能なこと 68
- 2-3 履行期を徒過したこと 68
- 2-4 債務者の責めに帰すべき事由に基づくこと 70
- 2-5 履行しないことが違法であること（違法性） 77

3 履行不能 77
- 3-1 履行不能の意義，要件 77
- 3-2 履行の後発的不能 78
- 3-3 債務者の責めに帰すべき事由に基づくこと 79
- 3-4 履行不能が違法であること 79

4 不完全履行 79
- 4-1 不完全履行の意義，要件 79

- 4-2 不完全な履行が行われたこと ……… 81
- 4-3 債務者の責めに帰すべき事由に基づくこと ……… 82
- 4-4 不完全な履行が違法であること（違法性） ……… 82
- 5 その他の債務不履行 ……… 82
  - 5-1 はじめに ……… 82
  - 5-2 契約準備段階における信義則上の注意義務違反 ……… 84
  - 5-3 調査・開示・説明義務違反 ……… 85
  - 5-4 安全配慮義務違反 ……… 86
- 6 損害賠償 ……… 91
  - 6-1 はじめに ……… 91
  - 6-2 損害賠償の範囲 ……… 92
  - 6-3 過失相殺 ……… 105
  - 6-4 金銭債務の特則 ……… 107
  - 6-5 賠償額の予定 ……… 109
  - 6-6 損害賠償による代位 ……… 112
  - 6-7 代償請求権 ……… 113
- 7 受領遅滞（債権者遅滞） ……… 115
  - 7-1 受領遅滞の意義 ……… 115
  - 7-2 受領遅滞の法的性質 ……… 115

IV 責任財産の保全

1 債権の対外的効力 ……… 119
1. 責任財産の意義 ……… 119
2. 債務者の財産管理権への干渉 ……… 119

2 債権者代位権 ……… 120
1. 意　義 ……… 120
2. 機　能 ……… 121

3 要 件 ... 123
- 3-1 概 説 ... 123
- 3-2 債権保全の必要性——債権者代位権の転用 ... 125
- 3-3 金銭債権における例外 ... 128
- 3-4 まとめ ... 130

4 効 果 ... 132
- 4-1 行使方法・範囲 ... 132
- 4-2 事実上の優先弁済権 ... 133

3 詐害行為取消権（債権者取消権） ... 137

1 意義・機能 ... 137

2 法的性質 ... 139
- 2-1 かつての見解——形成権説・請求権説 ... 139
- 2-2 判例とその問題点 ... 140
- 2-3 責任説・訴権説 ... 142
- 2-4 まとめ ... 143

3 要 件 ... 143
- 3-1 概 説 ... 143
- 3-2 債権者の被保全債権の存在 ... 144
- 3-3 詐害行為の存在 ... 146
- 3-4 受益者・転得者の悪意 ... 150

4 効 果 ... 152
- 4-1 行使方法・範囲 ... 152
- 4-2 現物返還・価格賠償 ... 154

V 多数当事者の債権債務関係

1 「多数当事者の債権及び債務」の規定 ... 159

1 二つの機能 ... 150

2　債権者・債務者が複数存在する場合 ································ 159
　　3　人的担保制度 ································ 161

2 分割債権・債務 ································ 162

1　概　説 ································ 162
1-1　分割の原則 ································ 162
1-2　原則の問題点 ································ 162
2　分割債権・債務の効力 ································ 163
2-1　履行の請求 ································ 163
2-2　相対的効力 ································ 163

3 不可分債権・債務 ································ 163

1　意　義 ································ 163
2　不可分債権の効力 ································ 165
2-1　履行の請求 ································ 165
2-2　相対的効力 ································ 165
2-3　債権者相互間の関係 ································ 165
3　不可分債務の効力 ································ 166

4 連帯債務 ································ 166

1　意　義 ································ 166
2　連帯債務の効力 ································ 167
2-1　相対的効力の原則 ································ 167
2-2　絶対的効力事由 ································ 168
2-3　不真正連帯債務 ································ 173
2-4　連帯債務の相続 ································ 174
2-5　連帯債務者相互間の関係——求償関係 ································ 176

5 保証債務 ································ 179

1　保証債務の意義および性質 ································ 179

- 1-1 意　義 …………………… *179*
- 1-2 性　質 …………………… *180*
- 2 　保証債務の成立 ………………… *181*
  - 2-1 保証契約の成立要件 ……………… *181*
  - 2-2 保証委託契約との関係 …………… *182*
- 3 　保証債務の付従性・補充性 ……… *183*
  - 3-1 成立における付従性 ……………… *183*
  - 3-2 内容における付従性 ……………… *184*
  - 3-3 消滅における付従性 ……………… *187*
  - 3-4 保証債務の補充性 ………………… *190*
- 4 　保証人の主たる債務者に対する求償権 …… *191*
  - 4-1 求償権の範囲 ……………………… *191*
  - 4-2 保証人の通知義務 ………………… *192*
- 5 　特殊な保証 ……………………… *193*
  - 5-1 連帯保証 …………………………… *193*
  - 5-2 共同保証 …………………………… *193*
  - 5-3 根保証契約 ………………………… *194*
  - 5-4 信用保証 …………………………… *195*
  - 5-5 賃借人の債務の保証 ……………… *196*

VI　債権・債務および契約関係の移転

1　総　説 …………… *199*

- 1 　意　義 …………………… *199*
- 2 　沿　革 …………………… *200*

2　指名債権の譲渡 …………… *200*

- 1 　債権譲渡の機能 ………………… *200*
  - 1-1 指名債権の意義 …………………… *200*

- 1-2 投下資本の流動化 ······201
- 1-3 債務の簡易な決済（債権の回収）······201
- 1-4 債権の担保 ······202
- 1-5 債権の取立て ······203
- **2 債権の譲渡性** ······204
  - 2-1 466条の趣旨 ······204
  - 2-2 債権の性質による譲渡制限（466条1項但書）······204
  - 2-3 将来債権の譲渡 ······205
  - 2-4 譲渡禁止特約（466条2項）······206
  - 2-5 集合債権譲渡担保 ······209
- **3 債権譲渡の対抗要件** ······211
  - 3-1 467条の意義 ······211
  - 3-2 債権の二重譲渡 ······213
- **4 異議なき承諾（468条）** ······220
  - 4-1 468条の意義 ······220
  - 4-2 法的性質 ······221
  - 4-3 効　力 ······222
  - 4-4 債務者と譲渡人との利益調整（468条1項後段）······227

3 債務引受 ······227

- **1 総　説** ······227
  - 1-1 意　義 ······227
  - 1-2 機　能 ······228
- **2 免責的債務引受** ······229
  - 2-1 要　件 ······229
  - 2-2 効　果 ······230
- **3 併存的債務引受** ······232
  - 3-1 要　件 ······232
  - 3-2 効　果 ······234
- **4 履行の引受け** ······235

4 契約当事者の地位の移転
（契約譲渡・契約引受）……… *235*

1 意 義……… *235*
2 制度の必要性に関する従来の学説……… *236*
3 要件・効果に関する従来の学説……… *237*
   3-1 要 件……… *237*
   3-2 効 果……… *237*
4 具体例の検討……… *238*
   4-1 特定の財産の譲渡に伴う場合……… *238*
   4-2 合意に基づく場合……… *239*
   4-3 類型化の根拠……… *239*
5 近時の見解……… *240*
   5-1 類型に応じた要件・効果……… *240*
   5-2 「契約当事者の地位の移転」の必要性……… *244*

VII 債権の消滅

1 はじめに……… *245*

2 弁 済……… *246*

1 弁済の意義と性質……… *246*
   1-1 弁済の意義……… *246*
   1-2 弁済の法律的性質……… *246*
2 弁済の提供……… *247*
   2-1 弁済の提供の意義……… *247*
   2-2 弁済の提供の基準……… *248*
   2-3 弁済の提供の効果……… *254*
3 第三者の弁済……… *255*

- 3-1 基本的な考え方 …… 255
- 3-2 第三者の弁済ができる場合 …… 255
- 3-3 第三者の弁済が許されない場合 …… 256
- 3-4 第三者の弁済の効果 …… 258

4 弁済の受領者 …… 259
- 4-1 弁済の受領者の意義 …… 259
- 4-2 債権者が弁済を受領する権限を持たない場合 …… 259

5 弁済を受領する権限がない者に対する弁済 …… 261
- 5-1 はじめに …… 261
- 5-2 債権の準占有者に対する弁済 …… 262
- 5-3 受取証書の持参人に対する弁済 …… 271

6 弁済の充当 …… 272
- 6-1 弁済の充当の意義 …… 272
- 6-2 弁済者による充当の指定 …… 272
- 6-3 弁済受領者による充当の指定 …… 273
- 6-4 法定充当 …… 273
- 6-5 元本，利息および費用を支払うべき場合の充当 …… 274

7 弁済による代位 …… 274
- 7-1 弁済による代位の意義 …… 274
- 7-2 弁済による代位の要件 …… 275
- 7-3 弁済による代位の効果 …… 277

3 代物弁済 …… 289

1 代物弁済の意義 …… 289

2 代物弁済の要件 …… 289
- 2-1 債権が存在すること …… 290
- 2-2 債権者の承諾があること …… 290
- 2-3 弁済に代えてなされること …… 290
- 2-4 本来の給付と異なる給付をすること …… 291

3 代物弁済の効果 …… 291

           4 代物弁済の予約 …………………… 292

4 供 託 …………………… 293

  1 供託の意義 …………………… 293
  2 供託の法的性質 …………………… 294
  3 供託の要件 …………………… 294
     3-1 供託原因があること …………………… 294
     3-2 債務の本旨に従った供託であること …………………… 296
  4 供託の方法 …………………… 296
     4-1 供託の当事者・場所 …………………… 296
     4-2 供託の目的物 …………………… 297
     4-3 供託の通知 …………………… 297
  5 供託の効果 …………………… 298
     5-1 債権の消滅 …………………… 298
     5-2 債権者の供託物払渡請求 …………………… 298
     5-3 弁済者の供託物取戻し …………………… 299

5 相 殺 …………………… 300

  1 相殺の意義と機能 …………………… 300
     1-1 相殺の意義 …………………… 300
     1-2 相殺の機能 …………………… 301
     1-3 相殺契約 …………………… 301
  2 相殺の要件（相殺適状） …………………… 302
     2-1 「二人が互いに」債務を負担していること …………………… 302
     2-2 債務が「同種の目的を有する」こと …………………… 304
     2-3 双方の債務が弁済期にあること …………………… 305
     2-4 債務の性質が相殺を許さないものでないこと …………………… 305
  3 相殺の禁止 …………………… 306
     3-1 当事者の意思表示による相殺の禁止 …………………… 306

3-2　法律による相殺の禁止 …… 306
4　相殺の方法および効果 …… 314
4-1　相殺の意思表示 …… 314
4-2　相殺の効果 …… 315

6 更　改 …… 316

1　更改の意義と種類 …… 316
1-1　更改の意義 …… 316
1-2　更改の種類 …… 317
2　更改の要件 …… 317
2-1　債権が存在すること …… 317
2-2　新債務が成立すること …… 317
2-3　新債務と旧債務の要素が異なること …… 318
3　更改の効果 …… 319

7 免　除 …… 319

1　免除の意義 …… 319
2　免除の要件 …… 319
3　免除の効果 …… 320

8 混　同 …… 320

1　混同の意義 …… 320
2　混同の効果 …… 320

あとがき …… 322

事項索引 …… 巻末
判例索引 …… 巻末

凡　例

【判例】
＊引用する判決文については、原文が片仮名交じりのものは、平仮名に改め、濁点・句読点を補い、促音の「つ」は、「っ」に改めた。また、条番号や数値等の漢数字は原則として算用数字に改めた。
＊引用する判決文中の〔　〕は、筆者が補った（または置き換えた）言葉である。

＊判例の年月日の引用は、以下の例による。
大判明41・4・13　　　　大審院明治41年4月13日判決
大連判大4・1・26　　　 大審院連合部大正4年1月26日判決
最大判昭61・6・11　　　最高裁判所昭和61年6月11日大法廷判決
東京高決平16・3・31　　東京高等裁判所平成16年3月31日決定
津地四日市支判昭47・7・24　津地方裁判所四日市支部昭和47年7月24日判決

＊判例集等の略称は、以下のとおりである。
民録	大審院民事判決録
民集	大審院民事判例集，最高裁判所民事判例集
判決全集	大審院判決全集
裁判集民事	最高裁判所裁判集（民事）
刑録	大審院刑事判決録
刑集	大審院刑事判例集，最高裁判所刑事判例集
裁時	裁判所時報
高民	高等裁判所民事判例集
下民	下級裁判所民事裁判例集
新聞	法律新聞
判時	判例時報
判タ	判例タイムズ
交民	交通事故民事裁判例集

【参考文献】

＊本文中の学説引用について，下記ボールド部分の名前のみを括弧内で挙げた場合は，下記の該当する教科書等の中で説示されていることを示し，その他の文献からの引用の場合は〔　〕内で説の提唱者を挙げることとした（ただし，本書の性質上いずれも限られた範囲で挙げるにとどめたことをご容赦願いたい）。なお，各書の引用頁等は示さないこととした。

【教科書・体系書】

淡路剛久『債権総論』（有斐閣・2002）
内田貴『民法Ⅲ債権総論・担保物権〔第3版〕』（東京大学出版会・2005）
梅謙次郎『民法要義巻之三債権編』（和仏法律学校・1897〔復刻：信山社・1992〕）
近江幸治『民法講義4債権総論〔第3版〕』（成文堂・2005）
大村敦志『基本民法Ⅲ債権総論・担保物権〔第2版〕』（東京大学出版会・2005）
奥田昌道『債権総論〔増補版〕』（悠々社・1992）
於保不二雄『債権総論〔新版〕』（有斐閣・1972）
加藤雅信『債権総論』（有斐閣・2005）
川井健『民法概論3債権総論〔第2版〕』（有斐閣・2005）
北川善太郎『民法綱要Ⅲ債権総論〔第3版〕』（有斐閣・2004）
潮見佳男『債権総論〔第3版〕』（信山社（プラクティス民法）・2007）
鈴木禄弥『債権法講義〔4訂版〕』（創文社・2001）
富井政章『民法原論第三巻債権総論上』（有斐閣・1929（復刻1985））
平井宜雄『債権総論〔第2版〕』（弘文堂・1994）
平野裕之『債権総論』（信山社（プラクティスシリーズ）・2005）
星野英一『民法概論Ⅲ』（良書普及会・1978）
我妻栄『新訂債権総論』（岩波書店・1964）

【注釈書】

奥田昌道編『注釈民法(10) 債権(1)』（有斐閣・1987）
奥田昌道編『新版注釈民法(10)Ⅰ 債権(1)』（有斐閣・2003）

【研究書】

淡路剛久『連帯債務の研究』（弘文堂・1975）
於保不二雄『財産管理権論序説』（有信堂・1954〔復刻：新青出版・2000〕）
野澤正充『契約譲渡の研究』（弘文堂・2002）

【講座】

広中俊雄＝星野英一編『民法典の百年Ⅲ』（有斐閣・1998）
星野英一編集代表『民法講座4債権総論』（有斐閣・1985），
　　同『民法講座 別巻1』（1990），同『民法講座 別巻2』（1990）

（編著者名の50音順）

債権総論

I 序　　論

1 債権の意義

　債権とは，特定人（債権者）が他の特定人（債務者）に対して一定の行為を請求することを内容とする権利*である。例えば，売買契約の買主は，売主に対して「契約の目的物を引き渡せ」と請求する権利を持ち，売主は買主に対して「代金を支払え」と請求する権利**を持つ（555条参照）。

＊　債権と請求権　私権（私法上の権利）の作用を分類したとき，他人の行為（作為または不作為）を請求する私権を請求権という。これは，上に掲げた債権の定義とどのように異なるのであろうか。債権は，物権と並ぶ財産権の主要なものであり，物に対する直接の支配権であり排他性を持つ物権と対蹠的に，人に対する請求権として排他性を持たないという角度からなされた分類概念である（物権→排他性，債権→非排他性）。すなわち，ある権利が存在するとき，それと相いれない内容の権利が同時に存在し得るか否か（排他性の有無）が，物権と債権を分ける一つの特徴である。これに対して，請求権とは，権利の内容または作用として生じるものを説明する概念であり，請求権と対を成す概念は，物権の内容ないし作用として生じる支配権である（物権→支配権，債権→請求権）。したがって，債権は請求権という作用を中心としており，逆にいえば，請求権は主として債権から生じるが，債権以外からも請求権は発生する。例えば，物権的請求権は，物権から請求権が生じる例であり，扶養を受ける権利（扶養請求権：881条など参照）は，親族・身分上の権利から請求権が発生する一場面である。

＊＊　義務と債務　権利と対応させて広く用いられる用語は，「義務」である。例えば，人はすべて他人の所有権を侵害しない義務を負う。これに対して，「債務」とは，本来は，債権に対応する義務を指すときのみに用いられる概念である（上の例で，人はすべて他人の所有権を侵害しない債務を負う，とは言わない。所有権は物権であって，債権ではないのだから）。確かに，文脈上，債務の意味で義務という表現が用いられることはあるが，正確には，両者には違う意味が盛り込まれていることを理解しておく必要がある。

2 債権法の対象

1 債権法が規定すべきことがら

　債権法が規定するべき事項とは，どのようなものであろうか。それは，誰が債権を持つことができるか（**債権の主体**），どのようなことが債権の客体となるか（**債権の目的**），債権はどのようにして発生し，その存続中どのような効力を持ち，そしてどのようにして消滅するか（**債権の発生・効力・消滅**），といった内容に集約されるといえよう。このことを意識しつつ債権法の対象を確認しておこう。

2 債権法総則（債権総論）の構成

　債権法の総則（債権総論）は，債権の目的（第1節），債権の効力（第2節），多数当事者の債権関係（第3節），債権の譲渡（第4節），債権の消滅（第5節）から成っている。ここには，債権の主体に関する規定がない。これは，いうまでもなく，債権の主体とは権利の主体すなわち「人」および「法人」であり，すでに民法総則において規定済みだからである。債権法の規定が，一見すると中途半端な「債権の目的」から始まっているのは，こうした理由によるものである。
　次に，債権の発生についても，債権総論には規定がない。これも，債権の発生原因（契約および事務管理・不当利得・不法行為）は債権各論に譲られているためである。
　したがって，債権の目的に続いて置かれているのは，「債権の効力」に関する規定である。これは，大きく分けて，債務不履行があった場合における債権の効力（履行の強制・損害賠償）を定めたものと，他人の財産関係に債権者として介入できる場合を定めたもの（責任財産の保全）を含んでいる。なお，明文の規定はないが，「債権の効力」として，ここで併せて，

債権法の見取り図

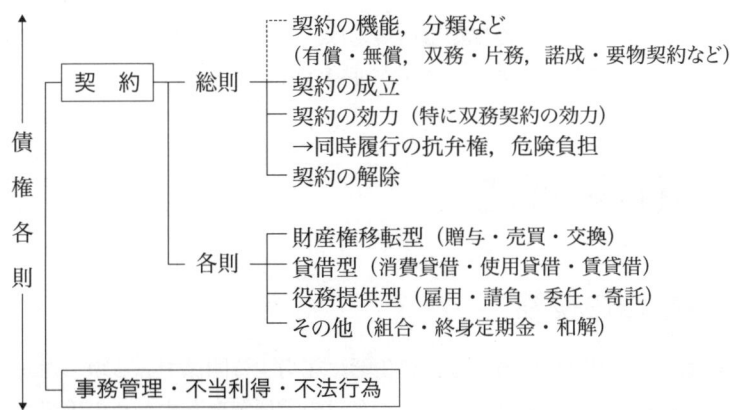

第三者により債権が侵害された場合の効力（債権侵害による不法行為・妨害排除請求）の問題が取り上げられるのが常である。こうした規定は，結局，それに続く「多数当事者の債権及び債務」ならびに「債権の譲渡」と共に，債権の存続中における効力やその移転を規律するものといえよう（ただし，債権の譲渡は，債権の処分という側面をも持つ）。

債権総則の最後に置かれた規定は,「債権の消滅」についてである。弁済（この中に代物弁済・供託を含む），相殺，更改，免除および混同の款に分かれ，債権が目的を達成したり，存続する必要がなくなったりして消滅する場合について定めている。ただし，債権が消滅する場合としては，これ以外にも，債権の内容の実現が不能となったり（履行不能・危険負担），また，権利一般の消滅原因（消滅時効，債権発生原因の取消・解除など）に該当したりするケースもあることに注意する必要がある。

　こうしてみると，一見，脈絡なく並べられたようにみられる債権総論の規定も，民法総則に譲られる「債権の主体」および債権各論に委ねられる「債権の発生」を除いて，「債権の目的→存続中の効力→消滅」という順序に従って組み立てられていることが理解できるであろう。その限りにおいて，債権法の「総則」すなわち債権総論の規定は，まさに債権法の全般にわたる通則を抜き出して体系的に配列したもの，というパンデクテン・システムの特徴をよくあらわしたものであり，また，債権の発生原因が各論に譲られているゆえに，債権総論の規定は，債権の発生原因から切り離された抽象的な性質を帯びていることが理解されるであろう。

3 債権の機能

1　債権法の役割

　物権は，人が現実に財貨を自己の生活に充当する関係であるのに対して，債権は，将来において財産を取得し，自己の需要を充たすための手段である。ただし，資本主義社会においては，物権（特に所有権）と債権とは，両者が結合することにより社会的機能を発揮することが多い。例えば，土地・建物・原料などの生産手段は，雇用・労働契約と結び付けられることにより物やサービスを産むという効果を発揮するし，不動産（物権）の主要な収益方法は，賃貸借契約（債権）を通じた賃料収入の獲得である。

　また，債権は，財貨の獲得手段という役割を超えて，債権そのものが財

産的価値を持つに至っていることが重要である。それは，資産として株式，銀行預金等を持ち，これらを譲渡したり運用したりすることの重要性を考えてみればわかる。すなわち，債権は，単に特定人相互の人的関係にとどまらず，「債権の財産化」という特徴を持つに至っているのである。

2　債権総論に含まれる債権担保的規定

いわゆる債権総論の規定を，その機能という角度から眺めると，単に債権「各論」に対する「総則」という機能を超えた一つの共通項の存在が浮び上がってくる。それは，債権の担保的機能ないしは債権回収を確実にする手段という側面である。これは，さらに次のような三つのグループに分けて捉えることができる。

まず，明らかに債権の担保的機能を備えているのが，多数当事者の債権および債務に関する規定である。これらの規定には，文字どおり債権者・債務者の一方または双方が複数存在する場合の法律関係を規律するという側面と，債権の効力を強めて担保的機能を営むという側面がある。連帯債務・保証債務・連帯保証債務などが，後者の意味において「人的担保」と呼ばれ，抵当権や質権などの「物的担保」と対比されるのは，なじみ深いところである。

次に，債権者代位権および詐害行為取消権の規定は，2で言及された意味における，他人の財産関係に債権者として介入できること，すなわち債権の対外的効力という側面に加えて，債務者の「責任財産の保全」という機能を営む。これは，特定の債権者が他の債権者に先立って優先弁済を受けるという意味での「担保」ではないが，債務者の一般財産を確保して債権回収を確実にするための制度であると考えることができよう。

最後に，上に挙げたほかにも，相殺の担保的機能は広く実務で活用されており，代物弁済も，その予約というかたちをとり担保的手段として用いられている。また，担保目的で行われる債権譲渡も多くの機会に行われており，とりわけ近時では，集合債権・将来債権の譲渡または譲渡担保にかかわる事例が，いくつかの重要な最高裁判決を生んでいる（→Ⅵ2）。

II　債権の目的

1 はじめに

1　債権の目的とは何か

　債権の目的（客体）は，債務者の行為（作為・不作為）であり，これを「給付」と称する。民法は，債権の目的である債務者の行為が金銭として見積もられる必要があるか，行為が物の給付を内容とするとき，どのような物を給付すべきか，また，債権の目的が数個の行為のうち1個を行うことであるときは，どれを為すべきか，といった問題につき，「債権の目的」という節を設けて，399条から411条までの規定を置いている。

2　金銭に見積もることのできないもの

　金銭に見積もることのできないものであっても，債権の目的とすることができる＊（399条）。この問題をめぐって，歴史的には争いがあり，旧民法は，金銭に見積もることのできるものでなければ債権の目的とならない旨の規定を置いていた（旧民法財産篇323条1項「要約者カ合意ニ付キ金銭ニ見積ルコトヲ得ヘキ正当ノ理由ヲ有セサルトキハ其合意ハ原因ナキ為メ無効ナリ」）。399条は，この趣旨を明文で否定するために置かれたものである。

　　＊　**「金銭上の利益」と「無形的利益」**　　民法起草者の1人は，例えば，教師，医師，弁護士等の勤労は，金銭に見積もりにくいが，これを債権の目的とすることができないのは極めて不便であると解説する（梅謙次郎『民法要義巻之三債権編』〔訂正増補11版，1899〕10頁）。また，別の起草者は，社会生活上の需要は，金銭上の利益だけによって充たされるものでなく，多くの無形的利益も債権の内容として保護すべきであると説く。そして，隣人に対して夜間は音楽を演奏しないよう求めるとか，学術研究のために身体を検査することにつき承諾を取り付ける，といった例を挙げ，これらは金銭に見積もることのできない利益であるが，債権

の目的となる，と説明している（富井政章『民法原論第3巻債権総論上』〔有斐閣・1929，復刻1985〕54頁以下）。しかし，今日的見地からすれば，必ずしも金銭に見積もることができないという評価とは結び付かないものが，念頭に置かれていたといえよう。

3　給付の要件

債権の目的すなわち給付は，**確定性**，**実現可能性**，**適法性**および**社会的妥当性**という要件を充たさなければ有効と認められない。法律行為および契約の一般的有効要件として説かれるものと同じ趣旨である。

3-1　確定性

給付は，現に確定しているか，将来において確定可能なものでなければならない。給付が確定可能でなければ，債務者は，自己がどのような給付をすべきかを判断できず，裁判所としても債権の強制的実現に助力することができないためである。

ただし，給付の内容が当初から具体的に確定している必要はなく，ある方法により確定することが可能であれば足りる。民法の中には，そのための補充規定が置かれている（401条・406条・416条・417条・722条など）。また，当事者の一方が給付の内容を確定すべき明示または黙示の合意が存在することもあり得る。さらに，当事者が取引上の慣習によるという意思を有すると認められるときは，その慣習に従って給付の内容が確定されることもある（92条参照）。このように，給付の内容は，法令，当事者の合意，慣習，信義則等に照らして確定可能であれば足りる。

3-2　実現可能性

給付の内容は，実現可能なものでなければならない。この要件も，法は人に不可能なことを強要することはできず，給付の内容が実現可能でなければ，裁判所として債権の強制的実現に助力することもできないことから理解することができる。このことは，債権の成立時において，将来にわたり実現の可能性がないこと（いわゆる「原始的不能」）を意味するのであって，

債権がいったん成立した後に何らかの事情により不能に帰したときは（いわゆる「後発的不能」），債務者の帰責事由の有無により，債務不履行（415条），または双務契約の場合には危険負担（534条以下）の問題として処理される。

また，債権の成立時において，給付の内容が実現不可能であったとしても，当事者間に何の法律関係も生じないとは限らない。例えば，建物の売買契約が締結されたところ，その建物が契約締結前に落雷のため滅失していた場合，建物の引渡債権は発生せず売買契約は無効であるが，買主に損害が発生しているときは，無効な契約を締結させたことについて過失ある売主は，信頼利益を限度として，買主の損害を賠償しなければならない（契約締結上の過失）。

なお，給付の内容が実現可能でなければならないという命題は，必ずしもすべての法系において自明の理とされているわけではない。特に，最近では，原始的に実現が不可能な給付を内容とする契約も，いちおう有効に成立し，その後の当事者間の関係は，給付の実現過程において障害が発生した場合を規律する制度（債務不履行や危険負担，解除，担保責任など）により決すればよいという考え方が強くなってきている。

3-3 適法性，社会的妥当性

給付は，適法かつ社会的妥当性を備えたものでなければならない。私的自治に内在する限界に由来する要件である。すなわち，給付の内容が強行法規に違反する場合，また，公序良俗に反する場合（90条）は，その債権は効力を持たない。

4 民法に定める「債権の目的」

民法の債権総則「第1節 債権の目的」は，金銭に見積もることのできないものも債権の目的とすることができる旨を定める399条に続けて，特定物債権，種類債権，金銭債権，利息債権，選択債権につき順次定めている。これは，物の引渡しを内容とするもの（特定物債権，種類債権。選択債権

の大部分もこれに属する）と，金銭の支払いを内容とし，またはこれに伴うもの（金銭債権，利息債権）とに大別される。これらはすべて，（債務の側から見て）「**与える債務**」と呼ばれる*。

これに対して，物・金銭以外の債務者の行為（作為・不作為）を内容とする債務を，（債務の側から見て）「**為す債務**」という。例えば，仕事を完成させる請負人の債務や委任契約において受任者が事務処理を行う債務（作為債務），一定以上の高さの建物を建てない債務や競業をしない債務（不作為債務）が，これにあたる。

与える債務と為す債務という区別は，強制執行の方法の差異を説明するという実益を有する。他方において，債権総論の「債権の目的」においては，為す債務に関する総則的規定が置かれておらず，その規律は，個別の契約類型に関する諸規定に委ねられている。しかし，現代の取引社会においては，役務（サービス）提供を内容とする契約の重要性が増しており，為す債務に対して十分な目配りをすることが重要である（北川）。

> * **結果債務と手段債務**　「与える債務」「為す債務」という区別と並んで，「結果債務」「手段債務」という分類がなされることがある。**結果債務**とは，特定の結果の実現が債務の内容とされているものであり，この結果が実現されない限り，債務者は，債務不履行の責めを負う。例えば，請負人の仕事完成義務は，結果債務である（632条参照）。一方，**手段債務**とは，債務者が，結果の実現に向けて十分な注意を払って行動することを債務の内容とし，必ずしも結果の実現までが求められているわけではないものである。したがって，手段債務における債務不履行の有無は，当該債務の履行にあたり債務者が払うべきであった注意義務を尽くしていたか否かにより，判断されることになる。例えば，医師が患者を診療する債務は，手段債務である（644条参照）。ある債務が結果債務か手段債務かは，契約の類型・性質により定まることもあるが（例えば，請負契約における請負人は結果債務を負い，委任契約における受任者は手段債務を負う），当事者意思や取引慣行を慎重に探求して判断しなければならないこともある。

2 特定物債権

1 特定物債権の意義

　特定の物の引渡しを目的とする債権を，特定物債権という。特定の物すなわち特定物とは，当事者がその個性に着目して取引した物である。例えば，土地・建物，中古品，骨董品などは，特定物であり，その目的物は，取引社会において一つしかない個性を持ったものである。
　これに対して，種類と数量のみにより定まった物を種類物といい，その引渡しを目的とする債権を種類債権（種類物債権，不特定物債権）という。例えば，A社製のα型DVDプレーヤー1台とか，B社製のペットボトル入りミネラルウォーター1ダースというのは，種類物であり，取引の目的物は，市場に多数存在するのが原則である。

2 特定物の引渡し義務を負う債務者の善管注意義務

　債権の目的が特定物の引渡しであるときは，債務者は，引渡しをするまで善良なる管理者の注意をもって，その目的物を保存しなければならない（**善管注意義務**：400条）。
　ここにいう善管注意義務とは，およそ利益と引替えに特定物を引き渡す債務者が負うべき抽象的な基準を指す（債務者が，善管注意義務に違反することを「抽象的軽過失」という）。例えば，特定物の売買契約における売主は，代金という利益を得るのだから，売却した特定物を買主に引き渡すまでは，取引上必要とされる十分な注意義務をもって，その目的物を保存するべきである。
　そして，善管注意義務がこのような理論的背景に基づくとすれば，この義務は，特定物売主の目的物保存義務に限らず，契約の相手方から対価を得てそれと引替えに何らかの義務を果たすべき債務者に共通して求められ

るものといえる。したがって，400条は，有償契約一般において債務者が負うべき注意義務の基準と理解されている。立法論としては，この趣旨が明示された規定を債権総則または契約総則の中に置くべきであるといえよう。

これに対して，人が日常の自己の財産管理にあたって主観的・具体的に用いる注意義務というものが考えられる。これを，「**自己の財産に対するのと同一の注意**」(659条)，または「**自己のためにするのと同一の注意**」(827条)といい，善管注意義務との比較でいえば，やや低い注意義務の基準と考えられている。人は，自分の財産については，ともすればうっかりして管理を怠ることもあることが想定されているためである。この「自己の財産に対するのと同一の注意」義務は，契約の相手方から対価を得ず，無償で義務を負う債務者の注意義務の基準とされている（債務者が，自己の財産に対するのと同一の注意義務に違反することを「具体的軽過失」という）。例えば，特に報酬を得ることなく他人から物を預かって保管する者（無償寄託の受寄者）は，自己の財産に対するのと同一の注意を用いて目的物を保管する義務を負う(659条)。一方，有償寄託の受寄者が寄託物の保管につき善管注意義務を負うのは，もちろんである（400条）。

3　特定物に関するその他の効果

民法が債権総則の「債権の目的」の中で特定物債権について定めるのは，債務者の目的物保存に関する善管注意義務だけである。しかし，民法は，そのほかにも特定物が契約の目的物となる場合に関するいくつかの規定を置いている。

まず，債権の目的が特定物の引渡しであるときは，弁済者（一般には債務者であろうが，「弁済」の節の中に置かれた規定であるため，弁済者とされている）は，その引渡しを行う時の現状のまま，その物を引き渡さなければならない(483条)。これを逆にいえば，弁済者は，特定物を現状のまま引き渡せば足りることになる。この規定の趣旨は，特定物は取引社会において1個しかないのだから，契約締結後，その物に汚損等が生じたとしても，債務者

が善管注意義務をもってその物を保存していた以上，注意義務違反の責めを負わないということである。目的物の汚損等について債務者に善管注意義務違反が認められるときは，債務不履行となることは当然である。

次に，弁済をすべき場所につき，別段の意思表示がないときは，特定物の引渡しは，債権発生の時にその物が存在した場所で行うこととされている（484条）。弁済の場所に関する任意規定であり，当事者間に特約があれば，その特約が優先される。

さらに，特定物に関する物権の設定または移転を双務契約の目的とした場合において，その物が債務者の責めに帰せられない事由によって滅失・損傷したときは，その危険は債権者が負担する（534条1項）。いわゆる危険負担債権者主義の規定である。

3 種類債権

1　種類債権の意義

種類と数量のみにより定まった物を種類物といい，その引渡しを目的とする債権を種類債権（種類物債権，不特定物債権）という＊（債務の側面からみると，種類「債務」）。種類債権を持つ債権者にとって，引き渡される物は，一定の範囲に属する物のうちの一定量であればよい。大量生産・大量取引に伴う売買契約の売主の債務は，種類債務の典型である。そのほか，上記の定義に照らして，消費貸借契約における借主の返還債務（587条），消費寄託契約における受寄者の返還債務（666条）なども，種類債務にあたる。

＊　**種類物と代替物**　　取引上，その物の個性を問題とすることなく，同種類の他の物で代えることのできる物を代替物という。したがって，種類物は，通常，代替物である。しかし，特定物か種類物かの判断は，当事者の意思により主観的に行われるのに対して，代替物か不代替物かの基準は，客観的に定まるものである。したがって，当事者が代替物を特定物として扱うことは，可能である。例えば，缶入りコーヒーは代替物であるが，店にある「この缶入りコーヒー5本を買う」という場合には，その5本は特定物である。また，不代替物が，種類債権の目的

となることもあり得る。例えば、土地は不代替物であるが、「神奈川県内の土地を（どこでもよいから）100㎡買う」という場合には、買主は、種類債権を取得することになる。

　種類債権に関し、民法は、二つの点について規定を置いた。その一つは、定められた種類の中のどの程度の品質を備えたものを給付するかである（401条1項）。もう一つは、種類債権が、どの時点で特定するかである（401条2項）。

2　給付すべき物の品質

　種類債権が債権の目的物となっている場合において、法律行為の性質または当事者の意思により品質を定めることができないときは、債務者は、中等の品質を有する物を給付しなければならない（401条1項）。

　種類債権において、どの程度の品質を有する物を給付すべきかは、まず、法律行為の性質により定まる。例えば、消費貸借契約において、借主が貸主に返還すべきは、借りたのと「品質」の同じ物と定められている（587条）。また、給付すべき物の品質は、当事者の意思によって定まることも多い。しかし、こうした基準によっても決することのできないときは、債務者は、中等の品質を有する物を給付すべきものとされている。例えば、「コシヒカリ10kg」の売買契約が結ばれた場合、「コシヒカリ」といっても産地その他により品質・価格には相当の差異がある。こうしたとき、当事者の意思を探求しても品質を確定できなければ、売主は、（上級品でも下級品でもなく）中等の品質の「コシヒカリ」10kgを給付するべきである。

3　種類債権の特定

3－1　規定の意義

　種類債権の目的も、どこかの時点で、多数存在する同種の物のうち「特定のもの」に定まる（「特定物」と同義でないことに注意）。実際に物を引き渡すためには、その客体が定まっていなければ不可能だからである。これを

種類債権の特定という。

　民法は，①債務者が物の給付を為すために必要な行為を完了したとき，または②債務者が債権者の同意を得て給付すべき物を指定したとき，種類債権は特定し，それ以後は，その物を債権の目的物とするものと定めている（401条2項）。

3-2　特定の要件
（1）　債務者が物の給付を為すために必要な行為を完了したとき（2項前段）

　この要件は，実質的には，債務者が債務の本旨に従って履行の提供をすること（493条）と同じである。したがって，履行の場所（484条参照）との関係で，次の三つの場合が区別される。

　㋐　持参債務の場合　　債務者が，債権者の現時の住所において目的物を引き渡すべき場合には，債務者が債権者の住所において債務の本旨に従って現実に履行の提供をしたときに，目的物は特定する。債務者が，目的物を郵便や宅配便などに託して発送しただけでは，特約または慣習がない限り，特定は生じない（㋑の送付債務と異なる）。なぜなら，目的物が債権者の住所に到達し，債権者が受領し得る状態に置かれて初めて，現実の提供があったといえるからである。

　㋑　取立債務の場合　　債務者の住所において目的物を引き渡す――すなわち債権者が取立てに行く――債務の場合には，債務の履行につき債権者の行為を要する。したがって，債務者は，弁済の準備をしたことを通知して，受領を催告することにより，弁済の提供をしたことになる（493条但書）。これは，具体的には，債務者が目的物を分離し，引渡しの準備を整えて債権者に通知することを意味する。取立債務の場合，この「分離・引渡準備・通知」により，特定が生じる。

　㋒　送付債務の場合　　債権者または債務者の住所以外の第三地に目的物を送付すべきものとされている場合については，次の二つのケースが区別される。まず，第三地において履行することが，契約上，債務の内容となっているときは（義務的送付債務），特定の時期は，持参債務の場合と同じである。これに対し，債権者からの要請などの事情により，債務者が

好意によって目的物を第三地に送付するときは（好意的送付債務），目的物を第三地に向けて発送することにより，債務者は履行のために必要な行為を完了する。したがって，発送により目的物は特定する。

（2）　債務者が債権者の同意を得て給付すべき物を指定したとき（2項後段）

債務者が，債権者から「目的物を指定することにつき」同意を得た上，その指定権を行使して目的物を定め，その物を他の部分から区別できる状態に分離したとき，特定が生じる。この2項後段は，債務者と債権者が合意の上で給付すべき目的物を指定することを意味するのではない。こうした目的物の指定は，特別の規定を待つまでもなく，契約自由の原則により可能なことが明らかだからである。

3-3　特定の効果

民法は，種類債権の特定の効果につき，まとまった規定を置いていない。したがって，特定という制度の趣旨と民法の各所に散在する規定から，その効果を導き出すことになる。

（1）　目的物が定まること

種類債権の特定後，債務者は，その特定した物についてのみ債務を負えばよい（401条2項）。これは，特定の本質的効果ともいえるものであり，同種の物が市場に存在する限り履行不能とならない種類債権において，債務者の調達義務の限界を画する意味を持つ。ただし，特定後，債務者は，目的物を債権者に引き渡すまでの間，その保存につき善管注意義務を負う（400条）。

（2）　所有権の移転

物権は，当事者の意思により移転する（176条参照）。したがって，種類債権が特定し，債権の目的物が確定したときは，その所有権は，債務者から債権者に移転する。

（3）　危険の移転

契約が不特定物に関するものである場合，危険負担の債権者主義の規定（534条1項）は，それが特定したときから適用される（534条2項）。すなわち，不特定物を目的とする売買契約においては，特定の時から危険が債権

者に移転する。

(4) 変更権の帰趨

　種類債権は，本来，目的物の個性を重視しないものであるから，特定後，債務者が同種・同量の他の物を引き渡しても，差し支えないはずである。すなわち，種類債権の特定とは，債権を履行するために必要な前提という意味を持つのであって，特定により債務者の変更権がなくなるわけではない。ただし，債権者が特定後の目的物の変更を拒否する意思を明確にしていたり，変更により債権者に不利益を生じたりするときは，債務者は，変更権を行使することができないと解すべきである。

4　制限種類債権（限定種類債権）

　種類債権を，さらに特別な範囲で制限したものを制限種類債権（限定種類債権）という。売主Aの甲倉庫に在庫するα型デジタルカメラ10台，Bのミカン畑から今年収穫されるミカン100kgといったものが，それである。制限種類債権は，種類債権の一種であると解される。しかし，種類債権は不能とならないのに対して，制限種類債権は，債権発生後，その特定までの間に対象物がすべて滅失し，履行が不能となることがあり得る。この場合は，滅失につき債務者に帰責事由があるかないかにより，履行不能（415条後段）または（双務契約においては）危険負担の問題となる（特定前は536条1項の債務者主義が適用される）。また，判例によれば，種類債権においては品質が問題となり得るのに対し（401条1項参照），制限種類債権においては，品質の良否は問題とならない。種類債権か制限種類債権かの認定および制限種類債権の特定の有無等をめぐっては，次の判例がある。

> **判例　タール売買事件**（最判昭30・10・18民集9-11-1642）
> 　Xは，YがAから買い受けてくる漁業用タール2,000トンを購入することを約し，その受渡しの方法につき，①まず，Xが必要な都度，タールを引き渡すようYに申し出る，②Yは，引渡場所を指定する，③Xが指定された場所に容器を持ち込み受領する，という手順を定めた。Yが約4分の1の量のタールを引き渡し

た時点で，Xは，タールの品質が悪いと言って，しばらくの間，引き取りに行かなかった。その間，Yは，タールの引渡作業に必要な人員を配置するなど引渡しの準備をしていたが，その後，これを引き揚げ，監視員を置かなかったため，Aの労働組合員がこれを処分してしまった。

争点は，その後にXが行った催告および契約解除が有効であり，XがYに交付していた金銭の返還請求が認められるか否かである。原審は，必ずしも明確な事実認定をしないまま，タールが特定したことを認め，Yの善管注意義務違反および履行不能を肯定して，Xの請求を認容した。

しかし，最高裁は，次のように判示した。①原審の事実認定では，この売買の目的物が通常の種類債権か制限種類債権かが分からない。②通常の種類債権であれば，Yがなした引渡準備行為では，Yが物の給付を為すに必要な行為を完了した（401条2項後段参照）とはいえず，タールは特定していないが，品質次第でYの履行遅滞ともXの受領遅滞ともなり得る。③制限種類債権と解する場合も，特定が生じておらずYに善管注意義務が発生しないことに加えて，制限種類債権では品質の良否が問題とならないのであるから，Xに受領遅滞があり，滅失の危険は債権者Xが負担する（536条2項）。

このように，本件では，売買目的となったタールが種類物か制限種類物かにより結論を異にするので，この点につきさらに審理を尽くすべきものとされた（破棄差戻し）。

4 金銭債権

1 金銭債権の意義

金銭債権とは，一定額の金銭の給付を目的とする債権である。金銭債権の目的は，価値そのものであり，通貨は支払いの手段である。金銭債権も種類債権の一種とみることができるが，種類債権よりもはるかに高度の融通性を有する（後述する金銭債務の不履行の特則（419条）と関連する）。また，金銭債権において重要なのは，金銭の種類でなく，価値すなわち金額である。したがって，金銭債権は，通常の種類債権と異なり，特定という概念にはなじまないし，履行不能にもならない。

民法は，金銭債権について，どのような貨幣で弁済するべきかについて定める（402条・403条）。次いで置かれた利息および利率に関する規定（404条・405条）も，金銭債権に伴い適用されることが多い。

＊ **金銭・貨幣・通貨・法貨**　商品交換を媒介する有体物として国家が定めたものが，**金銭**である。一方，貨幣と通貨は，強制通用力を有する支払手段を意味する。**貨幣**とは，本来，「通貨の単位及び貨幣の発行等に関する法律」に定める500円，100円，50円，10円，5円および1円の6種類をいうが（5条1項），この狭義における貨幣に，紙幣・銀行券（日本銀行法46条）を加えて通貨と呼ぶ（刑法第16章「通貨偽造の罪」，労働基準法24条1項の賃金通貨払いの規定などを参照）。そして，通貨と同じ意味で貨幣ということばを使うことも多い（広義における貨幣）。なお，通貨とほぼ同じ意味で，法貨という用語が用いられることもある（通貨の単位及び貨幣の発行等に関する法律7条，日本銀行法46条2項など）。法貨は，貨幣としての通用力の限界を具体的に示す際に用いられる（例えば，「100円玉は20枚まで法貨として通用する」といったように）。

一方，展示目的で特定の金貨を取引の目的としたり，封金(きんす)（金子として封印されたもの）を運送・寄託したりする場合の債権は，特定金銭債権といわれる。これは，金銭債権としての特徴を持たず，純然たる特定債権として扱われることで足りる。

なお，金銭債務の不履行については，重要な特則が置かれているので（419条），注意が必要である（→Ⅲ④6−4を参照）。

2　通貨による弁済

金銭債務を負う債務者は，自己の選択に従い各種の通貨で弁済することができる（402条1項本文）。日本銀行券は，法貨として無制限に通用するので（日本銀行法46条2項），100万円を10,000円札100枚で弁済しても，1,000円札1,000枚で弁済しても，債務者の自由である。一方，貨幣（500円玉，100円玉，50円玉，10円玉，5円玉および1円玉）は，額面価額の20倍を限って法貨として通用するものとされるので（通貨の単位及び貨幣の発行等に関する法律7条），10,000円を100円玉100枚で弁済しようとしても，債権者は，その受領を拒絶することができる。

以上の原則は、当事者間において、特殊の通貨により支払うべき約定がある場合には適用されず、その特約に従う（402条1項但書：例えば、10,000円を100円玉100枚で弁済すべき特約）。しかし、この場合において、約定された特殊の通貨が弁済期において強制通用力を失っていたときは、債務者は、他の通貨により弁済をしなければならない（402条2項）。

外国の通貨をもって弁済すべき場合にも、上記402条1項および2項の規定が準用される（402条3項）。したがって、10,000USドルの支払債務を負う債務者は、各種のドル通貨により弁済することができる。それに加えて、外国の通貨をもって弁済するよう定められていた場合にも、債務者は、履行地における為替相場に従って日本の通貨に換算して支払うことができる（403条）。この場合の換算率は、弁済期でなく、現実の支払時の相場によると解するのが通説である。

5 利息債権

1 利息債権の意義

元本を使用させたことから一定の割合で発生する法定果実を利息といい*、利息の支払いを目的とする債権を利息債権という。例えば、元本100万円を利率年10パーセント、2年後返済という約定で貸した場合、1年後および2年後に発生する各10万円が利息であり、貸主が借主に対して利息の支払いを求める権利が利息債権にあたる（2年後に元本100万円の返還を求める権利を、元本債権という）。利息は、金銭に限られるものではないが（例えば、A4版コピー用紙10,000枚の消費貸借契約に利息を付けるという約定も可能）、法的検討にあたっては、もっぱら金銭の問題が念頭に置かれるといってよい。

* **法律上の利息の意味** 法律上の利息の意味は、（金銭消費貸借契約に即していえば）貸主が借主に元本を使用させることから受ける所得である。その意味では、土地の賃貸借契約において賃貸人が受ける賃料と異ならない。しかし、賃貸

借契約において返還の目的とされるのは，固定資本（土地という特定物）であるのに対し，金銭消費貸借契約では流動資本（金銭という同一種類の物）であるところに違いがある。したがって，賃貸借契約における賃料を利息とはいわない。なお，元本からの所得が利息であるということは，利息とは，債権者自身が，金銭を債務者に使用させている間，元本を使用できないことの対価ということもできる。

2 元本債権と利息債権

2-1 元本債権と利息債権との関係

　元本債権と利息債権とは別個のものであり，利息債権は，元本債権の存在を前提とし，これに従属する。ただし，次に述べる「基本権たる利息債権」と「支分権たる利息債権」とでは，元本債権に対する従属の程度が異なる。

2-2 基本権たる利息債権

　元本に対して一定の時期に一定の率の利息を生じることを目的とする利息債権を，基本権たる利息債権という。元本100万円を利率年10パーセント，2年後返済の約定で貸した場合，1年あたり10パーセントの利息を付すよう請求する権利が「基本権たる利息債権」にあたる。
　この基本権たる利息債権は，その成立・存続・移転・消滅のすべてにおいて，元本債権に従属する。また，元本債権が処分されれば，利息債権もこれに随伴して移転することが原則である。

2-3 支分権たる利息債権

　弁済期に達した具体的利息額の支払いを目的とする利息債権を，支分権たる利息債権という。上記2-2のケースにおいて，金銭消費貸借契約の1年後および2年後に発生した各10万円を支払うよう請求する権利が「支分権たる利息債権」にあたる。
　この支分権たる利息債権も，元本債権の拡張という性質を持つから，元本債権に対する従属的性質を失うものではない。したがって，民法は，元

本債権が担保される場合，そこに支分権たる利息債権をも含めている（先取特権に関する322条・323条1項，質権に関する346条，抵当権に関する374条，保証債務における447条1項）。

しかし，支分権たる利息債権は，一度発生すれば，元本債権から独立した一定額の金銭債権として扱うことができる。したがって，支分権たる利息債権は，1個の金銭債権として，元本債権とは別個に譲渡・弁済されるし，元本債権の存否にかかわらず，独立して時効により消滅する。また，元本債権が譲渡されても，特段の意思表示がない限り，支分権たる利息債権の譲渡を伴うわけではない。

3 利息債権の発生と利率

民法は，利息債権は別段の意思表示がないときは年5パーセント（5分）とする旨を定めている（404条）。「別段の意思表示がないときは」とは，この規定が任意規定であって，当事者に特約があれば，それが優先されることを示すものである。したがって，利息債権は，法律行為（一般的には契約）または法律の規定により発生することになる。そして，前者を約定利率，後者を法定利率という。

法定利率は，民法上は，年5パーセントである（404条：民事法定利率）。商法上は，年6パーセントと定められている（商514条）。なお，当事者が，利息が発生することのみ約定し，利率を定めなかったときは，法定利率が適用される。

約定利率は，契約自由の原則に基づき，当事者が自由に定めることができる。ただし，利息制限法による制限があるほか，消費者金融業者いわゆるサラ金が行う金銭消費貸借契約については，出資法および貸金業規制法の規定をも考慮する必要がある（→5を参照）。

4 重 利

期限の到来した利息を元本に組み入れ，これを元本の一部として利息を

付けることを，重利または複利という。重利は，当事者間の特約（約定重利）または法律の規定（法定重利）により発生する。重利の約定も原則として有効であるが，利息制限法の趣旨を潜脱するものは無効である。民法は，法定重利について定め，利息が1年以上延滞し，債権者から催告をしても債務者がその利息を支払わないときは，債権者は，延滞した利息を元本に組み入れることができるものとしている（405条）。

5　利息制限法

5-1　法律の目的・概要

　約定利率は，契約自由の原則に基づき当事者の合意により定められるのが原則である。しかし，当事者の経済力・交渉力その他の関係に格差がある場合，形式的な利息決定の自由は，実質的な高利を容認する結果となる。したがって，一定以上の高利を暴利行為として良俗違反により無効とするとか（ドイツのやりかた），法律により一定率を超える利息を制限するといった必要が生じる（利息制限法がその例）。

　現行の利息制限法は，明治10年太政官布告として公布された利息制限法を全面改正したもので（昭和29年法律100号），①経済状態に合わせて制限利率を高めたこと，②制限超過部分を「裁判上無効」としていた文言を改めたこと（1条1項），③天引きについて新たな規定を設けたこと（2条），④遅延賠償額の予定の制限内容を明確にしたこと（4条）等の特徴を持つ。

　この法律は，「金銭を目的とする消費貸借上の利息の契約」につき適用される（1条1項）。こうした契約における利息が，元本10万円未満の場合には年2割（20%），元本10万円以上100万円未満の場合には年1割8分（18%），元本100万円以上の場合には年1割5分（15%）の利率により計算した金額を超えるときは，その超過部分につき無効[*]とされる（1条1項）。

>　*　**「超過部分につき無効」という規定方法**　利息制限法所定の利率の遵守を確保する方法は，3通りあり得る。100万円を年利率40%，1年後返済の約定で貸し渡した場合を例にとってみると，次のとおりである（利息制限法所定の利率は15%（＝15万円））。第1に，この金銭消費貸借契約そのものを無効とする方法

5　利息制限法　|　25

がある。法が，利息制限法に違反する契約そのものの存在を否定するという強い姿勢を示そうとすれば，こうした規定方法も考えられる。しかし，この場合には，契約が無効となる結果，借主が受領した元本100万円は，不当利得として貸主に返還する必要がある。これでは，借主の資金需要に応えることにならない。第2に，元本のみの金銭消費貸借契約は有効とし，利息の約定部分全体を無効とする規定方法がある。この場合，結局，無利息の金銭消費貸借契約が締結されたのと同じ結果となり，借主は，1年後に元本の100万円のみを返還すればよい。第3に，利息制限法所定の利率の範囲で利息を有効とし，これを超える利息のみを無効とする規定方法がある。この場合，年利率15％に対応する15万円の利息のみを有効とし，これを超える25万円は無効とされる結果，借主は，1年後に115万円を返還する義務を負う（制限超過部分のみの「一部無効」）。第2と第3の方法の優劣については議論もあり得ようが，借主の資金需要に応えつつ，不当な高利を抑制するために法が必要な範囲で介入するという見地からは，第3の方法を採ることにより，その意図は実現されるといえよう。利息制限法が第3の方法を採用した趣旨は，このように理解できるであろう。

　なお，著しい高利を伴う金銭消費貸借契約であって，当該契約が公序良俗違反（90条）であると評価されるような場合は，別論である。

5－2　制限超過利息の取扱い

（1）　問題の所在

　利息制限法は，以上のように金銭消費貸借契約における利率の上限を規定する一方，債務者は，1条1項の超過部分を任意に支払ったときは，同項の規定にかかわらず，その返還を請求することができないと定める（1条2項）。この規定は，旧利息制限法が超過利息を「裁判上無効」としており，その意味について，貸主は裁判上の請求はできないが，債務者が異議なくこれを支払ったときは，その返還を請求することができない趣旨であると解されていたことを受け継ぐものである。

　この1条2項については，当初から，不当な高利を抑制し借主保護をはかるという法の趣旨にそぐわないという批判があった。この問題を解決するためには，どのような方策が考えられるだろうか。まず，制限超過利息が借主から貸主へと支払われたとき，その超過部分を元本に充当することが認められれば，その限りにおいて借主は法的保護を受けることができる。次に，制限超過部分を元本に充当した結果，元本が完済され，さらに超過

支払いが生じている場合，借主から貸主に対する返還請求の可否が問われることになる。

この問題について，判例は，次のとおり興味深い展開を示した。

（2） 制限超過部分の元本充当

旧利息制限法下において，判例は，制限超過部分の元本充当を否定しており（大判明42・7・3民録15-649，最判昭27・3・6民集6-3-320），現行の利息制限法の解釈としても，当初，最高裁は，否定説を採った（最大判昭37・6・13民集16-7-1340）。

しかし，その後，最高裁は，債務者が利息制限法所定の制限を超える金銭消費貸借上の利息・損害金を任意に支払ったときは，その制限を超える部分は，民法491条（弁済充当の規定）により残存元本に充当されるという見解に転じた（最大判昭39・11・18民集18-9-1868）。その理由は，利息制限法所定の制限を超える部分の利息・損害金の支払いについての契約は，同法1条・4条の各1項により無効であるから，超過部分の支払いは弁済としての効力を生ぜず，債務者がこれを利息・損害金と指定して支払っても，その指定は無意味であり，超過部分に対する弁済の指定がないのと同一であるから，法定充当に関する民法491条の適用により，超過部分の利息・損害金は残存元本に充当される，というところにある（この趣旨は，すでに前掲昭和37年大法廷判決でも反対意見（5名）として表明されていたところ，昭和39年大法廷判決ではこれが多数意見（10名）に転じたものである）。

もっとも，このような理解に立つと，元本債権が残存するか否かで借主保護に不均衡が生じることが懸念される。昭和39年大法廷判決も，このことは意識していたが，こうした不均衡を理由として元本債権の残存する債務者の保護を放擲することは，利息制限法の立法精神に反すると述べていた。

（3） 超過支払分の返還請求

さらに，昭和39年大法廷判決で残された上記の問題に答える判決が続いた。その趣旨は，次のとおりである。

> **判例　利息制限法超過利息の元本充当**（最大判昭43・11・13民集22-12-2526）
>
> 　債務者が利息制限法所定の利率をこえて利息・損害金を任意に支払ったときは、その超過部分の返還を請求することができないと規定する利息制限法1条、4条の各2項は、「金銭を目的とする消費貸借について元本債権の存在することを当然の前提とするものである。けだし、元本債権の存在しないところに利息・損害金の発生の余地がなく、したがって、利息・損害金の超過支払ということもあり得ないからである。この故に、消費貸借上の元本債権が既に弁済によって消滅した場合には、もはや利息・損害金の超過支払ということはありえない。
> 　したがって、債務者が利息制限法所定の制限をこえて任意に利息・損害金の支払を継続し、その制限超過部分を元本に充当すると、計算上元本が完済となったとき、その後に支払われた金額は、債務が存在しないのにその弁済として支払われたものに外ならないから、この場合には、右利息制限法の法条の適用はなく、民法の規定するところにより、不当利得の返還を請求することができるものと解するのが相当である」。

　この大法廷判決は、利息制限法1条2項（および賠償額の予定につき同趣旨を定める4条2項）を事実上「空文化」し、借主保護を大きく前進させたものである。ただし、判決が1条2項を無視したわけではなく、問題となる場面では当該条項の「適用がない」旨を慎重に述べたものである。

　その後、この昭和43年大法廷判決の趣旨は、借主が、超過利息・損害金を一括して完済した場合にも及ぼされている（最判昭44・11・25民集23-11-2137）。

（4）　利息制限法と出資法，貸金業規制法

　㋐　**出資法，貸金業規制法の趣旨**　利息制限法は、民法の特別法として、金銭消費貸借契約における高利を私法上制限するものである。すなわち、この法律は、法所定の利率を超える利息の契約が当該超過部分につき無効となるという、契約の「私法上の効力」について定めることを趣旨とする。その反面、貸主——これは、一般私人の場合も、貸金を業とする者の場合もあり得る——が、利息制限法所定の利率を超える金銭消費貸借契約の締結を借主に強いたからといって、その貸主が刑事罰を科せられたり、貸金を業とする者が監督官庁から行政上の処分を受けたりするわけではない。したがって、利息制限法による高利の制限だけでは、その目的を必ず

しも達成できない恐れがある。そこで，現行の利息制限法の施行と時期を接して，「出資の受入れ，預り金及び金利等の取締りに関する法律」(**出資法**)および「貸金業の規制等に関する法律」(**貸金業規制法**)が施行された。この2法は，その名称から看て取れるとおり行政法に分類されるべきものであり，貸金を業とする者——その大多数は街の金融業者，いわゆる「サラ金」——の規制を主要な目的としている（その意味において，この2法は，「サラ金2法」とも呼ばれる)。その内容は多岐にわたっているが，利息制限法とも関わる高利の制限についての規律は，次のとおりである。

　(イ)　**貸金業規制法による利息の制限と「みなし弁済」**　業として金銭の貸付けを行う者が，年29.2％（1日あたり0.08％，したがって，2月29日を含む1年については29.28％）を超える割合による利息の契約をしたり，これを超える割合による利息を受領したりしたときは，3年以下の懲役もしくは300万円以下の罰金に処し，またはこれを併科する（出資5条1項)。この規定は，年29.2％を超える利率には，法が刑事罰をもって臨む姿勢を明らかにしたものであるが，この利率は，利息制限法1条1項所定の利率（元本により15～20％）を超えている。そのために，サラ金業者が年20数％の利率を伴う金銭消費貸借契約を締結しても，刑罰は科せられないことになる。

　そして，サラ金業者との金銭消費貸借契約において，債務者が，利息制限法を超えて年29.2％までの利率に基づく金額を利息として任意に支払った場合，サラ金業者が契約時に貸金業規制法所定の契約書面を交付しており，かつ，返済の都度，受取証書を交付しているときは，利息制限法1条1項の規定にかかわらず，「有効な利息の債務の弁済とみなす」とされている（「みなし弁済」：貸金業規制法43条1項。なお，同法17条，18条をも参照)。

　この「みなし弁済」は，債務者が利息制限法を超過する利息を，「利息として」「任意に」支払った場合には，貸主が，これを受領することを可能にする趣旨であるが，貸主が貸金業者である場合に限って，利息制限法所定利率を超える利息の受領を認容する結果をもたらしていることになる。利息制限法所定の15～20％を超えて29.2％までの金利は，「グレーゾーン金利」と呼ばれている。

グレーゾーン金利の容認は，借主保護のために利息制限法1条2項を空文化した判例理論の意義を減殺するものであり，立法論としては，グレーゾーンを撤廃して高利制限は利息制限法に一本化することが望ましいと指摘されてきた。また，金銭消費貸借における利息制限のあり方，保証人の過大な責任，貸金業者からの過酷な取立てなどは，たびたび社会問題化しており，平成11年には，いわゆる「商工ローン問題」を契機として，貸金業規制法，出資法および利息制限法が改正されるなどしてきた（平成12年6月1日施行）。

　(ウ)　**貸金業規制法の平成18年改正**　　平成11年の貸金業規制法等の改正後も，サラ金業者が業務を拡大する一方で多重債務者問題が深刻化するといった事情から，法が「みなし弁済」を温存することに対する批判は以前にも増して強かった。一方，近時の最高裁では，「みなし弁済」の要件である任意性・書面性を厳格に解釈し，「みなし弁済」が許容されるケースを限定的にとらえる判断が相次いだ（最判平成16年2月20日の2件の判決（民集58-2-475，民集58-2-380），最判平18・1・13民集60-1-1，最判平18・1・19判時1926-17，最判平18・1・24判時1926-28，最判平18・1・24民集60-1-319など）。こうした一連の司法の動きもあって，立法による「みなし弁済」の廃止は不可避と認識されてきたが，「貸金業の規制等に関する法律等の一部を改正する法律」（平成18年法律115号）が，平成18年12月13日に成立し，同月20日に公布されるに至った。

　この改正法の内容は極めて多岐にわたるが，その内容は，概ね，①貸金業の適正化，②過剰貸付けの抑制，③金利体系の適正化，④ヤミ金融対策の強化，⑤多重債務問題に対する政府を挙げた取組み，に整理される。そして，③の具体策として，借り手や保証人等の金利負担の軽減を図るために，グレーゾーン金利は撤廃され，「みなし弁済」制度は廃止されることになった（なお，法律の名称も，「貸金業法」に改められた）。

　この改正法は，公布から1年以内で政令で定める日に施行されるが，「みなし弁済」の廃止を含む金利体系の適正化に関する規定は，この法律の施行日から2年半以内で政令で定める日から施行されることとされている。

6 選択債権

1 選択債権の意義

　数個の給付の中からの選択により決定する1個の給付を目的とする債権を，選択債権という（406条〜411条）。5枚のDVDのうちどれか1枚とか，自分が所有するパソコンとデジタルカメラのうちどちらか一方を給付するといった債権が，その例である。贈与契約から生じることが多い。数個の給付にそれぞれ個性がある点で，種類債権と区別される。また，債権の目的は確定しているものの，債務者がこれに代わる他のものを給付することができる債権を「任意債権」というが（代物弁済の予約と類似する），選択債権は，数個の給付がそれぞれ対等である点で，任意債権とも異なる。

　選択債権は，当事者の契約によるほか，法律の規定により発生することもある。条文の文理上，117条（無権代理人の責任），196条2項（占有者の有益費償還請求権：299条2項・391条・583条2項・585条・595条2項・608条などにより準用される），461条（保証人の事前求償）などが，選択債権の発生を予定している。

　選択債権の履行にあたっては，最終的に給付の目的を1個に確定しなければならない。したがって，民法は，選択権者および選択の方法について規定を置き，その上で，選択の効果について定めている。

2 選択権者

　選択債権における選択権は，原則として，債務者が持つ（406条）。5枚のDVDのうちどれか1枚を与えるという贈与契約においては，贈与者が1枚を選択して給付すればよい。ただし，この規定は任意規定であるから，特約により，債権者に選択権を付与することも差し支えない。

　また，第三者に選択権を与えることも可能である。例えば，ある物品を

購入する際，候補となった数点の中から，鑑識眼を持つ第三者に選択してもらうといった場合が考えられる。この場合において，選択権を持つ第三者が選択を行うことができず，または選択を欲しないときは，選択権は，債務者が有する（409条2項）。

　債権の弁済期が到来しても選択権者が選択しない場合，相手方は，相当の期間を定めて催告し，選択権者がその期間内に選択をしないときは，選択権は相手方に移転する（408条）。当事者の権利義務の不確定な状態が長く続くことを避けるための規定である。

　なお，当事者または第三者が選択権を持つ場合であっても，債権の目的となっている給付の中に不能なものが生じたとき（410条1項），または，選択権を持たない当事者の過失により給付が不能となったときは（410条2項），残存するもののみが選択債権の目的となる。

3　選択権の行使

　債権者・債務者のどちらかが選択権を持つときは，選択権は，相手方に対する意思表示により行使する（407条1項）。いったん選択の意思表示がなされると，相手方は，権利・義務が確定したものと信じて諸々の準備を行ったり，債務者は選択されなかった目的物を処分したりすることもある。したがって，選択の意思表示は，相手方の承諾がなければ取り消すことができない（407条2項）。

　なお，第三者が選択権を持つときは，その選択の意思表示は，債権者または債務者のどちらに対して行ってもよい（409条1項）。

4　選択の効果

　選択の効果は，債権発生時に遡る。したがって，債権発生時から，選択された給付を目的とする債権であったものとして扱われる（411条1項）。当事者意思の推定に基づく規定である。ただし，第三者の権利を害することはできない（411条2項）。もっとも，選択に遡及効を与えても公示の原

則の制限に服するから、例えば、A土地またはB土地のどちらかを給付するという選択債権において、A土地が選択されたとしても、仮登記のない限り（不動産登記2条2号）、債権発生から選択までの間にA土地を取得して登記を備えた第三者には対抗できない（177条）。

III 債権の効力

1 はじめに――債権の効力の概観

1 民法の規定する「債権の効力」

　債権総則第2節の412条から426条までは,「債権の効力」について定めている。すなわち,412条から414条までは履行の時期および方法を,415条から422条までは債務者の不履行に対する制裁すなわち損害賠償を,そして,423条から426条までは第三者に対する債権者の権利を,順次,規定している(梅)。

　しかし,上のような説明はやや雑然としており,債権の効力を理解するためには,もう少し整理に工夫を要する。むしろ,債権の効力は,その機能面からみて次のように整理することができるであろう。

　①まず,債権者が債務者に対し一定の行為を請求し,これを受領するという基本的な側面から,債権が持つ効力を確認する必要がある。そこでは,債権者が債務者による給付を受領し(**給付保持力**),また,債務者に履行を請求する効力(**請求力**),債務者が任意に履行しないときに履行を強制し(**訴求力**),最終的には債務者の財産をもって満足を受ける(**執行力**)という効力があることが理解される。

　②次に,①との関連において,そこに債権の効力として掲げられたもののうち,何らかの効力を欠く債権があるか,問題となる。例えば,給付保持力はあるが請求力のない債権といったものは考えられるであろうか。これは,「**自然債務**」という概念を承認するか,という問題である。また,こうして債権の効力を考えてくると,債務者の側からみた「**債務**」と,「**責任**」という概念との関係を理解する必要が生じてくる。

　③さらに,同じく①との関連において,債権の内容を強制的に実現する手段として,民法がどのような規定を置いているか,そして,債権の内容

の実現が果たせず，金銭による損害の塡補というかたちで債権者が満足を受けざるを得ない場合の法的しくみがどのようになっているか，を考察することが重要となる。前者は**現実的履行の強制**，後者は**損害賠償**の問題である。

④以上の①から③までが，債務者に対する債権の効力であるのに対して，債務者以外の第三者に対し，債権がどのような効力を持つかを考察することも重要な課題である。債権は，特定の債務者に対する請求権であるという本質を持つが，第三者により債権が侵害された場合，債権の効力として，債権者は侵害者に対しどのような権利を行使できるかが問われることになる（**債権侵害による不法行為・妨害排除請求**）。

⑤最後に，債務者が自己の財産をどのように管理し，また，これを処分するかは，その債務者の自由に委ねられており，たとえ債権者といえども，原則として，これに干渉することは許されない。しかし，債権者が自己の債権の実現をはかる前提として，一定の要件に基づき，債務者の財産の管理・処分に干渉することが認められている。これも，①および③と同じく，債務者に対する債権の効力の一場面ではあるが，履行を強制したり損害賠償を請求したりするのとは異質な「**責任財産の保全**」を目的とした債権の効力である。

債権の効力が以上のように整理されることに照らして，本書では，以下，債権の受領と請求という債権の基本的効力（→2），自然債務（→3）および債務と責任（→4）について解説した上で，節を改めて，第三者による債権侵害（→②），現実的履行の強制（→③）と債務不履行による損害賠償（→④）について，順次，説明する。そして，責任財産の保全については，債権の効力の中でも債権回収の事前手続という特殊な位置を占めることから，章を改めて解説を行う（→Ⅳ）。

2 債権の受領と請求

債務者は，債務の本来の趣旨に従って任意に履行する義務を負う。そして，債権者は，こうしてもたらされた給付を受領し，これを保持すること

ができる（**給付保持力**）。これは，債権が持つ最低限の効力である（ただし，給付の受領は請求力の効果とする見解もある（近江））。

　次に，債権者は，債務者が任意に履行しないときは，履行を請求することができる（**請求力**）。これは，裁判外において認められる債権の効力である。

　さらに，債務者が任意に履行しない場合には，債権者が自力救済を企てることは原則として認められないので，裁判所に履行を命ずる判決を求めて訴えることになる。これを債権の**訴求力**という。

　最後に，債権者は，確定判決に基づき，その判決の内容を国家の力により強制的に実現してもらうことができる（**執行力**）。

　なお，もともと金銭の支払いが債権の目的であるとき，および予定された本来の債権（例えば，物品の引渡し）が履行されずに損害賠償という金銭債権に変じたときは，債権者は，債務者が有する一般財産から債権の満足を受けることになる。このとき，債権が債務者の責任財産に及ぼす効力を**掴取力**という。

　このように，一定の財産が債務の引当てとなっていることを責任という。一方，債務とは，一定の行為をするよう命じられる法的義務を指す。したがって，債務者が自己の一般財産による責任を負うときは，債務と責任とは一致する。しかし，両者が一致しないこともある。また，債権が以上に説かれた効力すべてを有するとは限らない。それについて，以下で解説を加えよう。

3　自然債務

　債務者が任意に履行をすれば債権者がこれを受領することはできるものの，請求力のない——したがって訴求力も執行力もない——債務を自然債務と呼ぶ。債権者側からみれば，自然債務は，給付保持力のみを有する債権ということになる。

　自然債務を認めた判決として言及されるのが，「カフェ丸玉女給事件」（大判昭10・4・25新聞3835-5）である。事案は，カフェの男性客（Y）が，

3　自然債務 *37*

なじみの薄いホステス（X）の歓心を買うために，多額の独立開業資金を援助する約束をしたというものであり，判旨は，客がホステスに対して「相当多額なる金員の供与を諾約することあるも，これをもって……裁判上の請求権を付与する趣旨に出でたるものと速断するは相当ならず，むしろかかる事情の下における諾約は，諾約者が自ら進んでこれを履行するときは債務の弁済たることを失わざらむも，要約者においてこれが履行を強制することを得ざる特殊の債務関係を生ずるものと解する」べきであるとし，「民法上の贈与が成立するものと判断せむがためには，贈与意思の基本事情につき更に首肯するに足るべき格段の事由を審査判示することを要する」と述べた（破棄差戻し）。

　この判決は，当該約束を「贈与」契約と断定しつつ自然債務を認めたものではなく，原審認定の事実によったのでは，当該「諾約」は，自然債務という特殊の債務関係を生ずるものにすぎないとし，これより進んで，贈与意思を認定できるような事情があるかどうかを審理し直すよう説いたものと理解される。したがって，この判決が，自然債務だけを発生させる贈与契約を認めたものというわけではない（差戻審：大阪地判昭11・3・24新聞3973・5では，確定された事実に基づき，Xの請求が認容されている）。

　そのほかにも，一種の自然債務として説明可能なものはある。例えば，ある債権につき消滅時効の要件が充足される場合，債権者が弁済を請求しても，債務者が時効を援用すれば，結果的に債権者は訴求することができない。ただし，債務者が時効の援用を潔しとせず，任意に弁済すれば，債権者はこれを保持することができる。したがって，時効にかかった債務も，一種の自然債務ということができよう（なお，508条も参照）。

　自然債務という概念は，これを不要とする見解もあるが，訴求力・執行力を持たない弱い債務として自然債務という概念を認めた上で，個々のケースにおける債務の効力を検討していこうとする学説が多数を占めているといえよう。

4　債務と責任

4-1　債務と責任の意義

　債務とは，ある者（債務者）が特定の相手方（債権者）に対して一定の行為をすることを内容とする義務である。例えば，100万円の金銭消費貸借契約が結ばれた場合，借主は，貸主に対して「100万円を返済する」債務を負う。このように，債務とは，債権の目的である行為を義務付けられるという法的拘束を意味する。

　一方，債務が履行されない場合のために，一定の財産が引当て（担保）となっていることを，責任という。例えば，上記の例で借主が100万円を返済するという債務を履行しない場合，借主の財産が債務を実現する対象となり，これが債務者の責任を意味する。

　一般に，債務は責任を伴う。なぜなら，債務者が自己の債務を履行しない場合，債権者は，債務者の一般財産に対して強制執行を行い，そこから自己の債権の満足を受けるためである（なお，一般財産に対して，抵当権や質権など特別の担保の対象となっている財産を特別財産という）。しかし，次のとおり，債務と責任が一致しない場合もある。

4-2　責任なき債務

　債務だけがあって責任がない例として，まず，当事者間で強制執行しないという特約を付けた債務を成立させた場合が挙げられる*。この場合，債権者は，訴えを提起して勝訴判決を得ることはできるので，この債務は自然債務ではない。

>　*　**不完全債務**　果たして強制執行しない特約があり得るのか，という疑問もあろう。しかし，裁判例においては，不起訴契約の有効性も認められている以上（名古屋高判昭33・2・27高民集11-5-339），強制執行しない特約も否定する理由はない。すなわち，当事者間で強制執行しない特約，不起訴契約が結ばれた場合も，それは債権の放棄とは異なる。なお，責任なき債務と自然債務とを合わせて，不完全債務と称することがある。

　次に，債務の一部についてのみ責任があるという場合がある。民法は，

相続人が相続財産の限度で弁済するという手続をとれば，責任を限定することができる制度（**限定承認**）を認めている（922条以下）。例えば，ある人が5,000万円の債務を残して死亡し，プラスの相続財産が1,000万円しかない場合において，相続人が限定承認をしたときは，その相続人は，相続財産の1,000万円の範囲で債権者からの強制執行に服するのであって，たとえ相続人自身が固有の財産を持っていたとしても，それに対する強制執行は認められない。このように，限定承認とは，一種の有限責任を認めた場面である。その意味において，株式会社の株主（会社104条），合資会社や合同会社の有限責任社員（会社576条3項4項・580条2項）なども，一部責任なき債務を負うものといえる。

4-3 債務なき責任

他人の債務のために自己所有の財産を担保に供することを物上保証という。例えば，AがBから金銭を借り受けるに際し，Aの友人Cが，Aに対するBの債権を担保するために，C所有の土地に抵当権を設定してやった場合，C（物上保証人）は，債務なき責任を負う。また，AがBから金銭を借り受けるに際し，A所有の土地に抵当権を設定した後，この土地をDに譲渡した場合，Dは，抵当不動産の第三取得者といわれる。その後，Aが返済を怠り，Bがこの土地につき抵当権を実行すると，Dは，土地の所有権を失う。したがって，抵当不動産の第三取得者も，債務なき責任を負っているといえる。

2 第三者による債権侵害

1 はじめに

債権とは，債権者が債務者に対して一定の行為を請求することを内容とする権利である。すなわち，債権は，債権者・債務者間における相対的な権利であり，絶対権である物権が物に対する直接・排他的な支配権である

ことと対比される。このように，物権は，すべての人に対して主張できる絶対権であり，債権は，特定の相手方に対してのみ主張できる相対権であると性格付けるならば，債権・債務関係にある当事者以外の第三者は，他人の債権を侵害しないようにする義務を負わないし，第三者により債権が侵害されたとしても，債権者は，その第三者に対して何ら法的主張をすることはできないと解する余地もある。

　しかし，現在では，第三者による債権侵害が，一定の要件の下で債権者に対する不法行為を構成することは，疑われていない。また，特定の場面において，第三者が債権を侵害するときは，債権者は，その妨害排除を請求することも肯定されている。むしろ，議論の焦点は，どのような場面において，どのような要件に基づき，債権侵害による不法行為の成立を認め，また，債権を侵害する第三者に対する妨害排除の請求を肯定するか，という点に移っているといえよう。

　以下では，債権侵害による不法行為の成否，および債権に基づく妨害排除請求の可否について，順次，検討しよう。

2　債権侵害による不法行為

2-1　通説による類型的整理

（1）相関関係的判断の枠組み

　通説は，侵害される権利・利益と侵害行為の態様とを相関的に考慮しつつ，不法行為の成否を判断するという枠組みを採用してきた（我妻）。そこでは，第三者による債権侵害は，債権の帰属が侵害された場合，債権の目的である給付の侵害により債権が消滅する場合，債権の目的である給付を侵害するが債権は消滅しない場合，の3場面に類型化され，不法行為の成否が検討されてきた。

（2）債権の帰属が侵害された場合

　例えば，AがB銀行に預金口座を開設していたところ，CがBの銀行預金通帳と届出印を盗んで払戻しを受け，債権の準占有者に対する弁済（478条）の規定により銀行による払戻しが有効となった場合である。この

場合，Aに帰属していた預金の払戻債権が侵害されたことになる。こうしたCによる債権侵害がAに対する不法行為を構成することについては，ほぼ異論がない（ほとんどの場合，Cには故意があるといえようが，この類型では，過失による債権侵害であっても不法行為の成立が認められる）。この例では，Aは，Cに対し，不当利得に基づく返還請求権を持つが，これと併せて，Cの不法行為が成立することも妨げられない。

（3）　債権の目的である給付の侵害により債権が消滅する場合

例えば，Aを売主，Bを買主としてアンティーク品のオルゴール1台の売買契約が締結されていたところ，Cが，このオルゴールを壊してしまった場合である。このとき，AB間では，買主Bが売主Aに対して有していた引渡債権は消滅するが，危険負担の債権者主義により，Aに対するBの代金支払債務は存続する（534条1項）。したがって，Cは，Bに対し，債権侵害の不法行為に基づく損害賠償責任を負う。この類型についても，ほぼ異論はないとみられている（Cに過失しかなかった場合も不法行為が成立すると解される点も，(2)と同じ）。

（4）　債権の目的である給付を侵害するが債権は消滅しない場合

例えば，上記(3)と同じアンティーク品のオルゴール1台の売買契約において，Cが，売主Aと共謀して，このオルゴールを壊してしまった場合である。ここでは，目的物の破壊について債務者A自身にも帰責事由があるので，BがAに対して有する引渡債権は，債務不履行（履行不能）に基づく損害賠償請求権にかたちを変えて存続する。したがって，この類型では，BがAの責任を問い得る以上，第三者Cに対し，不法行為に基づく損害賠償を請求する必要はなく，Cの不法行為は成立しないと解する余地もある。しかし，Cに故意があるとき，または，Cの行為が強度の違法性を帯びるときは，Cの不法行為を認めるのが通説である。

2-2　通説批判と新しい体系化の方向

（1）　通説批判の視点

上に整理された「通説」は，少なくとも判例上は，その枠組みが維持されているとみてよい。しかし，最近になって，こうした考え方を批判し，

通説とは異なる見地からアプローチを試みる動きが顕著になっている。

こうした通説批判の根拠は，多様である。とりわけ，債権は相対権であって第三者がこれを侵害することはあり得ないという論理は，早くから批判の対象とされ，否定されていた。判例においても，すでに大審院判決が，次のように説いていた。

> **判例　債権侵害による不法行為**（大判大4・3・10刑録21-279）
> 　Xは，自己所有の立木を高値で売却することをAらに委任したが，Aらは，買主Dの代理人Yと通謀してこれを安く売却したように装い不当な利益を得たため，XがYに対し，債権侵害を理由とする損害賠償を請求した事案。大審院は次のように判示した。
> 　債権は，特定の人に対し特定の行為を請求する権利であって，債務者以外の第三者は，債権者の要求に応ずる義務はない。しかし，およそ権利というものは，親族権であれ財産権であれ，その権利の性質や内容は一様ではないものの，いずれもその権利を侵害させないという対世的効力を有し，何人であってもこれを侵害することができないという消極的義務を負担するものである。この「対世的権利不可侵の効力は，実に権利の通有性にして，独り債権に於てのみ之が除外例を為すものにあらざるなり」。

そのほか，債権を侵害する結果をもたらす第三者の行為が，事実行為か取引行為かを区別しないことにも，疑問が向けられる。取引行為による債権侵害のほうが，事実行為によるそれに比して違法性が低いはずだ，という着想が，その背景にある。さらに，実質的にみても，通説によれば債権侵害による不法行為の成立は大幅に制約されるが，むしろ，契約関係の保護という観点からは，第三者の債権侵害に対する不法行為法による保護は，もっと拡大されるべきであると説かれる（星野，平井，淡路など）。

（2）新しい体系化の方向

最近の学説の中には，上記のような問題意識から，第三者による債権侵害と不法行為の成否について，新しい体系的整理を試みるものがある。ただし，こうした学説間で細部にまで見解の一致がみられるには至っていない。

こうした体系的説明に早くから取り組んだ一つの学説は，次のように説

く（平井）。まず，第三者に加害の意思（故意）が認められれば，債権消滅のいかんにかかわらず，常に不法行為の成立を認めるべきである。それは，加害の意思を有する行為を放置すべき何らの理由もないという根拠に基づく。そして，それ以外のケースでは，(i)排他性がなく，物権と異なり第三者にとって認識が困難であるという債権の特質，(ii)契約関係の保護の拡大という要請，(iii)債権内容の多種多様さ，を考慮して，不法行為となるべき要件を構築しようとしている*。

* **体系的整理の試み**　上に概観した学説による整理を，さらに具体的に示すと次のとおりである。

①第三者が債務者の生命・身体・自由等の人格的利益を侵し，当該債務者が債権者に対して負う行為債務を侵害する場合には，第三者の過失をもって不法行為の成立を認める。ここには，債務者を拘禁して働かせないとか，労働者のいわゆる「引抜き」といったケースが含まれる。

②上記の①以外の方法により行為債務を侵害する場合，競業避止義務や一手販売権のように，契約関係の保護が優先されるべきときは，通常と同じ要件で不法行為の成立を認めるべきである。他方，これに該当しない行為債務の侵害については，外部から認識できないという債権の特質に鑑み，契約関係の存在についての認識またはその予見可能性を要件として（教唆・通謀は要しない），不法行為の成立を肯定する。

③第三者が引渡債務を侵害する場合には，当該債務の発生原因である契約関係が存在していたことの認識または予見可能性を要件として（ここでも，教唆・通謀は要しない），不法行為の成立を認める。すでに存在する契約関係保護の要請を重くみるものであり，不動産の二重譲渡において，第2買主が第1買主に対して不法行為の責めを負う余地を広く認める結果となる。

④債務者の一般財産を減少させる行為については，原則として不法行為の成立を否定し，詐害行為取消権（424条以下）による債権者の保護をはかるべきである。

この問題を考えるにあたって，近時の学説が，ほぼ共通して持つ問題意識は，自由競争原理のもとでは債権侵害・契約侵害も原則として許容され，その侵害行為が強度の悪性を帯びる場合――第三者に故意ある場合や，良俗違反や不公正な競争とみられる場合――に限って不法行為となり得る，という伝統的発想への根本的疑問であるといえよう*。

* **不動産の二重譲渡をめぐって**　伝統的には，不動産の二重譲渡において，悪意の第2買主であっても先に登記を備えれば，当該不動産の所有権を確定的に取

得するのであって，これは自由競争原理の許す帰結であると説明されてきた（いわゆる背信的悪意者論は，その限界を画することになる）。

しかし，こうした考え方に対して，自由競争が契約の拘束力の生ずる以前には妥当するとしても，すでに契約の拘束を受ける債務者の義務違反を奨励・助長し，または少なくともこれを十分に認識しつつ，さらに債務者との間に取引をしようとする者にもあてはまるのか，という疑問が呈され，その基本的な方向性は承認されているとみられる（学説の整理・紹介につき，新注民(10)Ⅰ・411頁〔潮見〕）。そこでは，売主と第1買主間の契約保護，すなわち第1買主が売主に対して有する引渡債権に敬意が払われるべきことになる。対抗要件主義への目配りをも含めた議論の必要性が説かれているところである（内田）。

3　債権に基づく妨害排除請求

3-1　判例準則のあらまし

かつて，判例は，専用漁業権を賃借して漁業を営む者が，無権限で漁業をする者に対し，賃借権に基づく差止めを請求した事案において，権利行使に対する妨害を排除できるのは権利の性質上当然であって，その権利が物権・債権のどちらでも差異はない，と述べたことがあった（①大判大10・10・15民録27-1788）。この判例に従えば，債権に基づく妨害排除請求が一般に認められることになる。しかし，その後の判例は，必ずしもそのように考えておらず，最高裁は，鉱山の採掘権が侵害された事例において，債権に排他性を認めるべきでなく，第三者に対して，直接，妨害排除請求ができると考えてはならないと判示している（②最判昭28・12・14民集7-12-1401）。

ただし，判例は，対抗力を具備した土地賃借権は物権的効力を有し，その土地につき賃借権を取得した者にも対抗することができ，したがって，その土地につき二重に賃借権を得た者に対し，妨害排除請求権を行使できることを認めている（③最判昭28・12・18民集7-12-1515）。また，対抗力を具備した土地賃借権者が，権限なく土地を占有する第三者に対して妨害排除を請求することも肯定されている（④最判昭30・4・5民集9-4-431）。その反面，たとえ権限なき土地の不法占有者に対してであっても，対抗力を備えない土地賃借権者が，賃借権に基づいて妨害排除請求することは否定されている（⑤最判昭29・7・20民集8-7-1408）。

以上のとおり，判例は，「対抗力を備えた賃借権」に限って，その賃借権に基づく妨害排除請求を認めるという結論を採っている（これを肯定したのが③④，否定したのが②⑤であり，その結果，①の先例的価値は失われている）。ここで対抗力とは，民法605条に定める賃借権の登記はもちろん，借地上建物に関する建物の登記（借地借家10条），借家についての引渡し（借地借家31条）も含まれる。なお，上記の判例③④では，罹災都市借地借家臨時処理法10条に基づく対抗力が認められた*。

　　*　**罹災都市借地借家臨時処理法**　太平洋戦争における罹災土地および疎開地跡の借地借家関係を調整し，戦災者等の保護を図るとともに，罹災都市の復興を促進することを目的として制定され，1946（昭和21）年９月15日から施行された法律。昭和21年７月１日から５年間，罹災土地または疎開地跡の借地権は，借地権の登記や地上の建物の登記がなくても第三者に対抗できると定められている（同法10条）。その後の改正により，政令によりこの法律が適用される旨が定められた火災・震災・風水害等の災害にも一定の規定が準用されることとなり（25条の２），最近では，1995（平成７）年１月の阪神・淡路大震災において，大阪府および兵庫県内の33市町が対象地域として定められた。

3−2　事例類型ごとの整理

（1）　はじめに

　上の判例から理解されるとおり，「債権」侵害による妨害排除請求といっても，実際に考察の必要を生じるのは，「不動産賃借権」とりわけ建物所有のための土地賃借権が，第三者により侵害される場面に限定されている。こうした問題が生じる理由は，民法が財産権を物権と債権に峻別することに由来するといえよう。

　すなわち，物権は，物に対する直接・排他的な支配権である。したがって，物権が侵害された場合，権利者は，その侵害の態様に応じて，返還請求，妨害排除請求および妨害予防請求という物権的請求権を行使し，物権本来の姿を回復することが認められる。

　これに対して，債権は，債権者が債務者に対して一定の行為を請求することを内容とする権利であって，物を直接に支配することを内容とする権利ではない。ただし，債権の中でも，不動産賃借権は，賃借人が目的となる不動産を使用・収益するという側面を持つから，物権に類似した内容を

備えているといえる。ところが，民法は，不動産賃借権を，債務者が債権者に対し不動産を使用させるよう請求できる権利と構成している（601条参照）。したがって，賃借人による不動産の支配も，賃貸人を通して認められるにすぎないことになる。

その結果，賃貸借の目的不動産の使用収益が，第三者により侵害されている場合において，賃借人は，その第三者に対して，直接，その不法占有の排除を求めることは許されないのかが問われることになる。

そして，その場面を具体的にみると，まったく土地の利用権原を持たない第三者が賃借人の土地利用を妨害しているケース（**不法占拠型**）と，何らかの理由で賃貸借契約が二重に締結され，その賃借人相互間で土地利用の優先をめぐり争いが生じているケース（**二重賃貸借型**）とに分かれることが理解される。以下では，3−1にみた判例の準則を念頭に置きながら整理しておこう。

（2）不法占拠型

Aが自己所有地をBに賃貸したところ，無権限のCがこの土地を占有し，Bの土地利用を妨げているケースである（→Ⅳ②3−2（2）も参照）。

```
        A ══════════ B
  （土地所有者・貸賃人）  （貸借人）
                        │
                        │妨害排除請求？
                        ▼
                        C
                     （無権限者）
```

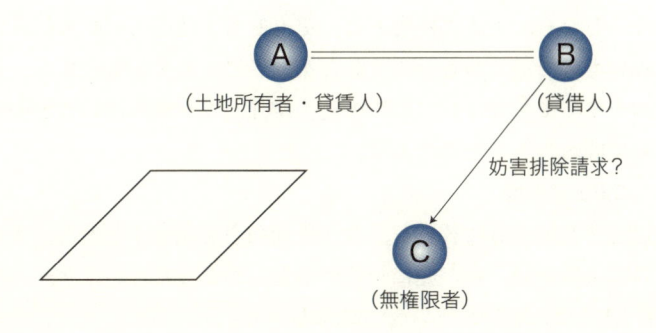

この場合，Bが土地賃借権に基づきCに直接の妨害排除請求権を行使できるかを問題とする前に，次の二つの方向から考察を加えておく必要がある。

まず，Bがすでに土地の占有を開始したところへCが不法に侵入し，B

3　債権に基づく妨害排除請求 | 47

の土地利用を妨害するときは、Bは、占有保持の訴え（198条）または占有回収の訴え（200条）により、Cを排除することができる。したがって、この場合には、これら占有訴権に加えて賃借権自体に基づく妨害排除請求を認めるべきかが問題となるといえよう。

また、Bが土地の占有を開始しているか否かにかかわらず、Aは、土地所有者として、Cに対し、所有権に基づく妨害排除請求権を行使できるのは当然である。Aがこれを行使すれば、Bの円満な土地利用は実現される。そして、Aがこれを行使しない場合には、Bは、Aに対する自己の賃借権を保全するために、AがCに対して有する妨害排除請求権を代位行使することが可能である（423条に定める債権者代位権の転用）。したがって、それに加えて、Bが、自己の賃借権自体に基づき、Cに対して妨害排除請求権を行使することを認めるべきか、という問題が提起されることになる。

この場面における判例の立場は、3-1にみたとおり、Bの賃借権が対抗力を備えていれば、Cに対して、賃借権に基づく妨害排除請求権を認めるというものである。確かに、Bの賃借権が対抗力を備えておらず、かつ、Bが土地の占有を取得していない場合であっても、Bは、妨害排除請求権の代位行使ができるから、結果的にはBの保護に欠けるところはないともいえよう。しかし、不法占拠者とは、そもそも土地を占有する何らの権原も持たないものであるから、こうした第三者に対してであっても、賃借権が対抗力を備えていなければ直接の妨害排除請求を認めないことの妥当性は、さらに問われることになろう。

（3）　二重賃貸借型

Aが自己所有地をBに賃貸し、Bが土地利用を開始する前に、Aが同じ土地をCにも賃貸し、Cが先に建物の築造にかかったというケースである（第1賃借人B、第2賃借人Cという二重賃貸借が成立している）。

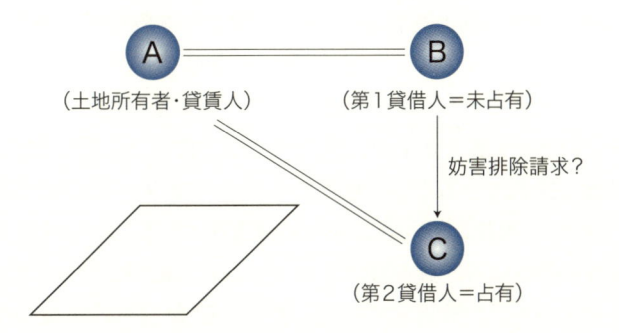

```
         A ══════ B
  (土地所有者・貸賃人) (第1貸借人＝未占有)
                    ╲
                     ╲ 妨害排除請求？
                      ╲
                       ╲
                        C
                   (第2貸借人＝占有)
```

　こうした場合，特に，第1賃借人Bを保護する必要もないのではないか，という疑問もあり得る。しかし，AB間で賃貸借契約が締結されてBが賃借土地上に建物を建て居住していたところ，その地域が罹災してB所有の建物が滅失し，Bが建物再築に取りかかる前にAC間に第2の賃貸借契約が結ばれ，Cが土地利用を始めてしまったような場合を考えると，Bの賃借権を保護する必要があることも理解されよう（罹災都市借地借家臨時処理法の適用が問題となった多くの事例は，こういったパターンであった。特に，太平洋戦争後は，賃貸人A側に相続が生じて土地利用権の帰趨が当事者にも分からなくなってしまったケースが多かった）。

　この場合には，(2)の不法占拠型のケースと異なり，Bが土地を占有している可能性はきわめて低い。したがって，Bが占有訴権を行使できる場合はほとんどないといえよう。また，AB間およびAC間に有効な賃貸借契約が存在する限り，Aは，BおよびCのいずれにも土地を使用収益させる債務を負っており，土地所有者として妨害排除請求権を行使する立場にもない。したがって，賃借人のBが，妨害排除請求権を代位行使する前提をも欠いていることになる。そこで，この場合において第1賃借人Bの土地利用の優先を認めようとすれば，BからCに対し，Bの賃借権に基づく妨害排除請求権を認めるか否かが正面から問われることになる。

　この場面における判例の立場も，Bの賃借権の対抗力の有無により，妨害排除請求の可否を決するというものである（つまり，判例は，不法占拠型と二重賃貸借型とを区別していない）。判例は，その理由について，対抗力を備

えた賃借権は物権的効力を有し,「その土地につき物権を取得した第三者に対抗できる」だけでなく,「その土地につき賃借権を取得した者にも対抗できる」と述べている（以下の**判例**を参照）。しかし,賃借権の「対抗力」とは,まさに判例の説くとおり,目的物につき物権を取得した第三者に対して賃借権を主張できるという意味であって（605条,借地借家10条・31条などの文言を参照）,複数賃借人間の権利の優劣を「対抗力」により決することが,論理必然的に導かれるわけではないという疑問が呈されている。もしも対抗力を妨害排除請求権の根拠とするならば,そこにいわゆる対抗力とは,賃借権の対抗力または物権変動における対抗力の意味ではなく,妨害排除請求権を行使する資格としての対抗要件具備が要求されていると考えるべきであろう（平井）。

> **判例　賃借権に基づく妨害排除請求（最判昭28・12・18民集7-12-1515）**
>
> 　事案を簡略化すると,土地の所有者Aが,X（第1賃借人）およびY（第2賃借人）との間で,順次,賃貸借契約を結んだ後,Yが土地上に建物を建築したため,XがYを相手どって建物収去土地明渡しを請求したものである。なお,Xの賃借権は,罹災都市借地借家臨時処理法10条による対抗力を備えていた。判旨は次のとおりである。
>
> 　民法605条,建物保護法,罹災都市借地借家臨時処理法10条などの規定により「土地の賃借権をもってその土地につき権利を取得した第三者に対抗できる場合には」,「その賃借権はいわゆる物権的効力を有し」,「その土地につき賃借権を取得した者にも対抗できる」。したがって,第三者に対抗できる賃借権を有する者は,爾後,その土地につき賃借権を取得し,これにより地上に建物を建てて土地を使用する第三者に対し,直接にその建物の収去,土地の明渡しを請求することができる。

3 現実的履行の強制

1 はじめに

　債権者は，債務者による給付を受領することができ，また，債務者に対し，その者に義務付けられた時・場所・態様において債務を履行するよう請求することができる。これは，債権の効力としての給付保持力および請求力を表わしたものである。

　このうち，請求力とは，債務者が債務の本旨に従った履行をしない場合に発揮される債権の効力である。そして，債務者が任意に履行しないときは，債権者は，履行を強制し，最終的には債務者の財産をもって満足を受けることができる。債権の効力としての訴求力と執行力が，これにあたる（以上については，前出①1を参照）。

　民法414条1項本文は，債務者が任意に債務の履行をしないときは，債権者は，その強制履行を裁判所に請求することができると定める。このうち，「強制履行を裁判所に請求する」という文言が，債権の「訴求力」（そして執行力）に対応していることは明らかである（この側面をとらえて，「現実的履行の強制」とか「強制履行」という)*。

　一方，同条項の中には，債権の「請求力」を意味する明示的表現が含まれているわけではない。しかし，債務者が任意の履行をしないとき，債権の効力として訴訟法上の概念である「訴求力」が認められる前提として，実体法上の権利としての「請求力」が存在することは，当然のこととして承認されているとみてよい。

　すなわち，414条1項は，これに続く2項以下の規定とともに，債権の実体法上の効力として請求力が存在することを前提とした上で，訴訟法上の訴求力および執行力を承認したものと理解される**。なお，このような理解からは，債権者が，債務者の不履行に際して履行を請求し，最終的には裁判手続を経て債権の実現をはかることは，**債権の本来的効力である**

——すなわち，債務不履行の効果とは一線を画される——という一つの帰結が導かれることになる。

* **歴史的にみた現実的履行の強制の意義**　今日的観点からすれば，債務者が任意の履行をしないときに現実的履行の強制を認めることは，債権の本来的実現のために当然のこととも思える。もっとも，個人の自由を重視する結果，たとえ債務者が任意に履行しない場合であっても，これに強制力を加えて金銭や財産を債権者に引き渡させたり，一定の行為を強制したりすることに消極的な思想が支配的であった時代もあった。こうした考え方の下では，債務者が任意に履行しないときは，債権者としては損害賠償を得ることをもって満足せざるを得ないことになる。

　しかし，債務とは，自らの意思または法律上の原因により，その自由を一定程度制約されることを必然的に伴うものである。したがって，債権の十分な保護をはかるためには，債務者に強制を加えて債権の目的を達する法制を整えることが必須といえる。それゆえ，民法は，原則としては，いかなる債権についても現実的履行の強制を認め，ただ，債権の性質がこれを許さないときには，他の手段をもって満足をはかるという構成を採った。その本意は，債権の保護と債務者の人格の尊重との調和を目指すところにあるといえよう（我妻）。

** **実体法と訴訟法（手続法）**　権利・義務の発生・変更・消滅の要件を定めた法規を「実体法」という（国家機関による制定や慣習といった人の行為によって作り出された法を「実定法」というのとまちがえやすい）。一方，権利・義務の具体的実現の手続を定めた法規を「訴訟法」という（「手続法」ともいう。ちなみに，実定法の対概念は「自然法」である）。したがって，民法は実体法であり，民事訴訟法や民事執行法は訴訟法である。この観点からすると，414条は，民法の規定でありながら，純然たる「実体法」的規定というわけではない。しかし，もっぱら「訴訟法」規定であるといい切ってしまうことも妥当でない。もともと，実体法の中にも訴訟法的規定が含まれているし（例えば，民法117条1項は訴訟上の証明責任の規定である），訴訟法も実体法的規定を含んでいる（例えば，民事訴訟法61条以下の訴訟費用の規定）。したがって，民法414条についても，債権の有する実体法的効力としての請求力を承認した上で，訴訟法上の訴求力・執行力を定めた規定という理解に立つことが可能であろう。

2　直接強制（414条1項）

2-1　直接強制の意義

　直接強制とは，国家機関の実力を通じて債務者の意思にかかわらず直接

的に給付内容を実現する強制履行の方法である。いわゆる「与える債務」の強制的実現に適した形態である。すなわち，金銭債権について，国家機関の手により，債務者の財産を処分して金銭に換え，これを債権者に与えること，また，物の引渡しを目的とする債権について，国家機関が実力をもって債務者の占有を解き，債権者の占有に移すことが，これに該当する。

2-2 直接強制の要件および具体例

　直接強制を行うためには，上記の「与える債務」の不履行があり，かつ，それが違法で実行可能であることを要する。ここでいう不履行とは，客観的にみて債務者が債務の本旨に従った履行をしないことで足り，債務者の帰責事由の存在は不要である。直接強制——ひいては現実的履行の強制すべて——は，債務不履行に対する制裁でなく，債権の本来的効力を意味するにほかならないからである。

　また，直接強制を行うためには，債権者が，債務の存在を公的に認めて執行力を付与した公的文書を取得していることが必要である。こうした文書を「債務名義」という。民事執行法22条は，「強制執行は，次に掲げるもの（以下「債務名義」という。）により行う」と規定し，確定判決，仮執行宣言付判決，仮執行宣言付支払督促，一定の支払または給付を目的とする請求についての公正証書などを列挙している。

　金銭の支払いを目的とする債務については，不動産執行（民執43条以下），動産執行（民執122条以下）および債権執行（民執143条以下）に分けて，それぞれ直接強制の方法が定められ，債権の強制的実現がはかられる。また，物の引渡しを目的とする債務についても，不動産の引渡し（民執168条）と動産の引渡し（民執169条）とに分けて，それぞれ規定が置かれている。

3　代替執行（414条2項）

3-1　代替執行の意義

　代替執行とは，債務者以外の第三者に債務者に代わって債務の内容を実現させ，それにかかった費用を債務者から取り立てる方法による強制履行

の方法である。いわゆる「為す債務」のうち，第三者が債務者本人に代わって実現することのできる債務（代替的作為債務）について用いられる。例えば，債務者が自己に課された建物を取り壊す債務を履行しない場合には，債権者は，第三者に建物を取り壊させて，その費用を債務者に請求すればよい。このように，為す債務が目的となる場合には，債務者を監視して行為を強制することはできないので，直接強制になじまず（414条1項但書），代替執行が効果的な債権の強制実現手段となる（414条2項，民執171条）。

3-2 代替執行の要件および具体例

　代替執行を行うためには，代替的作為債務の不履行があり，かつ，それが違法で実現可能であることを要することは，直接強制の場合と異ならない。債務名義の取得が要件となることも，同じである。

　また，法律行為を目的とする債務については，裁判をもって債務者の意思表示に代えることができる（414条2項但書）。これを判決代用といい，代替執行の一つに数えられる。例えば，農地の売主が，買主のために，農業委員会または知事に権利移転の許可申請をすることが，これにあたる。

　さらに，特定の場所に建物を建てない債務を負う者が，これに違反して建物を建てたり，通路の通行を妨げない債務を負う者が，障害物を設けて通行を妨げたりした場合には，相手方は，債務者の費用で違反状態を除去し，かつ，将来のために適当な処分を行うよう請求することができる（414条3項）。これを不作為債務の強制ということがあるが，債務者の費用で違反状態を除去することは，履行強制のかたちとしては代替執行にあたる。

　一つの問題を提起するのは，名誉毀損の加害者が被害者の「名誉を回復するに適当な処分」すなわち謝罪広告を命じられたにもかかわらず，これを行わない場合に，その代替執行が可能か否かである。加害者に謝罪の意思がない場合に，判決で謝罪を命ずることは，憲法で保障された良心の自由（19条）を侵すものではないか，という疑問があるためである。しかし，判例は，単に真相を述べ，陳謝の意をあらわすのは，良心の自由を侵すものではないとしている（最大判昭31・7・4民集10-7-785）。

4　間接強制

4−1　間接強制の意義

　間接強制とは，一定の期間内に債務者が履行しないとき一定の金額を支払うよう命ずることにより，間接的に債務者に債務の履行を促す方法による強制履行である。民法には明文の規定を欠くが，民事執行法（172条）により認められた強制履行の方法である。

　例えば，隣接する土地の所有者AB間において，Aが自己所有地に高層建物を建てないことを約束したにもかかわらず，これに違反して建築工事を始めた場合には，Bの申立てに基づき，「Aは，工事を続行させてはならない。工事を中止しないときは，1日あたり，金○○円を支払え」と命じられることになる。

　なお，ここで債務者から債権者に向けて支払いが命じられる「一定の額の金銭」は，債務の履行を確保するための制裁金である。したがって，当該債務の不履行により生じた損害の額が制裁金の支払額を超えるときは，債権者は，その超える額について，別途，損害賠償の請求をすることができる（民執172条4項）。

4−2　間接強制の要件および具体例

　従来，現実的履行の強制の3態様（直接強制，代替執行，間接強制）の適用範囲については厳密な区分がなされ，一つの債務について一つの手段が対応するものと考えられていた。すなわち，①直接強制の可能な債務（金銭債務，物の引渡し・明渡債務）については，必ず直接強制によるべきであり，代替執行も間接強制も許されない。②代替執行が可能な債務（代替的作為債務，一部の不作為義務違反）については，必ず代替執行によるべきであり，間接強制は許されない。その結果，③間接強制は，直接強制も代替執行も不可能な債務（不代替的作為債務，一部の不作為義務違反）についてのみ認められる，という理解が支配的であった。

　この考え方は，「間接強制の補充性」といわれる。判例もこうした見解に従っていたものとみられ，物の引渡債務については直接強制が可能なの

だから，間接強制のような迂遠な執行手段をとる必要はないと説いていた（大判昭5・10・23民集9-982）。

しかし，近時に至り，直接強制は間接強制よりも債務者の人格に対する侵害が少なく近代的な執行方法であるという理論的前提が形式的にすぎると批判され，また，実務的にも，間接強制に多くのメリットがあると指摘されるようになった。そこで，2004（平成16）年4月1日施行の改正により民事執行法中に新たな条文が一つ起こされ，間接強制の補充性緩和がはかられた*。すなわち，不動産の引渡し・明渡しの強制執行（民執168条1項），動産引渡しの強制執行（同169条1項），目的物引渡請求権に係る強制執行（同170条1項），代替執行に係る強制執行（同171条）については，債権者の申立てがあるときは，間接強制の方法によることが可能とされ，その場合には，間接強制の手続等に関する規定が準用されることになった（同173条）。

*　**間接強制の補充性緩和の具体例**　動産の引渡執行において，債務者が動産の所在を点々とさせて，債権者が当該動産の所在場所を探知することが困難なケースでは，従来は，直接強制しか許されなかった。しかし，これはかえって債権者に過度の負担を強いることになる。改正法により，この場合，債権者は間接強制を申し立てることが可能になった。これに対応して，裁判所は，「債務者が当該動産を債権者に引き渡さない間，債務者は，債権者に対し，1日あたり金○○円を支払え」といった強制金決定を行うことになる。

　また，債務者が，約定の建築禁止を破って工作物を設置する違反行為を繰り返す場合，従来は代替執行により債務者の費用で工作物を取りこわすことが可能であり，その反面，間接強制は認められないと解されていた。しかし，違反行為の都度，代替執行を繰り返すよりも，間接強制によるほうが実効性を発揮できると考えられよう（以上につき，道垣内弘人・山本和彦・古賀政治・小林明彦『新しい担保・執行制度』〔有斐閣・2003〕151頁以下）。

間接強制の具体的適用例として議論を呼んでいるのが，幼児の引渡しの強制である。すなわち，親権者は，自らの子である幼児を監護・教育する権利を有し，義務を負うので（820条），幼児が親権者の意思に基づかず親権者以外の第三者の下にいる場合には，親権者は，親権に基づく子の引渡請求権を有する。ところが，当該第三者が任意に幼児の引渡しをしないとき，親権者は，どのようなかたちで引渡請求権の強制履行を請求できるか，

という問題である。判例には，間接強制によるとするものがある（大判大元・12・19民録18-1087）。なお，子が不当な拘束を受けている場合には，判例により，人身保護法に基づく引渡請求も認められている（最判昭24・1・18民集3-1-10，最大判昭33・5・28民集12-8-1224，最判平6・11・8民集48-7-1337など）。

一方，夫婦の同居義務（752条）の強制履行の方法として，間接強制が認められるかも問題とされている。判例は，夫婦の同居義務の履行は，任意の履行でなければ目的を達成することができないものであるとし，その性質上，直接強制を許さないものとしている（大決昭5・11・5新聞3203-7）。

5　現実的履行の強制と損害賠償

現実的履行の強制とともに，債権者は，債務者に対し，損害賠償を請求することが認められる（414条4項）。現実的履行の強制により，債権が目的を達成したとしても，債務者の不履行により債権者に損害が生じていれば，その塡補が認められるのは当然である。ただし，現実的履行の強制は，債務者の帰責事由を要件とせず可能であるのに対し，債権者が損害賠償を請求するためには，債務者の帰責事由の存在，損害の発生，不履行と損害との因果関係など，損害賠償請求のための要件を満たさなければならない*。

> *　**履行請求権の位置付けに関する理論的動向**　現実的履行の強制の許容，その前提としての履行請求権の存在，そして，こうした本来的履行請求権が契約解除や損害賠償に対して優越的地位を占めることは，日本法にとって，いわば自明の理として疑われてこなかったといえよう。しかし，近年，こうした考え方の根幹をゆさぶる新たな視点が提示されている。例えば，種類物売買において売主が引渡しを怠る場合において，買主が同じ目的物を容易に別の売主から調達できるとき，この買主は，あえて第1の売主に対して履行の請求を続けたり，履行を強制（直接強制）したりするであろうか，という疑問である。こうした場合には，買主は，むしろ目的物を別の売主から購入し（代替取引），自己に生じた損害を第1の売主に請求すれば足り，それが最も常識的であると説かれる。こうした着想は，さらに，損害賠償により債権者の法的救済が十分に可能なときは，履行の強

制を認めるべきでなく，むしろ債権者は，速やかに代替取引を行うよう義務付けられ，これを怠ることにより自己の損害を拡大させた場合には，損害賠償を制限されるという可能性の提言に至る（内田）。

　こうした主張は，履行請求権（履行の強制）の優越を理論的前提とする債権者の権利体系から，契約解除，損害賠償をも等距離の視野に入れ，かつ，債権者および債務者の立場，取引慣行などをも考慮した上で，当該場面において最も適切な法的救済手段を債権者に付与するという契約法システムの構築を示唆するものともいえる。そして，こうした理解は，必ずしも種類物売買においてのみ妥当するにとどまらず，広く契約法を支配する一般的原理を含むものと考えられよう。例えば，私法統一国際協会（UNIDROIT）が1994年に公表した「ユニドロワ国際商事契約原則（7.2.2条）は，金銭の支払債務以外の債務を負担する債務者が履行をしない場合，債権者は，履行を請求することができるとしつつ，①履行が法律上または事実上不可能なとき，②履行もしくは執行が合理性を欠くほど困難であり，または費用がかかるとき，③債権者にとって，他から履行を受けることが合理的に可能であるとき，などにおいては，履行請求権が排除される旨を定めている（曽野和明ほか訳『ユニドロワ国際商事契約原則』〔商事法務研究会・2004〕を参照）。また，国内法としても，2002年1月1日から施行されたドイツ民法（とくに債権法）の大規模な改正の結果，債務関係は給付を実現するよう債務者を義務付けることを前提としつつ（241条1項），給付が債務者およびすべての人にとって不能である場合や，債務関係の内容および信義誠実の原則に照らして，給付することが債権者の給付利益と比較して著しく均衡を失するような出費を要する場合などにおいては，債務者は，給付を拒絶することができると定められた（275条）。

4 債務不履行

1　はじめに──履行障害と債務不履行

1-1　履行障害の意味と債務不履行の位置付け

　まずは，伝統的・古典的な契約観といえる視点から，表題の問題を整理してみよう。

　契約上の債権・債務関係は，当事者間の意思の合致すなわち契約の締結により発生し，契約における本来の趣旨に従って履行される結果，目的を

達して消滅する。しかし，契約の当事者間に債権・債務関係が発生し，それが実現されていく過程をたどると，さまざまな時期において，さまざまな原因により，さまざまな態様の障害が発生する。このように，債権・債務関係の目的の実現過程において発生する諸々の障害を，「履行障害」と称することがある（以下の図を参照）。

一方，「債務不履行」とは，広くは「債務者が債務の本旨に従った履行をせず，または債務者の責めに帰すべき事由により履行が不能となる」こと（415条参照）を意味すると理解できるが，これは履行障害と同義なのであろうか。さまざまな履行障害の場面のうち，債務不履行とされるのは，どのようなケースかを明らかにする必要がある。

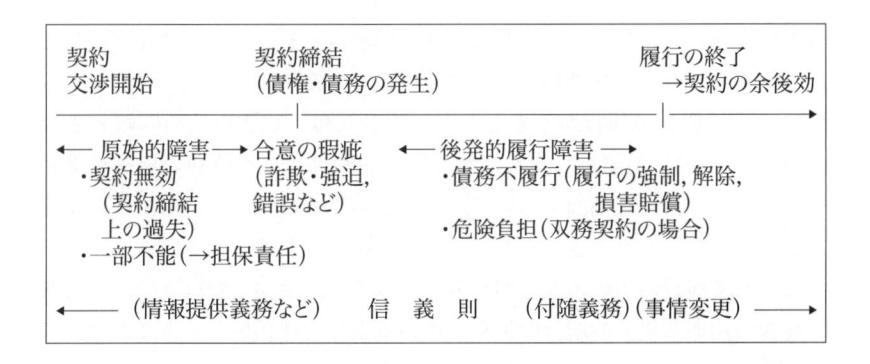

```
契約                契約締結                          履行の終了
交渉開始            （債権・債務の発生）              →契約の余後効
    |―――――――――――|―――――――――――――――――――――|
  ←― 原始的障害 ―→  合意の瑕疵    ←― 後発的履行障害 ―→
   ・契約無効        （詐欺・強迫，    ・債務不履行（履行の強制，解除，
     （契約締結       錯誤など）                       損害賠償）
      上の過失）                     ・危険負担（双務契約の場合）
   ・一部不能(→担保責任)

  ←――（情報提供義務など）  信　義　則　（付随義務）（事情変更）――→
```

上に示した図を時間の経過に沿ってみていくと，まず，契約の交渉開始から契約締結（当事者間の意思の合致）に至るまでは，当事者間に，少なくとも「契約上の債権・債務関係」は発生していない。見方を変えれば，債務不履行とは「債務者」がおかすものであるから，未だ債務者となっていない者（＝契約交渉段階における当事者）が債務不履行の責めを問われることはないといえる。この段階において何らかの履行障害が発生した場合には，債務不履行とは別のルールにより規律されることが必要となる（図における「原始的障害」がこれにあたる。契約締結上の過失，担保責任などは，それぞれ別の箇所で説明される）。このことは，契約の履行終了後についてもあてはまる。すなわち，契約上の債権・債務関係が目的を達して消滅してしまえば，そ

の後は，債務者であった者に債務不履行が観念されることはない（図のとおり，契約の「余後効」が論じられる可能性があるにとどまる）。ただし，以上に該当する場面であっても，債権・債務関係を広く支配する信義則に照らして，一定の責任が発生する余地はあると考えられる。

　こうした理解を前提とすると，時間的にみるならば，「債務不履行」とは，契約締結により当事者間に債権・債務関係が発生し，その履行が終了するまでの間の問題であることが分かる。

　それでは，契約の締結後——履行終了までの間——に発生する履行障害（後発的障害）が，すべて債務不履行と評価されるべきものであろうか。ここでは，契約の締結によって当事者間に契約上の債権・債務関係が発生しているので（＝自己の意思に基づく債権の獲得・債務の負担），履行障害が債務者の帰責事由によるものか否かにより，民法は，その法的処理を異にしている。すなわち，双務契約において，債務者の責めに帰すべき事由によらずに一方の債務の履行が不能となった場合には，危険負担の問題とされ（534条～536条），不能となった債務と双務的関係に立つ債務の帰趨が決せられる。一方，同じ場面において，債務者の責めに帰すべき事由により履行に障害が発生したとき，これが「債務不履行」と呼ばれる。

　こうして履行障害の場面を切り分けていくと，債務不履行とは，債務者に帰責事由ある後発的履行障害を，その本来の規律領域とすることが理解されるであろう。

1-2　債務不履行の態様と基本的効果

　民法は，「債務者が債務の本旨に従った履行をしない」こと（**本旨不履行**），および「債務者の責めに帰すべき事由によって履行をすることができなくなった」こと（**履行不能**）を債務不履行とし，これと損害賠償という効果を結び付けている（415条）。これに，上の1-1で確認された場面の限定を加えると，債務不履行とは，債務者に帰責事由のある後発的履行障害であって，これが「本旨不履行」と「履行不能」の2態様に分かれることになる*。そして，本旨不履行は，さらに，履行期が到来して履行が可能なのにもかかわらず債務者が履行を怠る場合（**履行遅滞**）と，いちお

うの履行はあったもののそれが本旨に従っていなかった場合（**不完全履行**）とに分けて考えることができる。

その結果，債務不履行は，履行遅滞，履行不能および不完全履行という3態様に分けて観念することができる。こうした類型化は，債務不履行の「3分体系」または「3分法」と称され，長く日本の通説を形成してきた（我妻，於保）。

債務不履行があった場合，債権者に与えられる可能性のある法的権利は，①履行請求権（最終的には現実的履行の強制：414条），②契約解除権（540条以下），③損害賠償請求権（415条・414条4項・545条3項）の三つである。

まず，契約の当事者は，当該契約の実現を期してこれを締結したのであるから，債務不履行をおかした債務者に対して本来の履行を請求することができる。これは，債務者の帰責事由を要件としない。もっとも，履行が不可能になっている場合には，履行請求はできない。このときは，契約解除または（および）損害賠償の請求をすることになる。

また，債権者は，履行遅滞においては相当の期間を定めて催告した上で（541条），履行不能においては催告を要せず（543条），契約を解除して契約の拘束力から逃れ，原状回復を求めることができる（545条1項・2項）。

さらに，損害賠償の請求は，履行の請求および契約の解除と併せて行うことが認められる（415条・414条4項・545条3項）。履行の請求が功を奏して債権者が最終的に契約の目的を達したとしても，また，債権者が契約に見切りをつけて契約を解除したとしても，いずれにせよ，債権者には損害が生じている可能性があるゆえに，これを填補するために認められた手段である。

   * **「債務不履行」の二義性**　「債務不履行」ということばは，客観的にみて債務の本旨に従った履行がなく，または後発的に履行が不能となっているという状態（＝客観的な不履行状態）を指すこともあれば，そこに債務者の帰責事由が加わった状態を意味することもある。このように，債務不履行ということばは二義的に用いられ，前者を「広義」の，後者を「狭義」の債務不履行と表現することもある。すなわち，債権者による履行の請求（現実的履行の強制）は，広義の債務不履行の効果であり，それは債権の本来的効力に等しい。一方，契約解除および損害賠償請求は，狭義の債務不履行の効果である。

このように，債務不履行という概念は，広狭二義に使い分けられてきたが，誤解を生ずる原因でもあり，好ましいとはいえない。民法の現代語化に伴い，415条には「債務不履行による損害賠償」という見出しが付されたので，――この見出しの当否はさておき――今後，債務不履行という用語は従来の「狭義」でのみ用いられるべきであろう。この場合，広く客観的不履行状態を指称する用語の確立が必要となる。近年は，こうした意味で「履行障害」という用語が選ばれることが多い。

1-3　債務不履行をめぐる議論の現状

　上にみたとおり，債務不履行とは，本来的には，契約の締結からその履行終了までの間における債務者に帰責事由ある遅滞・不能・不完全履行を内容とする契約責任であると考えられてきた。契約の締結すなわち当事者自らの意思により契約上の債務が生じ，その債務を果たさないことの責めを問うのが債務不履行だ，ということである。その根底には，人の意思に基づく債権債務関係（契約）の構築と，法定の債権債務関係（事務管理・不当利得・不法行為）の存在とを峻別する思想があるといえよう。

　しかし，こうした意思の合致を決定的な基準として契約責任の消長を論ずる債務不履行論には，近時，さまざまな角度から批判が向けられている。これらの批判理論は，それ自体が従来の理論に完全に取って代わる要件・効果を構築し得ているとはいいきれないものの，次の三つのアプローチの存在を意識しておくことが必要といえよう。なぜなら，その中には，従来の債務不履行ないしは契約責任論のあり方に理論的反省を促し，部分的には裁判実務に浸透したと評すべきものも少なくないためである。そして，それらを個別の問題として捉えるだけでなく，どのような議論の中に位置付けられるべきものかを理解することが重要である。

（1）契約責任の拡大

　伝統的な債務不履行論は，意思の合致により契約上の債権債務関係が発生し，しかも，そこでの債権債務とは当該契約類型を特徴付けるものに限定されると解してきた。例えば，売買契約においては，売主が買主に財産権を移転する債務と，買主が売主に代金を支払う債務が，売買という契約類型を特徴付ける。こうして債務者が負う契約上の債務を「給付義務」と

呼び，それは，「意思」により根拠付けられる。この考え方を前提とするならば，債務不履行責任とは，《契約の締結から履行終了までの間》，《給付義務の不履行に限って》，《意思の合致のあった契約当事者間でのみ》，観念することができることになる。

　しかし，取引社会における契約現象の複雑化・高度化・多様化を反映して，①契約上の債権債務関係とは，契約の準備交渉段階から徐々に形成が始まるものであり，履行の完了後も直ちには消滅しないのではないか，②給付義務とは別個に，給付価値の実現に奉仕し，または，契約の履行に伴い相手方の生命・健康・財産等を保護すべき義務が認められるべきではないか，③直接の契約関係に立たない者に対しても，契約上の責任が及ぶことがあるのではないか，という問題意識が提示され，一定の承認を得るに至った。その法的根拠は，契約当事者の意思とは一線を画された信義則（1条2項）である。

　①は，**契約責任の時間的拡大**を意味し，「契約締結上の過失」または「契約準備段階における信義則上の注意義務違反」といわれる議論を展開させるとともに，履行終了後における契約の一定の効力，すなわち「契約の余後効」の問題を提起してきた。また，②は，**契約責任の質的拡大**と呼ばれ，「情報提供・説明義務」や「安全配慮義務」がここに含まれると解されている。そして，③は，**契約責任の人的拡大**であり，「第三者保護効を伴う契約」を認める実益の有無が議論されている[*]。

　　＊　**契約責任の再構成**　　意思に基づく給付義務とその不履行を中心とした古典的契約観から出発しつつ，信義則を媒介としてその拡大（拡張）の必要性と有用性を体系的に説明するアプローチは，「契約責任の再構成」とも呼ばれる。そして，契約責任の時間的拡大と質的拡大は，一定の理論の蓄積とともに裁判実務にも受け入れられてきた（情報提供・説明義務および安全配慮義務については，5－3，5－4を参照）。一方，契約責任の人的拡大とは，例えば，家族の一人が買って帰った晩ご飯のおかずが病原菌で汚染されていたため，家族全員が食中毒にかかったといったケースで問題となるが，これを契約責任の拡大として処理した裁判例はみられない。こうした契約責任の再構成については，下森定『債権法論点ノート』（日本評論社・1990）1頁以下を参照。

(2) 関係的契約理論

(1)で整理された「契約責任の拡大」現象は，人が契約により義務付けられる根拠は契約締結時の意思であるという近代の契約観から出発しつつ，信義則を媒介として，義務ないし責任の範囲を時間的・質的・人的に拡大しようとするものである。そこでは，各典型契約を特徴付ける「**給付義務**」——例えば，売買において売主が財産を引き渡す義務・買主が代金を支払う義務，賃貸借において賃貸人が目的物を使用収益させる義務・賃借人が賃料を支払う義務——が，**当事者の意思を根拠として説明される一方**，諸々の「**付随義務**」の存在が**信義則**（1条2項）を根拠として認識され，具体的事案の中で裁判官の判断によって肯定されることになる。

これに対して，「当事者の義務の根拠は，契約締結時の意思というより，当事者が形成した『関係』そのものにある」という認識の下で組み立てられる契約モデルを，「**関係的契約**」とみる一つの有力な契約観がある。この考え方によれば，「信義則によって吸い上げられた内在的契約規範は，もはや給付義務の付随物でもなければ裁判官の恣意的な判断の産物でもなく」，「それらは，まさに契約のパラダイムが要請する契約原理そのもの」と位置付けられる。そして，こうした新たな契約原理は，以後の裁判において，「信義則よりもより具体的な指針を裁判官に与える」と説かれるのである（内田貴『契約の時代』〔岩波書店・2000〕86頁）。

こうした「関係的契約」という視点は，さらに，契約を「申込み」と「承諾」という意思表示の合致により成立し，その時点で権利・義務が確定するものと解し，その後は債務の履行と不履行における処置だけが残るという伝統的な理論枠組みにも反省を迫る。「関係的契約」理論は，むしろ，現実の契約を，「契約締結前の段階から履行完了後に至る，連続的な一連のプロセス」と把握する（内田・前掲書89頁。こうした契約原理に基づく分析枠組みについて，同書95頁を参照）。内田・民法Ⅱ23頁以下で展開される「契約プロセスと契約法」も，こうした契約観を反映した解説の試みとみられよう。

(3) 履行障害法の再構築

大ざっぱな括りをしてしまうならば，上記(1)はドイツ法の影響を強く

受けた理論であり，(2)はアメリカ法の思想を基盤として展開された原理であるということができる。

そして，近時は，ドイツ法を含むヨーロッパ大陸法系，アメリカ法を含む英米法系を架橋し，国境を超えて展開される取引を規律するための法準則が現れ，議論の深化を促している。その具体例は，「国際的動産売買契約に関する国連条約」(United Nations Convention on Contracts for the International Sale of Goods)(「ウィーン売買条約」, Vienna Sales Convention) などと通称され，1988年1月1日発効。ただし，日本は未批准），「ユニドロワ国際商事契約原則」(UNIDROIT Principles of International Commercial Contracts)(1994年公表)，「ヨーロッパ契約法原則」(Principles of European Contract Law（1995年から公表開始）などである。日本でも，近年，これらに言及する債権総論や契約法の教科書が多くなっている（内田，平野など）。

こうした法準則は，単に，国際取引を規律する法準則というにとどまらず，民法とくに履行障害法を再構築する上で有用な理論ないしは視点を含むものと認識されている。実際に，ドイツは，これら国際的法準則，とりわけウィーン売買条約の規律をも十分に考慮しつつ，民法の「債務関係法」（日本では債権法にあたる）部分の大改正を行った（2002年1月1日施行。文献として，岡孝編『契約法における現代化の課題』〔法政大学出版局，2002〕）。

日本においても，上記(1)(2)のような契約観，そして国際的契約法準則にも触発されて，債務不履行を中心とした履行障害法を再構築する動きが出てきているので，注意が必要である*（文献として，「債権法の改正に向けて（上）（下）」ジュリスト1307号・1308号（2006年），「契約責任論の再構築」ジュリスト1318号（2006年））。

* **新しい履行障害規定の基本的枠組み**　上記の国際的契約法準則が採用する履行障害規定は，大まかにいえば，以下のような特徴を共有しているということができる。

　① **基本的な考え方**
　いったん締結された契約は，その後に生じ得る諸々の障害にもかかわらず，適切な調整を加えつつ維持・実現されるべきである。その反面，契約に拘束される意義を失った当事者は，速やかにその契約から離脱する機会を与えられるべきである。そして，信義誠実および取引の公正という要請が，契約の交渉過程に始ま

り，契約の締結段階，履行過程，契約の終了後のすべての局面を規律する。

② 履行請求

債務者が契約上の義務に違反した場合，債権者は，債務者に対し，原則として現実的履行を請求することができる。ただし，債務者にとって履行が不可能だったり，履行を強いることにより債務者に不相当な労力や経費を生じさせたり，債権者が他からも容易に履行を受けることができたりするときは，履行請求権の行使が制限されるべきである。なお，債務者は，いったん債務不履行の状態に陥ったとしても，債権者に負担や不便を生じさせない限り，追完（代物の引渡し・修補）を行う権利を持つ。最後のもの——債務者の「追完権」——は，①に示した契約の維持・実現という思想に支えられていることが分かる。

③ 解　　除

履行の障害が発生した場合，債権者が契約を解除するために，債務者の帰責事由は要件とされない。むしろ，債務不履行により債権者が将来に向けた契約を維持する利益が失われているならば，これを「重大な不履行」として解除権を発生させるべきである。この場合の解除の効果は，当事者を契約の拘束から解放して新たな取引に向かう自由を回復してやることと，原状の回復である。これに対し，損害賠償は，債務者に帰責事由があることを要件として認められる債務不履行の効果であって，解除それ自体の効果ではない。他方において，たとえ債務不履行があったとしても，それが重大なものと評価されなければ，債権者による契約解除は認めるべきではない。その場合，債権者は，履行請求権と損害賠償請求権の両方または一方を行使することにより，自己の不利益回復をはかることになる。

④ 履行障害法再構築に向けた視点

こうして簡単にスケッチされた基本的枠組みからは，債権者の履行請求権の抑制・債務者の追完権との併存，債務者の帰責事由を要件としない法定解除権の構築といった注目すべき視点が読み取れるであろう。さらに，それ以外にも，①は，いわゆる不能論の廃棄をもたらし，担保責任や危険負担の帰趨に決定的な影響を及ぼすこと，同じく①が事情変更の原則や再交渉義務の積極的位置付けをもたらし得ること，①②から損害賠償における債権者の損害軽減義務が導出されること，①③からは履行期到来前の契約解除の可能性が浮かび上がってくることなど，従来，日本の債権法ないしは契約法学において課題と認識されていた幾つかの論点を検討する示唆が多く含まれている。ただし，上に整理された基本的枠組みは，履行障害を規律する一つの思想に貫かれたものであるから，そこから安易に断片的帰結のみを拾い上げようとすることには慎重でなければならないといえよう。

1-4　本書における解説の構成

債務不履行とは，上記1-1および1-2に解説されたとおり，債務者

に帰責事由ある後発的履行障害であり，それは，本旨不履行（415条前段）と履行不能（415条後段）とに分けられる。そして，本旨不履行は，さらに履行遅滞と不完全履行とに分けて理解されてきたが，近時は，（その位置付けや説明方法は区々であるが）上記3類型には必ずしも収まらない債務不履行のパターンが承認されている。その中で，一定の判例の集積をみており，理論的にも実務的にも重要なものとして，①契約締結上の過失ないし契約準備段階における信義則上の注意義務違反，②情報提供・説明義務違反，③安全配慮義務違反という類型を挙げることができよう。判例は，この①～③をいずれも信義則上の付随義務と位置付けている。このうち，①と②は重畳する場面があり，また，この両者は契約総論においても言及されるべき性質をも持つが，本書すなわち債権総論を学ぶ上で概観されるべき問題でもある。

　したがって，本書においては，以下，債務不履行の要件として，「2　履行遅滞」，「3　履行不能」，「4　不完全履行」に続けて，「5　その他の債務不履行」という項を設け，この「5」の中で上記①～③を解説する。

　次に，「6　債務不履行の効果（損害賠償）」として債権総則に置かれた416条から422条までについて，順次，解説する。なお，契約の法定解除権の発生（540条以下）も，本来は履行障害ないしは債務不履行の効果であるが，日本民法の構成上，その規定は契約法の総則に置かれており，本シリーズでも『債権各論』に譲られる（とりわけ，履行障害ないしは債務不履行に関する近時の理論的展開を反映して，その要件論に動きがあること，履行期到来前の解除や事情変更による解除に関する議論が活発になっていることなどに注意を要する）。

2　履行遅滞

2-1　履行遅滞の意義，要件

　履行遅滞とは，債務の履行が可能であるにもかかわらず，債務者が履行期までに債務を履行しないことである（415条前段）。その要件は，①履行が可能なこと，②履行期を徒過したこと，③債務者の責めに帰すべき事由に基づくこと，④履行しないことが違法であること，である。

2-2 履行が可能なこと

履行遅滞は，履行期において履行が可能なことを前提とする。これに対し，契約締結前に双務契約における一方の債務の履行が不能となっていれば，契約は有効要件を欠いて無効であり，契約締結時には可能であったが履行期までに不能となったのであれば，履行不能（415条後段）の問題となる（双務契約において当事者に帰責事由がない場合は，危険負担（534条～536条）の問題である）。

2-3 履行期を徒過したこと

履行期を徒過することにより，債務者は遅滞の責任を負う。債務者が遅滞の責任を負うに至る時期について，民法は，三つの履行期の種類ごとに定めている。

（1） 確定期限があるとき

債務者は，その期限の到来した時から遅滞の責任を負う（412条1項）。履行のために一定の期間が定められているときは，その期間の最終日が確定期限となる*。

ただし，確定期限が定められている場合において，その期限が到来しても債務者が直ちに遅滞の責任を負うわけではないケースが，二つある。まず，指図債権または無記名債権の債務者は，確定期限の到来後に所持人がその証券を呈示してその履行を請求した時から遅滞の責任を負う（商517条）。また，取立債務をはじめとして，債務の履行について債権者の協力が必要とされる債務の場合には，その期限において債権者が必要な協力をすることにより初めて，債務者は遅滞の責任を負う。

> ＊ **遅滞の発生時期は期日の始めか終わりか**　履行期を「10月1日正午」というように時刻をもって定めた場合には，債務者は，その時刻の徒過により遅滞の責任を負うことにまちがいはない。一方，単に「10月1日」と定めた場合，「期限の到来」とは，同日の何時を指すのであろうか。債務者の立場からすれば，同日の終了時点すなわち24時までに履行すれば遅滞の責任を負わないと解すべきことになる。持参債務の場合には，この理が妥当するであろう。ただし，取立債務の場合には，例えば10月1日の午前10時に債権者から取立て＝履行の請求があれば，債務者が指定された時刻までに履行しない限り遅滞の責任が生じると解すべ

きである。また，履行期として確定期限が定められた趣旨，取引慣行，信義則などに照らして，一般的なビジネス・アワーの終了時点——例えば午後5時——が基準とされることも考えられる。この問題は，結局のところ，契約の解釈に還元されることになろう。

(2) 不確定期限があるとき

必ず到来する事実であっても，その時期が不確定なものを不確定期限という。「今年のプロ野球日本シリーズの優勝チームが決まったら」とか「この冬に初めて北海道で雪が降ったら」といった例が，これにあたる。この場合，債務者は，その期限の到来したことを知った時から遅滞の責任を負う（412条2項）。ここで期限の到来とは，ある事実の発生を意味するが，債務者が当該事実の発生を知らないのに遅滞の責任を負わされるのは酷であるから，期限の到来と同時に遅滞とはならないものとされている。ただし，不確定期限の到来した後に，債権者が催告したときは，たとえ債務者が期限の到来を知らなかったとしても遅滞の責任を生じる（我妻，川井）。

(3) 債務の履行について期限を定めなかったとき

期限の定めのない債務は，法律や契約等に別段の定めのない限り，債権者がいつでも請求できるので，債務者は，履行の請求を受けた時から遅滞の責任を負う（412条3項）。ただし，履行遅滞は，催告の到達した日の翌日から生じるので，債務者が催告を受けた当日に履行すれば，遅滞の責任は生じない（我妻，川井）。

以上の原則に対して，法律や契約等に基づく例外がある。まず，消費貸借において返還の時期が定められなかったときは，貸主は，相当の期間を定めて返還の催告すべきものであるから（591条1項），催告と同時に借主が遅滞の責任を負うことにならない。また，法律の規定により生じる債務は，原則として期限の定めのない債務と解されるので，善意の不当利得者の返還義務（703条）は，催告により遅滞となる*。

ただし，不法行為による損害賠償債務は，不法行為時から遅滞となると解されている（最判昭58・9・6民集37-7-901など）。他方において，判例は，いわゆる安全配慮義務違反による損害賠償債務は，期限の定めのない債務

として催告により遅滞となると解している（最判昭55・12・18民集34-7-888）。これは，安全配慮義務違反に債務不履行の規範を適用する結果と考えられる（詳しくは，→5-4(2)(イ)を参照）。

さらに，判例は，請負契約において，請負人が注文者に対して報酬債権を持ち，注文者がこれと同時履行の関係にある瑕疵修補に代わる損害賠償債権を持つ場合において，注文者が対当額において相殺の意思表示をしたときは，注文者が請負人に支払うべき残りの報酬債務は，相殺の意思表示をした日の翌日から遅滞に陥るとしている（最判平9・7・15民集51-6-2581）。

＊ **債務者が履行遅滞となる時期と消滅時効の起算点**　消滅時効の起算点も，上記の期限の3態様ごとに論じられるが，その時点は，債務者が履行遅滞の責任を負うに至る時期と同一というわけではない。すなわち，消滅時効は，権利を行使することができる時から進行するものとされ（166条1項），①確定期限のあるときは，期限の到来した時から，②不確定期限のあるときも，期限の到来した時から，そして，③期限の定めのないときは，債権の成立時から，それぞれ消滅時効は進行する。①は，債務者が履行遅滞となる時期と同じであるが，②と③は異なる。これは，「債務者に対して履行遅滞の責任を問う要件」と，「時の経過という事実により権利の消滅を認める要件」という趣旨のちがいに基づくものである。

2-4　債務者の責めに帰すべき事由に基づくこと

(1) はじめに

債務者の責めに帰すべき事由（帰責事由）とは，債務者に契約上の責任を負わせることを正当視させるような事情を意味する。すなわち，債務者が債務の本旨に従った履行をしなかったり，履行が不能になったりしても，あらゆる場合に債務者の帰責事由が肯定されるわけではない。例えば，後に解説するとおり，天変地異といった不可抗力に起因する債務不履行においては，債務者には帰責事由がないので，履行遅滞の責任は発生しない。なお，民法の法文上，債務者の帰責事由は，履行不能の場合の要件としてのみ明示されているとも読めるが（415条後段），その他の債務不履行すべてについて帰責事由が必要であることについては争いがない。

ところで，ここで契約上の「責任」というとき，そこに損害賠償の責任が含まれることには疑いがない。また，伝統的な理解によれば，債務不履行を理由として債権者が契約を解除するためには，債務者に帰責事由があ

ることを要件とする。すなわち，債務不履行により債権者が損害賠償を請求したり，契約解除の意思表示をしたりする場合には，その契約において当初予定されたのとは異なる効果に債務者を服させるという過酷な結果をもたらすので，そこでは債務者の帰責事由が要件とされる，と考えられるのである（これを逆にいえば，契約上の履行請求をするのは，その契約で債務者が約束したことを守るよう求めるだけであるから，履行請求権の行使には債務者の帰責事由を要件としない，という結論の妥当性が浮かび上がってくる）。

　すると，次には，民法において帰責事由の有無を判断するために，どのような原理——ないしは主義——を採用するかが問われることになる。

　伝統的に主要な地位を占めてきたのは，「過失責任原理（過失責任主義）」である。これは，およそ人が責任を負うのは，自己の能力および認識により回避できたであろう行為についてであるから，債務者自らが不履行の結果を生じさせようと欲して行為したこと（故意），または不履行の結果を予見することができたにもかかわらず，不注意により予見するのを怠り，そのために悪しき結果を生じさせたこと（過失）を帰責事由と考えるものである。この原理は，契約を締結した当事者が，その履行を果たすまでの過程における主観的態様に着目して，帰責の是非を判断するものである。

　一方，近時になって，履行過程における債務者の注意義務に着目するのでなく，契約締結の時点において，債務者が債権者に対してどのような給付を引き受け，また，それが実現しなかった場合にはどのような損害を担保する意図であったかを問うというアプローチが現れている。ここで引き受けられた結果が実現しなかった場合には，債務者は，履行過程における故意・過失の有無にかかわらず，損害賠償の責めに服する（ただし，不可抗力による免責の余地はある）。これは損害担保の引受けであるが，これを過失責任主義と並ぶ「結果保証」の帰責原理と位置付けることも可能である。

　なお，債務者の責任能力が履行遅滞——ひいては債務不履行一般——の要件か否かが議論されている。具体的には，制限行為能力者が法定代理の形式を践んで契約を締結したが履行期に法定代理人を欠いたまま期限を徒過したとか，契約締結時には行為能力を有した者が，履行期には事理弁識能力を失っていたといった場合の問題である。

通説は，過失責任主義の下では，行為者が自己の行為の是非を弁識する能力を備えていることが前提であると解して（712条・713条を参照），責任能力の存在が履行遅滞の要件であるとする（我妻，川井）。しかし，近時は，契約上の債務が有効に成立した以上，その履行に関して，債務者の意思能力喪失や行為能力制限のリスクを債権者に転嫁すべきでないとして，債務者の責任能力は，履行遅滞の要件として不要と主張する説が有力になっている（内田）。

（2）帰責事由の内容

　(ア)　**故　意**　故意とは，履行遅滞――ひいては債務不履行一般についても同じ――という結果の発生を認識し，かつ，これを認容しながら，あえて何らかの行動をとったり，またはあえて何もしないでいたりすることである。刑法上，故意と過失の差異は，構成要件を決定付ける機能を営むのに対して，民事責任の領域において，帰責事由としての故意と過失に本質的な違いはない。

　(イ)　**過　失**　過失とは，債務者の職業，その属する社会的・経済的な地位などにある者として一般に要求される程度の注意を欠いたために，履行遅滞――ひいては債務不履行一般についても同じ――を生ずべきことを認識しないことである（我妻）。これは，いわゆる「善管注意義務」（400条を参照）違反と同義である。

　もっとも，裁判実務上，履行遅滞において債務者の過失の有無が問題となった事例は，あまり多くない。一般論としては，売買契約の売主が，大規模な自然災害のため目的物を調達できなかったり，履行期に引き渡すことができなかったりした場合などは，売主に過失がないと考えられる。裁判例としては，競売中の他人の不動産の売買契約が締結された場合において，売却決定に対する即時抗告の申立てがなされたために競売手続が停止し，そのため売主が履行期に所有権移転登記手続義務を履行することができなかったときは，売主は，履行遅滞の責めを負わないとされたものがある（最判昭57・7・1判時1053-89）。

　(ウ)　**信義則上，故意・過失と同視すべき事由**（履行補助者の過失）

　　(a)　**はじめに**　過失責任主義の枠内において，債務者自身の故意・

過失と並び，信義則上これと同視すべき事由としてあげられるのが，履行補助者の過失である（ここで「過失」とは，「故意」をも含む用語法である）。過失責任主義とは，「何人も自己に過失がない限り他人に対して責任を負わない」ことを意味するから，そこには「自己責任」の原理が含まれている。しかし，債務者が自己の債務を履行することにつき他人（補助者）を介在させたときは，自己責任の原則を修正し，その補助者の過失についても，信義則上，債務者自身の過失として帰責事由を認めるというのが，判例・通説の考える履行補助者の過失論の意義であった。ただし，近時の傾向として，履行補助者の過失を債務不履行における帰責事由の問題に位置付けるのでなく，人が他人の行為につき責任を負う場面の一つとみて分析を進める考え方が有力になっている。

(b) **通説による類型的考察**　通説は，履行補助者を次のように類型化して，その行為を債務者の帰責事由として肯定するか否かを論じてきた（我妻）。

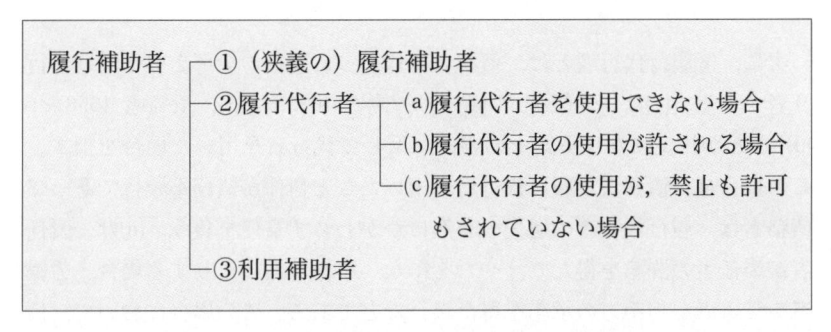

```
履行補助者 ─┬─①（狭義の）履行補助者
          ├─②履行代行者──┬─(a)履行代行者を使用できない場合
          │              ├─(b)履行代行者の使用が許される場合
          │              └─(c)履行代行者の使用が，禁止も許可
          │                   もされていない場合
          └─③利用補助者
```

まず，①（狭義の）履行補助者とは，債務者が，債務を履行するために「自己の手足として使用する者」である。典型的には，個人営業の家具店主Aが従業員Bに家具を配達するよう命じたところ，Bの過失により配達が遅滞した場合，Aは，履行補助者であるBの過失についても責めを負う，といった例に即して説明される。債務者は，こうした狭義の履行補助者を原則として使用することができる反面，履行補助者の過失については，常に責任を負わなければならない。なお，判例は，承諾転貸がなされた場合における転借人は，賃借人（転貸人）の履行補助者にあたるとし，賃借人

は転借人の過失につき常に責めを負うと解している。

> **判例　履行補助者の過失**（大判昭4・3・30民集8-363）
>
> 　Xらが共有する船舶がY₁に6か月間賃貸され，Y₁は，Xらの承諾を得た上，この船舶をY₂に2か月間転貸した。この船舶は，暴風雨に遭遇して座礁・難破したため，Xらは，その沈没がY₂の雇った船員の過失に基づくとして，Y₁Y₂に対し，損害賠償を請求した。判旨は，次のとおりである。
>
> 　債務を負担する者は，契約または法律により命ぜられた一定の注意の下に，その給付たる行為をなすべき義務があり，債務者が債務の履行につきその義務たる注意を尽くしたか否かは，すべて債務の履行たる行為をなすべき者に即して定めるべきである。したがって，債務者が債務の履行のために他人を使用する場合にあっては，債務者は，自らその被用者の選任監督につき過失がなかったことを要するのはもちろん，このほかなお，その他人を使用して債務を履行させる範囲においては，被用者がなすべき履行に伴い必要な注意を尽くさせる責めを免れず，使用者たる債務者は，その履行につき被用者の不注意より生じた結果に対し，債務の履行に関するいっさいの責任を回避することができない。

　次に，②履行代行者とは，債務者に代わって履行の全部を引き受けて行う者である。(i)は，受任者（104条），労働者（625条2項），受寄者（658条1項）などが法定または契約上の要件に反して代行者を用いた場合を指す。この場合は，債務者が履行代行者を用いたこと自体が債務不履行であって，債務者は，履行代行者の過失の有無にかかわらず責任を負う。(ii)は，受任者が委任者の許諾を得たり，やむを得ない事由があったりする場合，労働者や受寄者が相手方の承諾を得た場合などである。この場合において，債務者は，履行代行者の選任および監督について過失があったときに限り責任を負う。この趣旨については，明文の規定が置かれていることもあるが（105条・658条2項），そうでなくても同じ考え方があてはまると考えられている。(iii)は，債務者が自己の責任と裁量で履行代行者を用いるべき場合を指すので，債務者は，①と同じ責任を負う。

　最後に，③利用補助者とは，債務者以外の者であって契約による利用上の利益を享受する者である。賃貸借における契約当事者たる賃借人の配偶者や子は，利用補助者にあたる。したがって，家屋の賃貸借において，賃

借人の妻の失火により賃借家屋の返還が不能となった場合には，賃借人の債務不履行が認められる（最判昭30・4・19民集9-5-556）。

(c) **通説に対する批判**　近時，通説に対する批判的見解が多く唱えられている。例えば，「類型」としての適切さという観点から，①にいう債務者の「手足として使用する者」という表現は比喩的に過ぎるし，②(i)は履行補助者の問題ではない。また，責任内容からみても，②(ii)では債務者の責任が軽すぎる場合があり得る。また，転貸借における転借人の過失の事案について，通説・判例はこれを①の問題として説明するが，特に承諾転貸の場合は，転借人が独立した地位を有するのだから，別途の考慮を要するのではないかと考えられる（むしろ③の中に，「独立的利用代用者」といった一範疇を立てて説明する）。

近時の学説は，現代取引社会の実態に即して，特に独立的補助者の位置付けに着目した新たな説明を試みている。例えば，ⓐ債権者に対して金銭債務を負う債務者が，銀行振込みを利用して送金したり，ⓑデパートで買い物をした購入者のために，デパートが運送業者に配送を依頼したりするケースである（内田）。通説によれば，上記の事例はいずれも②(ii)に該当し，債務者は，履行代行者の選任・監督上の過失についてのみ責任を負うことになりそうである。ⓐのケースでは，この結論は妥当であろう。なぜなら，債務者の義務は，適切な手続を採って銀行に送金を依頼することに尽きるからである。しかし，ⓑのケースでは，商品を購入者の許へ届けることまでがデパートの契約上の債務と解するべきであるから，デパートは，運送業者の故意・過失について責めを負う。このように，債務者が直接には独立的な履行代行者の業務に干渉できない場合には，契約における債務の内容を考慮することにより，履行代行者の過失を債務者自身の過失と同視できるかを判断するという方向が，支持を得つつあるといえよう。

(エ) **不可抗力——免責事由**

不可抗力とは，人の活動の外部から発生し，かつ，通常必要と認められる予防方法を尽くしても発生を防ぐことのできない事由である（274条・275条・419条3項・609条・610条など）。具体的には，予見不可能な自然災害のほか，人為的状況，例えば戦乱や政治的・経済的事変（取引禁止や道路・

港湾封鎖など）を含むものと考えられている。このように考えると，不可抗力と帰責事由の不存在という二つの概念は同義になる。これに対して，予見不可能な自然災害すなわち天変地異のみを不可抗力とし，人為的状況を原因とする履行障害については，債務者に帰責事由がないと見る説明もあり得るが，あえて分けて論ずる意義に乏しい。

むしろ，実質的に問題となるのは，不可抗力はいかなる債務不履行をも免責するのか，である。例えば，419条3項は，金銭債務の不履行において，債務者は，不可抗力をもって抗弁とすることができないと定めている。通説は，その趣旨について，金銭債務の不履行はいかなる意味においても免責されることのない絶対的結果責任であると解している。他方において，債務者が無過失責任または結果保証責任を負うべき場面であっても，不可抗力は免責事由とされることがある。結局，不可抗力により債務者が免責されるか否かは，債務者がいかなる範囲で履行および損害を担保したかの解釈に帰着するといえよう（絶対的結果保証か，不可抗力免責の余地を残す保証か）。その意味においては，金銭債務の不履行が不可抗力により免責される可能性も，少なくとも立法論の上では，理論的に排除されるわけではない。

（3） 帰責事由の立証責任

履行遅滞による損害賠償請求において，債権者は，債務者に帰責事由があることを主張・立証する必要はない。むしろ，債務者が自己に帰責事由がないことの立証責任を負い，この立証に成功しなければ，債務者は，債務不履行の責めを免れない。

自己に有利な法律上の効果を享受しようとする当事者は，原則として，その効果を発生させるために必要な要件を立証しなければならないはずである。したがって，債務不履行につき債務者に帰責事由があることも，債権者が立証責任を負うように思われるが，債務者が契約上課された債務を履行することは当然であるから，債務者は，履行しなかったことにつき自己に帰責事由がないことを立証しない限り，責任を免れない。判例においても，債務不履行の場合には帰責事由の存在が当然に推定されると解されている（大判大10・5・27民録27-963など）。

その意味において，不法行為を理由とする損害賠償請求において，被害者が加害者の故意・過失を立証する責任を負うのと逆であり，債務不履行による損害賠償請求のほうが債権者の立証負担は軽い。しかし，不法行為においても過失が推定されることがあり，また，債務不履行においても安全配慮義務のような行為債務の場合には，不履行における帰責事由の立証が容易とはいえない。したがって，債務不履行と不法行為における帰責事由の立証責任の差異を過度に強調することには注意を要するといえよう。

2-5　履行しないことが違法であること（違法性）

債務者が履行期を徒過しても，履行遅滞の責任が生じるためには，さらに，債務者が履行しないことが違法であることを要する。例えば，売買契約において，履行期を徒過したにもかかわらず売主が目的物を引き渡さないとしても，それは買主が代金を提供しないためであるとすれば，売主には同時履行の抗弁権（533条）があるので，売主が履行しないことには違法性がない。履行しない当事者が留置権（295条）を有するときも，同じである。

このように，当事者の一方が同時履行の抗弁権や留置権を有する場合に履行遅滞の責めを負わないことは，こうした抗弁権や留置権が存在することに伴う効果であるから，当事者がこれらの権利を行使する必要はない。ただし，履行期を徒過すれば違法性が推定されるから，同時履行の抗弁権や留置権が存在することは，債務者が主張・立証しなければならない。

3　履行不能

3-1　履行不能の意義，要件

履行不能とは，債権の成立後に債務者の責めに帰すべき事由により履行ができなくなることである（415条後段）。その要件は，①履行が債権成立時に可能であってその後に不能となること（履行の後発的不能），②債務者の責めに帰すべき事由に基づくこと，③履行不能が違法であること，である。

3-2 履行の後発的不能

　債権の成立時には可能であった履行がその後に不能となること（履行の後発的不能）が，履行不能の要件である。契約成立前に履行が不能となっていれば，その契約は有効要件を欠いて無効であるから，履行不能の問題を生じない。契約の場合は，意思の合致により当事者間に債権・債務関係が発生するので，契約の成立が時的基準となって，不能の発生が原始的か後発的かを判断することになる。

　履行不能の要件として中心を占めるのは，履行が「不能」か否かの判断である。

　ここに「物理的」不能が含まれることは，当然である。例えば，売買の目的物が滅失した場合が，これに該当する。しかし，不能はこうした意味に限らず，目的物の取引が法律上禁止された場合（「法律的」不能）や，目的物が現在の技術水準では引揚げ不能な深海に沈んでしまった場合（「社会的」不能）も，履行は不能に帰したと判断される。ある債務の履行が不能となったかどうかは，社会通念に照らして決せられる。

　その意味において，Aを売主，Bを買主として不動産の売買契約が結ばれたにもかかわらず，AがこのこのをCに売却して移転登記も経由してしまった場合には，AからBへの不動産引渡債務の履行は，法律的不能となる（大判大2・5・12民録19-327，最判昭35・4・21民集14-6-930）。ただし，Bが仮登記を有するときは，Cに移転の本登記がなされても，AによるBへの履行は不能とならない（最判昭46・12・16民集25-9-1516）。

　なお，履行期の到来前に履行が不能となったときは，その時点で履行不能と評価してよく，履行期まで待って初めて履行不能として論ずる必要はない*。一方，履行期の到来後に債務者が履行を遅延している間に不能を生じたときも，この時点から履行不能を生じると解するべきである。このとき，履行が遅滞したことにつき債務者に帰責事由がある以上，不能を生じた原因が不可抗力であったとしても，債務者は，債務不履行の責めを免れない（大判明39・10・29民録12-1358）。

　＊　**不履行の発生が履行期前に確実となった場合**　　Aが商品αを生産して9月30日までにBに引き渡すという契約（製作物供給契約）が9月1日に締結されたと

ころ，9月15日の時点において，①納期までの商品αの生産および引渡しが間に合わないことが確実になったり，②Aが，Bには供給しないことを明示的に宣言したりしたとき，AB間の法律関係はどうなるであろうか。

　上に述べたとおり，履行期の到来前に履行が不能となったときは，その時点で履行不能とみてよい。そして，ここで不能とは，物理的なものに限られず，社会通念上の不能も含まれるから，①のケースは，履行不能として処理される余地がある。ただし，Aによる資材調達の状況や生産能力などに照らして，間違いなく不能といえるかどうかの判断を慎重に行わなければならない。

　②のケースは，「履行期前の履行拒絶」と呼ばれる場面であるが，Aの真意から出た最終的な拒絶の意思が明確である限り，それ以上，契約にBを拘束しておくのが無意味であることは，①の場合と異ならない。したがって，明確な拒絶の意思が表示されたと認められる時点で，Aの債務不履行が認められるべきであろう。ただし，この場合も，「真意から出た明確かつ最終的な拒絶の意思」の認定には，慎重を期する必要がある。

3-3　債務者の責めに帰すべき事由に基づくこと

　履行不能における帰責事由の内容，免責事由，その立証責任などは，履行遅滞について説明されたところと同じである。

3-4　履行不能が違法であること

　理論上，この要件が必要であることは，履行遅滞の場合と異ならない。ただし，履行不能が問題となる場合には，履行遅滞のケースのように，同時履行の抗弁権や留置権が存在する場面は考えにくい。「違法性がない」とは，不履行を法律上正当視する事由があることを意味するから，履行不能との関係でこうした事由が問題となるのは，売買契約の売主が緊急避難として契約の目的物を壊したような場合に限られるであろう。

4　不完全履行

4-1　不完全履行の意義，要件

　不完全履行とは，債務者が一応の履行を行ったものの，それが債務の本旨に従っていないことである。法文上は，415条前段に位置付けられる。

その要件は，①不完全な履行が行われたこと，②債務者の責めに帰すべき事由に基づくこと，③不完全な履行が違法であること，である。

もっとも，債務不履行における不完全履行の意義および位置付けは，近年，大きく変化している。かつての通説は，ドイツにおいて，民法典が法文で認める履行遅滞および履行不能と並んで，解釈上，条文にない積極的債権侵害という類型が提唱され，その一場面として不完全履行概念が定着した経緯を踏まえて，日本でも履行遅滞，履行不能および不完全履行という3類型が妥当すると説いてきた（我妻，於保）。

しかし，日本民法においては，「債務の本旨に従わない履行」（本旨不履行）が明文で債務不履行の類型として定められているので，ドイツ民法にならって類型化する必要はないし，結局のところ，不完全履行が，遅滞にも不能にも該当しない雑多な不履行類型の「吹きだまり」と化してきたことから，近時は，「債務の本旨」を分析・検討して理論上および実務上価値のある不履行の類型を定立しようとする傾向が顕著である*。

以下，この項（4 不完全履行）では，伝統的な不完全履行の類型に即した要件を示し，項を改めて（5 その他の債務不履行），近時の判例および学説の進捗に即した解説を行う。

* **ドイツ債務法現代化に伴う債務不履行の類型** 1900年1月1日に施行された当時のドイツ民法典は，債務不履行の類型として履行不能（280条）と履行遅滞（286条）のみを規定していた。しかし，その後1902年に，シュタウプという実務家により，不能にも遅滞にも含まれない第3の不履行類型があると指摘され，これが通説化したものである。

  ドイツ民法典は，2002年1月1日に施行された「債務法現代化」により大改正されたが，そこでは，すべての不履行を包括する「義務違反」という概念が立てられた（新280条）。条文に「不能」（新275条），「履行遅滞」（新286条）という用語は残されているが，かつてのように債務不履行の主要類型たる地位は与えられていない。むしろ，契約の当事者は，相手方の権利，法益および利益に対する配慮が義務付けられること——いわゆる保護義務——が明文化された意味が大きい（新241条2項）。これが，以下の「5 その他の債務不履行」で検討する内容に対応することにもなる。

4-2 不完全な履行が行われたこと

不完全な履行，すなわち，一応の履行はあったがそれが債務の本旨に従ったものではないとは，以下の三つの場面に分けて解説されている。

(1) 給付の目的物または給付の内容に瑕疵があること

鶏の売買契約において，売主が伝染病に罹患した鶏を引き渡したとか，投資資料としてのレポート作成を委託する契約において，受任者が委任者に交付したレポートに誤った内容が含まれていたといったケースである。

この場合，給付のやり直し（追完）——例えば，改めて健康な鶏を引き渡すとか，調査をやり直して正しいレポートを作り直すこと——が可能であれば，そこで問題となるのは，やり直しのため結果的に履行期を徒過することに基づく債務不履行の責任のみである。すなわち，この場合の不完全履行は，履行遅滞に準ずる結果となる。また，債権者にとって追完が無意味に帰している場合には，履行不能に準ずる処理がなされることで足りる。

一方，追完の可否にかかわらず，債権者の損害が，契約本来の給付以外に拡大してしまっている場合——例えば，買主が以前から飼っていた鶏にも伝染病が広がってしまったとか，委任者が誤ったレポートを信じて投資したため損失を受けたなど——には，この不履行は，不能とも遅滞とも異質ではある。したがって，こうした拡大損害を生じる事例は，不完全履行という類型を立てる一つの意義を示すことになる（この類型を「積極的債権侵害」と呼ぶ学説が多い）。

しかし，近時は，こうした拡大損害事例は，以下の「5　その他の債務不履行」で解説する「保護義務違反」という類型に即して論じられるようになっている。

(2) 履行の方法が不完全なこと

運送人の運送方法が乱暴であったとか，借主の返還方法が礼を失するような場合が，この例として挙げられる（我妻）。

(3) 給付する際に必要な注意を怠ったこと

家具の売主が，買主宅に家具を搬入し，据え付ける際，不注意により買主宅の柱を傷つけたりカーペットを損傷したりした場合である（我妻）。

＊　不完全履行の類型的意義　　以上の(1)から(3)までのような不完全履行の類型化は，一見すると分かりやすいが，実際にはかなり雑多な内容が各類型の中に交錯しつつ現れている。こうした類型化を試みた学説そのものも，要するに「履行遅滞・履行不能のいずれにも属さないものをすべて不完全履行と考えてよい」と説いていた（我妻．於保も同旨）。確かに，損害賠償という効果との関係でいえば，このように解した上で，賠償の範囲を416条により決することに一定の合理性がある。しかし，近時においては，契約を締結した当事者の意思や契約の趣旨・目的を勘案したり，契約上の債務の構造を分析して不履行債務の位置付けを明らかにしたりするなどして，従来の不完全履行論を再構成する方向が示されている。その一端は，「5　その他の債務不履行」の中で解説される。

4-3　債務者の責めに帰すべき事由に基づくこと

　履行不能における帰責事由の内容，免責事由，その立証責任などは，履行遅滞および履行不能について説明されたところと同じである。ただし，履行遅滞に即して述べたとおり，帰責事由の立証責任の点で必ずしも債権者が有利とはいえないことは，とりわけ不完全履行の場合においてあてはまることが多い。

4-4　不完全な履行が違法であること（違法性）

　履行遅滞および履行不能の場合と同じく，理論上，この要件が必要である。

5　その他の債務不履行

5-1　はじめに

　伝統的通説は，履行遅滞および履行不能のいずれにも属さない債務不履行を不完全履行として一括してきた。一方，近時の学説においては，履行障害の体系について，1-3で概観されたような新たな説明が活発に試みられている。その道すじは，①給付義務を狭く捉える古典的契約観から出発し，信義則を媒介として時間的・質的・人的拡張を目指す方向と，②個々の契約の解釈を通じて合意の内容を明らかにし，当事者に課された債務を確定しようとする方向という，大きな二つの流れに分けられる。そし

て，不完全履行を含む「本旨不履行」論の位置付けは，履行障害法の再構築を試みる際の主要な一場面を構成しているといえよう。

まず，①は，契約類型を特徴付ける当事者の義務を「給付義務」と捉え，義務付けの根拠を当事者意思に求める。その上で，給付義務以外にも信義則を媒介として諸々の付随義務が存在することを認め，その義務違反に対して損害賠償という効果を与える。付随義務の内容は，相手方の生命・人格・身体・財産の保護を目的とする義務（保護義務。典型的には安全配慮義務）と，給付価値の実現に奉仕するものとして認められる調査・開示・説明義務などに分けられる（これは，以下，5－3で取り上げる最判平17・7・19が示唆した考え方である）。このような理解を前提とするとき，不完全履行として説明されてきた事例の多くは，保護義務違反に位置付けられる可能性が出てくることになる。

一方，②は，契約において当事者に課される義務を当該契約の解釈に還元する。ここでは信義則を拠り所として持ち出す必要はなく，給付義務と付随義務という峻別も不要である。むしろ，①によれば付随義務とされ，損害賠償の問題としてのみ論じられる義務であっても，②によれば，当該契約の中でもっと重要な位置を占め，履行の強制や契約解除を導く可能性を含めて議論の俎上に載せられるべきものが指摘され得ることになる。このような理解を前提とするとき，不完全履行として説明されてきた事例は，「債務の本旨に従わない履行」であるかどうか，結局は，「債務の本旨」イコール「契約本来の趣旨」は何か，という解釈問題とされる。そして，調査・開示・説明義務違反などの事例も，本旨不履行事例の類型の一つと位置付けられる可能性が出てくることになる。

以上の①②の考え方は，民法の条文に即していずれも説明が可能なものであって，現段階では，いずれが優勢ともいい難い。一方，判例は，いわゆる安全配慮義務に関する一連の判決をはじめとして，いずれかといえば①に沿った考え方を示してきているといえよう。したがって，以下では判例理論を基軸に据えて，三つの「その他の債務不履行」類型を取り上げておくことにする。

＊　「付随義務」論の功罪　　付随義務論は，契約上の債務を給付義務に限るとい

う契約観——当事者意思を媒介とする点において古典的・伝統的な考え方である——から出発しながらも，信義則を拠り所とすることにより，公平の理念や現実の取引実態に合致した柔軟な効果をもたらす。しかし，①とりわけ契約相手方の生命・身体という重大な法益に関する保護義務を「付随」的な義務と位置付けるのは不当であること，②効果面において，損害賠償だけでなく履行請求権や契約解除権の発生を説明しにくいこと，などの問題点も指摘されている。したがって，学説の中には，雇用・労働契約等において使用者が労働者の生命・身体の安全を確保する義務は，「安全保証義務」というべき本質的義務であると説いたり，契約交渉段階における一方当事者の情報提供義務違反により不本意な契約を締結させられた場合には，相手方の契約解除権が認められるべきであると主張したりするものも現れている。

5-2　契約準備段階における信義則上の注意義務違反

契約の準備・交渉段階に入った当事者は，たとえ契約が締結される前であっても，信義則上，相手方の信頼を裏切らないよう行動すべきであり，自己に課された注意義務に違反して相手方に損害を生じさせた場合には，その賠償をしなければならない。この準則は，次のような三つの類型に分けて説明される。

すなわち，①自己の不注意により原始的に不能な契約を結ばせた場合，②契約交渉を不当に破棄して契約の成立を挫折させた場合，③相手方が必要とする情報を提供しなかったり説明を怠ったりすることにより，その相手方にとって不利益ないしは不本意な契約を締結させた場合，である。いずれの場合も，信頼利益の賠償がその効果とされる。

①は，伝統的に「契約締結上の過失」(culpa in contrahendo) の問題として説明されてきたものであり，**契約は無効**であるが，自己の不注意により無効な契約を結ばせた者は，相手方が被った信頼利益を賠償しなければならないと説かれる。②では，**契約は不成立**であるが，この場合における損害賠償を肯定した判例がある（最判昭59・9・18判時1137-51)。この①②における損害賠償責任の法的性質については，(i)契約が存在しない以上は不法行為であるとする見解，(ii)契約の締結に向けた当事者の接触・交渉が開始され一定の段階に至っているところに着目して契約責任であると説く主張，(iii)不法行為責任と契約責任との中間に位置する信義則上の特別な責任と考

える立場，などがあり，論争が続いている。近時，②の類型に該当する判決（最判平19・2・27判時1964-45）が出ているが，最高裁は，責任の性質について，「契約準備段階における信義則上の注意義務違反」と述べるにとどめており，その立場は必ずしも明確ではない。

　他方において，③は，**契約は成立**しているが，当事者の一方が不利益ないしは不本意な契約に拘束されるに至った事例であり，近時は，消費者と事業者が保有する情報の非対称性に着目し，これを消費者保護の観点から検討する必要性が意識されている（→**5－3**を参照）。

5－3　調査・開示・説明義務違反

　民法は，独立・対等な立場にある個人どうしが，自由な意思決定により取引関係を形成していくことを前提としており，そのために必要な情報は，自己の責任により収集するのが原則である。しかし，現代における取引社会の構造上，持っている情報の質・量および交渉力が対等でない当事者間においては，優位な立場にある当事者が，相手方に対して情報を提供して，情報の対称性を回復させることが，信義則上，求められることがある。なぜなら，こうした機会が実質的に確保されて初めて，取引社会における自己決定・自己責任の原則が貫かれることになるからである。とりわけ，消費者と事業者との間で結ばれる消費者契約においては，その要請が強く認められる（「消費者」「事業者」「消費者契約」の定義については，消費者契約法2条を参照）。最高裁も，具体的事案に即して，事業者が行うサービスの内容やその危険性等につき十分な周知を図るべきこと（最判平13・3・27民集55-2-434），また，消費者が契約を締結するか否かの意思決定を行うために必要な情報提供をすべきこと（最判平16・11・18民集58-8-2225），事業者が保有する情報の開示義務を負うことがあること（最判平17・7・19民集59-6-1783）などを，相次いで認めていることが注目される*。

　　*　**最高裁による調査・開示・説明義務の位置付け**　前掲最判17・7・19は，貸金業者が貸金業法の適用を受ける金銭消費貸借契約の付随義務として，信義則上，顧客に対して取引履歴の開示義務を負うことを認めた判決である。この判決の担当調査官による解説（福田剛久・法曹時報58巻11号269頁）は，調査・開示・説明

義務の位置付けについて，「契約の中心的義務である給付義務に付随する義務」は，信義則上の付随義務と称されるが，これには，「給付価値実現に奉仕するものとして認められる義務（調査，開示，説明義務等）」と「相手方の生命，人格，人体，財産の保護を目的として認められる義務（安全配慮義務）」がある，という。

以下の5－4で解説されるとおり，すでに最高裁は「安全配慮義務」を信義則上の付随義務と位置付けていたが，上記判決においては，「調査・開示・説明義務」にも同じ法的性格を与えるべきことが示唆されたことになる。しかし，安全配慮義務についても議論があるとおり，信義則上の付随義務という位置付けは，その効果を損害賠償請求権に限定し，履行請求権や契約解除権の導出を困難にする可能性がある。他方において，調査・開示・説明義務は，契約の準備・交渉における情報の対等性を確保し，自己決定・自己責任を実質的に支える機能を果たすことを期待されるものであり，そこで最も重要な問題は，こうした義務の履行を確保することである。したがって，調査・開示・説明義務は，契約に内在する本質的義務としての性格付けが必要であり，その意味において，「信義則上の付随義務」という表現には疑問が残るといえよう。

5－4　安全配慮義務違反

(1)　安全配慮義務の意義

安全配慮義務とは，雇用・労働契約等において，使用者が労働者に対し，労働者が業務を遂行するために設置すべき場所・施設・器具等の設置管理にあたって，または，使用者や上司の指示のもとに遂行する業務の管理にあたって，労働者の生命および健康等を危険から保護するよう配慮する義務である。安全配慮義務は，民法が明示的に規定したものではないが，公務員の公務災害における損害賠償請求の根拠として判例が認め，公務災害に限らず労働災害一般においても妥当するものとして定着をみている。最高裁は，次のように述べて安全配慮義務の存在を初めて認めた。

> **判例　国家公務員に対する国の安全配慮義務**（最判昭50・2・25民集29-2-143）
>
> 自衛隊員Aが，自衛隊の車両整備工場において作業中，B運転の大型自動車に轢かれて即死した。Aの両親$X_1 X_2$は，その翌日にこの事故を知らされたが，事故から約4年3か月経過後に国Yを相手どり，不法行為に基づく損害賠償請求

訴訟を提起した。Yが消滅時効を援用したところ，原審はこの抗弁を容れてXらの請求を棄却。そのためXらは，Yの安全配慮義務違反などを主張して上告。最高裁は，次のように説いた。

> 国と国家公務員との関係において，国は，給与支払義務という給付義務を負うにとどまらず，「国が公務遂行のために設置すべき場所，施設もしくは器具等の設置管理又は公務員が国もしくは上司の指示のもとに遂行する公務の管理にあたって，公務員の生命及び健康等を危険から保護するよう配慮すべき義務（以下「安全配慮義務」という。）を負っている」。そして，この安全配慮義務は，「ある法律関係に基づいて特別な社会的接触の関係に入った当事者間において，当該法律関係の付随義務として当事者の一方又は双方が相手方に対して信義則上負う義務として一般的に認められるべきもの」との理解を示した。

　安全配慮義務の本来的適用領域は，雇用・労働契約の関係にある当事者間においてであるが，判例は，安全配慮義務を信義則上の付随義務と位置付け，また，厳密な意味において契約関係にある当事者間だけでなく，「ある法律関係に基づいて特別な社会的接触の関係に入った当事者間」において認められるものと解している*。したがって，安全配慮義務は，雇用・労働だけでなく，請負，委任ひいては売買契約等においても，相手方の生命・身体・健康等を害さないよう配慮する義務であるという一般的性質を帯びているといえよう。

*　**安全配慮義務の位置付けと適用領域**　判例によれば，雇用・労働契約においては労働力の提供と賃金の支払が「給付義務」であり，安全配慮義務違反は，「信義則」上の「付随義務」と位置付けられる。しかし，ここで問題となっているのが，生命・身体・健康という人にとって最も重要な法益であることに照らし，付随義務とは異なる「保護義務」違反といった類型に取り込むほうが妥当であると説く学説も有力である。また，不完全履行の一態様とみることを提唱する学説もある。
　また，判例による安全配慮義務の定義付けに従うときは，この義務が発生するのは，雇用・労働関係に限られない。例えば，売買契約においても，売主は，単に目的物を引き渡す義務——これは給付義務である——を負うだけでなく，引き渡された目的物が買主側の生命・身体・健康に危険を及ぼすことのないよう配慮する義務を付随的に負っているともいえる。さらに，民法の典型契約だけでなく，学校と児童・生徒らとの間の在学契約において，学校側が児童・生徒らの生命・身体等を危険から保護する義務といった意味でも使われる。裁判例では，こうし

て在学契約上,学校側が負う義務につき,「安全保護義務」といった名称を与えて,これを肯定するものもある。

なお,前掲最判昭50・2・25による理解は,安全配慮義務が必ずしも「契約」の存在を前提とせず,「特別な社会的接触の関係」に基づいて義務が発生することを承認することにも連なる。その結果,元請業者Aが,請負った作業の一部をBに下請させていたところ,Bに雇用される従業員Cが作業現場の安全確保不備により労災事故に遭った場合,Cに対するAの安全配慮義務違反が肯定される可能性もある。最高裁においても,以下のとおり,これが認められている。

> **判例 下請労働者に対する元請企業の安全配慮義務（最判平3・4・11判時1391-3）**
>
> Y会社の下請企業であるA社に雇用されるXらが,作業場所における騒音により難聴に罹患したとして,Yの安全配慮義務違反を理由とする損害賠償請求訴訟を提起した事案である。最高裁は,次のように述べて,Yの安全配慮義務違反を認めた原審判決を正当とした。
>
> 「Yの下請企業の労働者がYのK造船所で労務の提供をするに当たっては,いわゆる社外工として,Yの管理する設備,工具等を用い,事実上Yの指揮,監督を受けて稼働し,その作業内容もYの従業員であるいわゆる本工とほとんど同じであったというのであり,このような事実関係の下においては,Yは,下請企業の労働者との間に特別な社会的接触の関係に入ったもので,信義則上,右労働者に対し安全配慮義務を負うものであるとした原審の判断は,正当として是認することができる」。

(2) 安全配慮義務違反に関する判例理論

安全配慮義務は,判例により認められた概念であって,その要件や適用範囲も,判例の蓄積を通じて明らかにされてきた。そして,その過程においては,不法行為を理由とする損害賠償請求との異同が,常にクローズアップされてきたといえよう。なぜなら,労災事故は,従業員等に対する使用者側の不法行為（709条・715条・717条等）として構成することも可能であり,あえてこれを安全配慮義務違反として主張する実益が問われるためである。

(ア) **請求権の消滅時効期間** 安全配慮義務違反に基づく損害賠償請

求権の消滅時効期間については，民法167条1項に定める10年という規定が適用される（前掲最判昭50・2・25）。すなわち，この点について，最高裁は，安全配慮義務違反を契約上の債務不履行と同視している。その結果，被害者またはその法定代理人が損害および加害者を知ってから3年という不法行為規範（724条）は適用されず，また，国家賠償請求訴訟においても，会計法30条に定める5年の規定は適用されない。したがって，被害者またはその法定代理人が損害および加害者を知った時点にもよるが，一般的には安全配慮義務違反の構成をとったほうが，被害者側には有利といえる。

　(イ)　**遅延損害金の起算点**　　安全配慮義務違反に基づく損害賠償債務は，期限の定めのない債務であって，民法412条3項により，債務者が債権者からその履行の請求を受けた時，遅滞に陥るとされる（最判昭55・12・18民集34-7-888）。すなわち，訴訟による損害賠償請求の場合には，訴状が被告に送達された日がこれにあたる（被告はその翌日から遅滞に陥る）。一方，不法行為においては，損害賠償債務は加害行為と同時に遅滞に陥ると解されているので，遅延損害金の起算点のみをとらえれば，安全配慮義務違反の構成を採ることに実益はないといえよう。

　(ウ)　**遺族固有の慰謝料請求権**　　労働者Aが使用者Yの安全配慮義務違反により死亡し，Aの地位をXが相続した場合，XY間には雇用契約ないしはこれに準ずる法律関係が存在しないので，X固有の慰謝料請求権は発生しないとされる（前掲最判昭55・12・18）。したがって，Xが慰謝料として請求できるのは，Aに発生し，これを自己が相続した分についてのみである。このことは，不法行為において，被害者の父母，配偶者および子に固有の慰謝料請求権が認められている（711条）ことと異なる。

　(エ)　**安全配慮義務違反の主張・立証責任**　　安全配慮義務違反を理由とする損害賠償請求訴訟において，この「義務を特定し，かつ，義務違反に該当する事実を主張立証する責任は……義務違反を主張する原告にある」とされる（最判昭56・2・16民集35-1-56）。この判例は，主張・立証の対象となるのは安全配慮義務が存在するという抽象的事実か，またはこの義務違反に該当する具体的事実か，という問題について，後者の立場を採ることを明らかにしたものである。すなわち，当該事案において，被告が具体的

5　その他の債務不履行

に負っていた安全配慮義務を特定し，かつ，その「義務違反の事実」が認められることを，原告が主張・立証しなければならない。このことは，原告が被告の「帰責事由」まで立証すべきことを意味しないが，義務違反の事実を立証するのが困難なことはあり得るので，安全配慮義務違反による損害賠償請求が，不法行為と比べて原告にとって有利とはいい切れない一面を示すものといえる。

　(オ)　**履行補助者が法令に基づき当然に負うべき通常の注意義務に違反した場合**　使用者の安全配慮義務は，その履行補助者が法令に基づき当然に負うべき通常の注意義務を果たすことにまで及ぶものではない。例えば，A社の社有車を従業員Bが運転し，これに従業員Cが同乗していた場合において，Bのスピード違反や前方注視義務違反により事故が起こり，Cが死傷したとしても，Aの安全配慮義務は，Bの道路交通法違反行為にまでは及ばない。Aの安全配慮義務は，車両を整備して安全性を確保し，その運転に適任であるBを選任して必要な運転上の注意を与えることまでで尽くされていると解される（最判昭58・5・27民集37-4-477。自衛隊員が自衛隊車両を運転していて事故を起こした事案）。こうした考え方は，一般不法行為上の注意義務と，雇用関係等に基づく安全配慮義務とが質を異にすることを認めたものであり，安全配慮義務の独自の存在意義を示すことにもなろう。

　(カ)　**第三者惹起事故における安全配慮義務**　いわゆる第三者惹起事故についても，被災労働者の雇用主である会社は，安全配慮義務違反を理由とする損害賠償責任を負うものとされる（最判昭59・4・10民集38-6-557。なお，自衛隊での事故につき最判昭61・12・19判時1224-13）。例えば，会社が，宿直勤務に不慣れな従業員に一人で宿直を命じたところ，侵入してきた盗賊によりこの宿直従業員が殺害された場合において，宿直場所の防犯設備が十分でなく，また，宿直の増員等の措置を講じることも怠っていたといった事情が認められるときは，会社には安全配慮義務違反がある。

　＊　**安全配慮義務の独自性**　以上のような判例理論に照らすと，不法行為に基づく損害賠償請求と比べて安全配慮義務違反という法律構成にメリットが認められるのは，請求権の消滅時効期間の点に限られ，その他の点では，不法行為と変わりがないか，むしろ不法行為のほうが請求権者にとって有利な結果をもたらすこ

とが多いように思われる。しかし，(オ)(カ)の場面においては，安全配慮義務に独自の意義が認められる余地もあり，単なる損害賠償請求訴訟の上での有利・不利だけで，その意義を論ずることはできないといえよう。その後，最高裁は，使用者の安全配慮義務が職場における従業員の健康管理（メンタルな面をも含めて）にまで及ぶことを示唆しており（最判平12・3・24民集54-3-1155。ただし，直接には使用者責任（715条）の成否が争われた事案である），安全配慮義務の帰趨には依然として注意が必要である。

（3） 安全配慮義務違反の効果

　安全配慮義務違反の効果は，損害賠償である。このことは，判例が，この義務を「給付義務」と峻別された「信義則上の付随義務」と位置付けることの帰結でもある。すなわち，安全配慮義務を給付義務とみない以上，その履行請求，義務違反の場合の解除権の発生は観念できないことになる。しかし，安全配慮義務において保護されるべき法益は，生命・身体・健康といった人にとって最も重要な人格的利益であるから，義務違反の効果を事後的な損害賠償請求のみにとどめるべきかは，さらに検討を必要としよう。

6　損害賠償

6-1　はじめに

　民法は，債務者がその債務の本旨に従った履行をしないときの損害賠償について，①損害賠償の範囲（416条）と方法（417条），②過失相殺（418条），③金銭債務の特則（419条），④賠償額の予定（420条・421条），⑤損害賠償による代位（422条）の順で規定を置いている。これらの条文は，債権法の総則に位置することから，契約上の債務不履行のみならず，不法行為における損害賠償にも適用をみる——少なくとも準用または類推適用される——ものと考えられる（417条を不法行為について準用することについては明文の規定がある（722条1項）。また，過失相殺については，趣旨を同じくする規定が不法行為の箇所に別途置かれている（722条2項））。ただし，当事者間の意思の合致により成立する契約に由来する債務不履行と，当事者間に事前の接触がないことを前提とする不法行為との間には，法文の適用においても差異

を認めるべき場面があり得ることに注意する必要がある。

　損害賠償の方法について，民法は，別段の意思表示がないときは金銭に評価して賠償するものと定める（417条：**金銭賠償の原則**）。確かに，相手方に生じた損害を填補する方法は，決して金銭賠償だけに限られず，加害者に原状回復を命じる方法もあり得る（ドイツ民法249条１項が明言する原則である）。しかし，金銭は最も便利であり，いっさいの需要を満たすことが容易であることから，民法は，金銭賠償を原則とした（梅・416条注釈）。

　なお，413条に定める受領遅滞（債権者遅滞）において損害賠償が問題となる場合においても，416条以下の規定は適用されるとみて差支えない。

6-2　損害賠償の範囲

（１）「損害」の概念と分類

　㈎　**損害の概念**　　損害賠償の請求が可能となるためには，債権者に「損害」が発生していなければならない。しかし，そこでいう「損害」とは何を意味するかについて，民法は，特段の規定を置いていない。

　かつての通説は，損害とは，債務不履行がなかったならば債権者が置かれていたであろう立場（全財産状態）と，債務不履行があったゆえに債権者が現に置かれている立場（全財産状態）との差額であると説いていた（**差額説**）。この定義は，「損害賠償の義務を負う者は，賠償を義務付ける事情が生じなかったならば存在するであろう状態を回復しなければならない」（原状回復）と定めるドイツ民法に即して展開されていた学説を輸入したものである。

　しかし，この説に対しては，原状回復を前提とするドイツ民法と，金銭賠償を原則とする日本民法とでは事情が異なるし，全財産状態の比較というのはあいまいであること，また，差額説では慰謝料のような非財産的損害を説明しにくいこと，などの批判が向けられた。

　そこで，損害とは債権者の全財産状態に着目するものではなく，個々の具体的な損害項目ごとに差額を求めた上で，その総和を損害と理解する説があらわれた（**損失説**）。

　こうした損失説からの批判を受けて，伝統的な差額説も，債権者が被っ

た全財産状態の差額の総体を損害とする見解は維持しつつ，そこでの損害を認識するための資料として，損失説のいう「個々の具体的な損害項目」の存在を認めるようになってきている。

　以上の考え方は，いずれも損害を金銭評価額と理解する点では共通するが，一方，債務不履行によって発生した不利益な事実そのものを損害と理解する説がある（**損害事実説**）。この説によれば，債権者に発生した損害とは「事実」であって——例えば，約定日に目的物の引渡しを受けられなかったこと，夜も眠れないほどの不安や精神的苦痛を被ったこと，といった「事実」——，これを金銭に評価することは別次元の問題ということになる。

　(ｲ)　**損害の分類**　　損害は，いくつかの角度から分類される。このとき，慣行的に，「〇〇損害」，「〇〇賠償」，「〇〇利益（の賠償）」といった用語法が，実務上または学理上，定着している。

　　(a)　**通常損害・特別損害**　　民法416条は，債務不履行に対する損害賠償の範囲について，①その債務の不履行によって通常生ずるであろう損害（**通常損害**）は，常に賠償の対象となり（1項），②特別の事情によって生じた損害（**特別損害**）は，当事者の予見可能性を要件として賠償の範囲に含まれる（2項）ことを規定している。実務上，損害賠償の範囲を確定するにあたってしばしば用いられる損害の分類である（→**(2)**を参照）。

　　(b)　**財産的損害・非財産的損害**　　債権者の被った財産上の損害を**財産的損害**，精神的な損害を**非財産的損害**（精神的損害，無形的損害）という。

　財産的損害は，さらに，債権者が実際に支出した積極的損害と，得られたであろう利益の喪失である消極的損害に細分される（**積極的財産損害**，**消極的財産損害**）。

　一方，精神的損害の賠償とは，慰謝料を意味する。非財産的損害の賠償として慰謝料請求権が認められることについて，不法行為の箇所には明文の規定がある（710条）。債務不履行の場合については規定を欠くが，とりわけ医療過誤や安全配慮義務違反のように，生命・身体・健康等の人格的利益が侵害されるケースにおいては，慰謝料の請求も認められることに異論はない[*]。

　　＊　**債務不履行と慰謝料請求**　　日本の民法においては，債務不履行による慰謝料

請求を否定する条文が置かれていない以上，精神的損害の発生が立証されれば，慰謝料請求を認めることに障害はないといえる（ドイツ民法では，慰謝料を請求することのできる場合が法文の上で限定されている）。したがって，人格的利益に限らず，財産的利益が侵害された場合であっても，例えば債権者が特別な愛着を持つ財産が損傷されたようなときは，慰謝料の請求も認められる余地がある。なお，近時の判例によれば，財産的利益そのものの侵害でなく，「財産的利益に係る意思決定権侵害」の場面——例えば，契約の相手方が説明義務に違反した結果，ある財産を購入するか否かの意思決定権が侵害された場合——において，不法行為の法律構成によるほか，債務不履行の構成をとって慰謝料を請求する可能性が示唆されていることも，注目に値する（最判平16・11・18民集58-8-2225を参照）。

(c) **塡補賠償・遅延賠償** 履行に代わる損害の賠償を**塡補賠償**といい，債務の履行が遅れたために生じた損害の賠償を**遅延賠償**という。例えば，友人から借りた自転車を過失により壊して返還不能としてしまった場合，その自転車の時価相当額の損害を賠償するのは，塡補賠償である。したがって，塡補賠償は，本来の給付の変形である。

一方，例えば建物の引渡しを目的とする売買契約において，売主が引渡しを遅滞した場合，買主がその間に居住したり営業したりできなかったことに基づく損害は，遅延賠償である。この遅延賠償は，本来の給付と共に請求することが可能である。したがって，遅延賠償は，本来の給付の拡張ということができる。

このように，履行不能における損害賠償は，常に塡補賠償である。また，履行遅滞における損害賠償は，原則として遅延賠償であるが，債権者が履行遅滞を理由として契約を解除すれば，塡補賠償の請求ができる。なお，判例は，物の給付を請求できる債権者が，本来の給付の請求とあわせて，その執行不能に備えて履行に代わる損害賠償（塡補賠償）を請求することを認めている（最判昭30・1・21民集9-1-22）。

(d) **履行利益・信頼利益** 債務者が債務の本旨に従って履行をしていれば債権者が得たであろう利益の賠償を**履行利益**の賠償といい，債権者が契約は有効であると信じたことにより被った損害の賠償を**信頼利益**の賠償という。

履行利益は，契約が有効に成立したにもかかわらず，債務者がこれを履

行しなかった場合に賠償の対象とされるものである。不動産の売買契約において，買主が，目的の不動産の引渡しを受けて第三者に転売する予定であったにもかかわらず，売主が履行しないので，買主が催告のうえ契約を解除して転売利益の賠償を求めるのは，履行利益の賠償請求である。

　一方，信頼利益の賠償は，契約が無効・不成立であったり，契約の一部が不完全であったにもかかわらず，当事者の一方が完全に有効な契約が成立したと信じていたことを前提とする。例えば，別荘の売買契約を締結したが，その別荘は契約締結の1～2日前に落雷のため焼失していたといったケースである。このとき，別荘の引渡債務は原始的不能であるから契約は無効であるが，買主は，契約が有効に成立したと信じて出費した現地への交通費や契約書貼付用の印紙代を，信頼利益の賠償として請求できる可能性がある。しかし，この場合，契約が有効に成立したことを前提とする履行利益の賠償——典型的には転売利益の賠償——は請求することができないと説明される。

（2）　判例・通説による416条の解釈

　民法起草者の一人によれば，416条は，次のような趣旨の規定であるという（梅・416条注釈）。すなわち，本来は，不履行と損害との間に事実的な原因と結果の関係さえあれば，債務者は，いっさいの損害を賠償すべきである。しかし，416条は，いくぶん債務者を保護して制限を付し，特別の事情から生じ，かつ，当事者が予見することのできなかった損害については賠償の範囲から外して，原則としては，通常の場合において不履行から生じるであろう損害だけを賠償すれば足りるものとした，というのである。

　通説は，こうした見解に沿って，賠償すべき損害の範囲は，債務不履行と相当因果関係に立つ損害，すなわち，当該の債務不履行によって生じた損害のうち，当該の場合に特有な損害を除き，そのような債務不履行があれば一般に生じるであろうと認められる損害であり，ただし特殊の事情であっても，債務者が知り，または知ることのできたであろう事情は，これを加えて相当因果関係の基礎とすべきであるとする（我妻）。このとき，予見可能性の立証責任は，債権者が負担する。その結果，416条は，1項において相当因果関係の原則を立言し，2項においては，こうした相当因果

関係の基礎とすべき特別の事情の範囲を示すものと理解されることになる（我妻：**相当因果関係説**）。

そして，判例も，こうした意味における相当因果関係説を採用する。この場合，特別事情に基づく損害の賠償について定める416条2項の文理の解釈として，①「当事者」とは誰を指すのか，②予見可能性の対象は「事情」か「損害」か，③予見可能性を判断する基準時は，「契約締結時」か「不履行時」か，という問題が提起される。これに関する判例の見解は，次のとおりである。

> **判例　民法416条2項に定める特別の事情の予見時期**
> 　　　　　　　　　　　　　　　　　　（大判大7・8・27民録24-1658）
>
> 　マッチの製造業者Yと問屋Xとの間で，計5回にわたりマッチの売買契約が締結されたが，最後の契約締結日に第1次世界大戦が勃発した。そのため，マッチの原料価格およびマッチの価格が高騰したため，Yは値上げを要求した。しかし，Xは，これに応じず，引渡しの催告をした上，履行がないことを理由として契約を解除し，Yに対し，損害賠償を請求した。416条2項に定める「特別事情」の予見時期が争点となった事案である。判旨は，次のように説く。
> 　法律が，特別事情を予見した債務者に，これによって生じた損害を賠償する責めを負わせた理由は，特別事情を予見した場合にはこれによる損害が生じることは予知できるのであって，これを「予知しながら債務を履行せず若くは其履行を不能ならしめたる債務者に其損害を賠償せしむるも過酷ならずと為すに在れば」，特別事情の予見は，債務の履行期までに履行期後の事情を前知するという意味であって，予見の時期は債務の履行期までと解することを正当とする。

すなわち，判例理論によれば，まず，法文にいう「当事者」とは，債務者を意味し，当事者双方や債権者を指すものではない。なぜなら，ここで問題となるのは不履行を犯した債務者にどのような範囲の賠償をさせても酷にはあたらないか，ということであり，債務者の予見可能性を問題とすべきだからである*。

　＊　**民法の用語法としての「当事者」**　民法典の中で，契約を念頭に置いて「当事者」という用語が使われている場合には，債権者・債務者の両方を指すのが原則である（例えば401条1項・542条）。どちらか一方のみを指称する際は，「債権者」・「債務者」，「売主」・「買主」などと明示される。したがって，416条2項に

おいて,「当事者」を「債務者」と解釈するのは,例外的であるといえよう。

次に,予見可能性の対象は,「事情」であって,損害ではない。これは法文の文理に忠実な理解である(その意味において,416条2項の損害は,「特別事情に基づく損害」というほうが正確であろうが,「特別損害」と称するのが慣例となっている)。

最後に,予見可能性の基準時は「債務不履行時」であって契約締結時ではない。なぜなら,特別の事情を予知しながら債務不履行を犯す債務者に,そこから生じた損害を賠償させても過酷とはいえないのであって,債務不履行時(履行期)までに予見できた事情は考慮して差し支えないからである。この考え方を敷衍すれば,債務者が履行期を徒過した場合には,履行遅滞中に生じた特別な事情についても,債務者の予見可能性を要件として賠償の範囲に加えることを考慮すべきである。

裁判実務においては,以上のような相当因果関係説の理解を基礎として,損害賠償の範囲に含まれるものが判断されてきた。とはいえ,ある損害が通常損害または特別損害のどちらに該当するのか,また,後者の場合,特別事情を債務者が予見することはできたか,という判断には,困難を伴うことが多い。具体的には,①当事者の職業・社会的地位など(契約の主体),②締結された契約の種類・性質・目的など(契約の客体),③経済界の情勢や取引慣行など(契約を取り巻く状況),を考慮に入れつつ,最終的には信義衡平の理念に照らして決定せざるを得ない。なお,特別事情の予見可能性を判断するにあたっては,債務者がこうした事情を予見「するべきであったか否か」という規範的観点から評価をすることが避けられないことも,看過することができない。

したがって,ある損害ないしは不利益のみを抽象的に例示して,それが通常損害・特別損害のどちらにあたるのかを論ずることはできない。

例えば,建物の売買契約において売主が引渡しを遅滞した場合,買主に生じる損害については,次のようにいえよう。この建物が居住用であり,買主が一般人である場合には,この買主に通常生じるであろう損害とは,引渡しが遅れたことにより居住用に別途賃借した住宅の賃料やホテル代である。この買主が,転売を予定しており,売主の履行遅滞により転売が不

首尾に終わったといった事情があるとすれば，それは特別事情にあたり，転売利益分の損害賠償を請求しようとするならば，売主の予見可能性を要件とする。しかし，買主が不動産取引業者であって，当初から転売を目的としていたのであれば，転売利益は通常損害となろう。また，建物が店舗用であり，買主が建物の引渡しを受けた後に営業を行うことを予定していたところ，引渡しの遅滞により開業が遅れたといった場合には，また別途の考慮が必要である（恐らく，通常の範囲の逸失利益は通常損害となる）。

(3) 損害賠償額の算定

(ア) **問題の所在**　民法416条によって，債務不履行と相当因果関係にある損害の範囲を決定したとしても，直ちに債務者から債権者に対する損害賠償の支払いが可能になるわけではない。債権者が被った不利益を損害と解するにせよ，また，不利益な事実そのものを損害と考えるにせよ，次には，賠償されるべき金額を算定し，これを確定することが必要になる。

例えば，6月1日，売主をA，買主をBとして1セット1,000円の商品甲100セットにつき双方の履行期を7月1日とする売買契約が締結されたとしよう。このとき，Aが履行期を徒過したために，Bは，相当期間を定めた催告を行った上，7月20日にAとの売買契約を解除した場合において，BがAに対して請求できる損害賠償額は，どのように算定されるべきか。この間，商品甲の市場価格に変動がなければ，Aが被った損害，すなわち単価1,000円の商品甲100セットを入手できなかったという不利益——ないしは，こうした事実——は，どの時点を算定の基準としても，1,000円×100セット＝10万円である。しかし，6月1日には1,000円であった商品甲1セットの市場価格が，7月1日には1,200円，7月20日には1,500円に値上りしていた場合には，賠償額を算定する基準時を決定しなければならない。もしも，Bが損害賠償を求めて訴えを提起したとすれば，訴訟が確定するまでのその後の時点を考慮に入れる可能性も出てくる。以上は，Bが商品甲を入手できなかった不利益についてであるが，もしもBが商品甲を転売しようとしており，転売利益の喪失も損害に含まれることが認められた場合には，これについても損害賠償額算定の基準時を決める必要が生じる。

このように，損害賠償額の算定とは，具体的には，損害賠償額を算定する基準時を決定するという問題となってあらわれるのが通常である。

この問題については，一定の事例類型ごとに幾つかの判例準則と目されるものが形成されている。その反面，こうした諸判例を理論的かつ統一的に説明することは困難であるとも指摘されている（平井，内田など）。

(イ) **判例の準則**

(a) **履行遅滞の場合** 債務者の履行遅滞を理由として債権者が契約を解除した場合には，解除時の目的物の時価を基準とする，といういちおうの準則がある。これは，債権者の債務者に対する契約上の履行請求権が，解除によって損害賠償請求権に転化するところから導かれる帰結ともいえる。この趣旨を説く判例は，次のようなものである。

> **判例　履行遅滞による契約解除と損害賠償額の算定基準時**
> （最判昭28・12・18民集7-12-1446）
>
> 売主をY，買主をXとして，下駄材の売買契約が締結されたが，Yが履行期に引渡しをしなかったので，Xが契約を解除して損害賠償を請求した事案。損害賠償額の算定が，履行期または解除時のいずれの時点を基準として行われるべきかが，争点の一つとなった。判旨は，次のとおりである。
>
> 本件のように売主が売買契約の目的物を給付しないため売買契約が解除された場合においては，「買主は解除の時までは目的物の給付請求権を有し解除により初めてこれを失うとともに右請求権に代えて履行に代る損害賠償請求権を取得するものであるし，一方売主は解除の時までは目的物を給付すべき義務を負い，解除によって初めてその義務を免れると共に右義務に代えて履行に代る損害賠償義務を負うに至るものであるから，この場合において買主が受くべき履行に代る損害賠償の額は，解除当時における目的物の時価を標準として定むべきで，履行期における時価を標準とすべきではない。」

一方，履行期を基準とする判例もある（最判昭36・4・28民集15-4-1105）。ただし，この判決は，債権者自身が契約価格と履行期の価格との差額を損害賠償として請求し，最高裁は，これを認めた原審判決を妥当として認容したものである。したがって，その先例的価値を判断するにあたっては慎重を要するといえよう（加藤雅）。

なお，物の給付を請求できる債権者が，本来の給付の請求とあわせて，

その執行不能に備えて履行に代わる損害賠償（塡補賠償）を請求する場合，賠償額算定の基準時は，その訴訟の最終口頭弁論期日とされる（前掲最判昭30・1・21）。

　(b)　**履行不能の場合**　　判例（最判昭37・11・16民集16-11-2280）は，①履行不能時の目的物の時価を基準としつつ，②目的物の価格が騰貴しつつあるという特別の事情があり，かつ，債務者が，債務を履行不能とした際，その特別の事情を知っていたか，または知り得たときは，債権者は，その騰貴した現在の時価による損害賠償を請求できること，③ただし，債権者が，こうして価格が騰貴しないうちに目的物を他に処分したであろうと予想された場合は別論であること，を判示している。さらに，この判決は，④目的物の価格が現在なお騰貴している場合，現在の時価による損害賠償を請求するために，現在において債権者がこれを他に処分するであろうと予想されたことは，必ずしも必要でないとも説いている（その後，最判昭47・4・20民集26-3-520も，この理論を確認している）。

　一方，⑤目的物の価格がいったん騰貴し，さらに下落した場合——いわゆる「中間最高価格」が存在する場合——，この中間最高価格を基準とすることができるのは，債権者が，その騰貴した時に転売その他の方法により騰貴価格による利益を確実に取得したと予想されることが必要とされる。すなわち，中間最高価格が存在する場合は，価格騰貴事例における④の要件が，さらに厳格な⑤に差し替えられていることになる。

> **判例　富貴丸事件**　（大連判大15・5・22民集5-386）
> 　中間最高価格が存在する場合の損害賠償の算定基準時が問題となった事案（不法行為の事案である）。
> 　不法行為によって他人の所有物を滅失または毀損させた者の賠償義務の範囲は，その滅失・毀損当時を標準とする。不法行為により滅失・毀損した物の価格が後に騰貴し，被害者がこれによって得られたであろう利益を喪失したときは，これに基づく損害をも請求できるが，そのためには，被害者がその騰貴した価格をもって転売その他の処分をなし，もしくはその他の方法により当該価格に相当する利益を確実に取得したであろう特別の事情があり，その事情が不法行為の当時，予見し，または予見することができたであろう場合であることを必要とする。

（4） 損害賠償の範囲に関する考え方のバリエーション

以上の(1)から(3)までにおいては，損害賠償の範囲について，ほぼ判例の立場に沿って解説し，その理解に努めることを優先してきた。

しかし，判例理論に対しては，さまざまな視点から批判が向けられている。とりわけ，相当因果関係説の運用が，柔軟で個別具体的には穏当な結果をもたらす反面，理論的に説明が難しく法的安定性を欠くという事実は否めないこと，また，相当因果関係説が立法過程からみた416条の系譜と乖離していること，などは，多くの学説による批判の的となっている。そこで，判例理論をひととおり理解した上で，その批判理論にも目を向けて，日本の判例・通説の特徴と問題点を認識しておくことが必要である。

(ｱ) **完全賠償とその制限理論**　まず，不履行を被った債権者が損害賠償を得ることにより，債務者が契約上の義務を適切に履行した場合と同等の地位に置かれるべきである，という命題は，「原状回復」すなわち「完全賠償」を意味するのであって，それが損害賠償の根本理念として承認されるべきことは，どのような法系においても一致をみている。ただし，実定法の中に，こうした「完全賠償の理念」がそのまま受容されるか否かは，別の問題である。むしろ，いずれの法系も，完全賠償を貫いたのでは債務者が予測のつかない損害賠償の負担を強いられることを考慮し，何らかの制限ルールを置いている。こうして賠償範囲を制限するための法的技術としては，①債務者の過責の性質や程度——故意か過失か，など——を反映させること，②債務者の予見可能性を考慮すること，③因果関係による限定を図ること，④賠償の範囲を裁判所の裁量に委ねること，などがあり得る。

そして，フランス民法は①と②を併用し，英国コモン・ローの判例は②の原理を採用することを明らかにしている。一方，ドイツ民法は，条文では完全賠償を謳いつつ，③により賠償範囲を制限する理論が提唱され，実務上も定着をみている（ドイツでは，④を意識的に排除したといわれている）。これらをやや詳しくみると，次のとおりである。

(ｲ) **予見可能性ルール**　フランス民法は，損害賠償は，債権者が受けた損失および失った利益の両方を含むものとし（1149条），不履行を犯

した債務者に悪意がないときは、契約時に予見し、または予見することのできた損害のみを賠償すれば足りる一方 (1150条)、悪意の不履行においては、損害を直接損害と間接損害とに分けた上で、債権者が被った直接損害であれば予見可能性の有無にかかわらず賠償しなければならないものとしている (1151条)。

　また、英国コモン・ローにおいて損害賠償の範囲を定める基準として知られているのは、「ハドレィ対バクセンデイル事件」(Hadley v.Baxendale (1854) 9 Ex.341,156 E.R.145) である。この判決は、①契約違反から事物の通常の経緯に従って生じたと公正かつ合理的に考えられる損害は、常に賠償の対象となること (第1ルール)、②契約時に当事者が特別な状況を契約違反の結果として生じ得るものとして予見していた場合には、これをも賠償の対象に加えること (第2ルール)、という二つのルールから成っている。

　このように、損害賠償を当事者の予見可能性の範囲に制限することは、当事者が自己の取り結ぶ契約から生じるリスクをどこまで引き受けるか、という角度から説明することが可能となる。そして、その文脈上の帰結として、予見可能性の有無を判断する基準は、契約締結時に置かれるという解釈が導かれるといえよう。

　また、予見可能性ルールは、通常損害を原則とするところから出発し、当事者の予見可能性を要件として特別損害まで広げようとするが、いずれかといえば、そこで認められる損害賠償は、"underestimate"すなわち「過少評価」されがちであると説かれる。その反面、債務者は、契約上織り込み済みのリスクを引き受ければ損害賠償の危険にさらされることがなく、活動の自由が広く保障される一方、債権者は、十分な救済を受けられない可能性をはらむと指摘されている。

　(ウ) 相当因果関係説　　ドイツ民法は、不履行債務者が原状回復義務を負うものと定めている (249条1項)。ここで原状回復とは、不履行がなかったならば相手方が置かれていたであろう地位を回復してやること、すなわち「完全賠償」を意味すると解することが、条文の趣旨に適合する。英国コモン・ローが契約締結時における損害担保違反に着目し、その結果、契約により引き受けられた危険に照準を当て、予見可能性ルールにより損

害賠償の範囲を画定しようとしているのに対し，ドイツ民法は，債務者の故意・過失に非難の根拠を見出すゆえに，債務不履行「責任」としての損害賠償の内容は，完全賠償になじみやすいといえよう。

しかし，ドイツにおいても，民法施行後になって，完全賠償では賠償の範囲が広すぎるとの批判が生じ，これを受けて，賠償を相当な因果関係の範囲に限定するという理論が提唱され，実務上も定着をみたという経緯がある。

さきにみた予見可能性ルールは，通常損害の賠償を原則としつつ予見可能性を要件として特別損害の賠償まで範囲を広げるという思考プロセスをとる。これに対して，相当因果関係説は，完全賠償原則の下で賠償を相当な因果関係の範囲まで狭めるという発想に由来する。両者の結論は変わらないといわれることもあるが，賠償額は「原則」に近いところに落ち着く傾向があり（予見可能性ルールでは小さくなりがち，相当因果関係説では大きくなりがちであるということ），差異は否定できないとも指摘されている。

(エ) 日本民法416条の位置付け

(a) 通説としての「相当因果関係説」　以上のような代表的法系の状況を踏まえて民法416条の1項および2項の文言をみると，その各々が「ハドレィ事件」判決における第1ルールと第2ルールに対応していることが読み取れる。実際に，民法の起草過程において，「ハドレィ事件」判決が法比較の資料の一つとして参照されたことは，明らかになっている。すなわち，同条の系譜は，英米法に求められるということである。ただし，草案段階から現行条文に至るまでの起草過程において，意識的に文言の修正が加えられているなどの事情がみられ，ハドレィ事件と完全に同一の考え方を体現するものか否かについては，学説に争いがある。

一方，416条に完全賠償原則の宣言を見出せないことも，明らかである。したがって，416条を解釈するにあたり，ドイツにおいてみられた経緯，すなわち完全賠償を制限するために相当因果関係説を採用する必要もなかったはずである。すなわち，416条は，本来，予見可能性ルールに裏付けられた制限賠償主義と親和的であるにもかかわらず，その後の学説が，同条を相当因果関係の理論によって説明するに至ったものであり，それは，

いわば日本に特有な相当因果関係の理解と用法であるといえよう。

　(b)　**有力説の理解**　　416条を相当因果関係の理論により説明する通説に対しては，近時，有力な反論がある（平井・損害賠償法の理論，同・債権総論90頁以下・67頁以下）。この学説は，損害の事実と，その金銭的評価とを峻別した上で（損害事実説），完全賠償を前提とする相当因果関係説を416条の解釈に持ち込むことを批判して次のように説く（平井）。

　まず，416条は，**事実的因果関係**──「あれなければこれなし」という条件関係──に立つ損害のうちで，賠償されるべき損害の範囲を制限する基準である。事実的因果関係に立つ損害についての賠償の範囲は，416条の解釈，すなわち通常損害または特別損害にあたるか否かにより決定され，通常損害にあたると判断されれば，それ以上の要件を必要とせず，特別損害にあたると判断されれば「特別の事情」についての予見可能性を要件として，賠償請求が認められる。この観点からすれば，賠償の範囲は，窮極的には予見可能性によって決定され，通常損害か特別損害かの区別は，実体法的意味を有しないとされる。

　そして，賠償すべき損害の事実の範囲が決定されると，かかる損害の事実のうち，契約当事者の達成しようとした目的に照らして賠償に値するものとして客観的に判断されるものを，契約の解釈により確定し（**保護範囲の確定**），こうした損害の事実を金銭に評価する作業が必要となる。この**金銭的評価**の基本原則は，416条の範囲内の損害について，債権者にできるだけ従前と等しい経済的地位を回復させるよう評価すべきである，というものであり，裁判官の裁量により行われるべきである。

　この有力説は，通説・判例が依拠してきた相当因果関係説を批判し，かつ，これに分析を加えて，そこに，事実的因果関係・保護範囲・金銭的評価という三つの要素があることを明らかにしたという重要な意義を持つ。今後，相当因果関係説によるというときも，そこには，この有力説により指摘された3要素があることを念頭に置くべきであると指摘されている（川井）。

　(4)　損益相殺
　損害賠償を請求する者が，自己に損害を生じたのと同じ原因によって積

極的利益を得たり，支出を免れたりしたときは，こうした利益や免れた支出などを損害から差し引いた上で，賠償の対象となる損害額を決定しなければならない。これを損益相殺という。例えば，レストラン営業用の店舗建物の売買契約において，売主が引渡しを遅滞させた場合，買主は，引渡しが遅れてレストラン営業ができなかった間の売上げ相当額を損害賠償として請求できる可能性がある。しかし，その反面，買主は，売上げを得るために必要であったはずの食材代金・光熱費・人件費などの出費を免れているはずであるから，これを損害から差し引かなければならない。

損益相殺は，とくに不法行為において重要な機能を果たすので，詳細は債権各論に譲る（→NOMIKA『債務各論Ⅱ』Ⅲ③4）。

6-3　過失相殺

（1）過失相殺の意義

債務の不履行に関して債権者に過失があったとき，裁判所が，これを考慮して損害賠償の責任およびその額を定めることを，過失相殺という（418条）。損害賠償制度の理念である公平の原則と，債権法を支配する信義則から導かれるものである。

過失相殺は，不法行為に関する722条2項においても規定されており，その基本的な趣旨は418条と同じであるが，両者は，以下の2点において異なる。すなわち，①418条は，損害賠償の額だけでなく，責任の有無についても適用される一方，722条2項は，損害賠償の額についてのみ適用される。その結果，418条においては，債権者の過失がきわめて大きい場合，債務者の責任そのものが排斥されることがある。また，②418条の過失相殺は必要的である一方，722条2項の過失相殺は裁量的である。したがって，債務不履行の場合，債権者に過失があると認定されれば，それは必ず考慮されなければならない。

こうした差異は，条文の文言から導かれるものであるが，文言どおり債務不履行と不法行為において適用に差異を設けることには疑問がある。とりわけ，安全配慮義務違反のように，債務不履行と不法行為のいずれの法律構成によっても損害賠償請求が可能な事案において差異を維持すること

には，合理的理由がないといえよう（我妻，川井）。

（2）過失相殺の要件

債務の不履行に関して債権者に過失のあったことが，過失相殺の要件である。

債務の不履行に「関して」とは，債務者による不履行それ自体について債権者にも過失があった場合を指す。判例には，物品の継続的供給契約において，売主が，市場価格の上昇を理由として引渡しを遅延しておきながら，その後，価格が下落するや，一度に全量を提供したために，買主が代金を支払えず，売主が債務不履行を理由として契約を解除した場合に，過失相殺を適用した事例がある（大判大12・10・20民集2－596）。

また，債務不履行の後，債権者に過失があって損害が発生したり拡大したりした場合も，債務の不履行に「関して」債権者に過失があったものとして，過失相殺が行われる。例えば，履行遅滞が生じた後，債権者が債務者に通知しないまま転居したために遅延の期間が延びたり，債権者が損害を軽減するための通常の処置を採るのを怠ったりした場合である*（我妻）。

* **損害軽減義務**　損害賠償を請求しようとする者は，自己に生じる損失を軽減するための合理的な措置を採らなければならず，こうした措置を採るのを怠った場合には損害賠償を減額される，という考え方がある（内田）。これは，「損害軽減義務」といわれるもので，ウィーン売買条約（77条）など多くの国際取引ルールにおいて明文で認められている。損害賠償の調整原理としては，過失相殺と類似の機能を営むことが分かる。この概念の故郷は，契約違反においても原則として本来的履行の請求を認めず，損害賠償を法的救済とする英米コモン・ローである。そこでは，相手方の契約違反を被った債権者は，他の当事者との間で速やかに代替的な取引を行うことを要請され，これを怠る間に自己の損害が拡大しても，その分の賠償を請求することはできない，というルールが確立した。一方，履行請求権の優越を認める日本法の下では，債務不履行を被った債権者が本来的履行を請求し続けることが，直ちに損害軽減義務違反と評価されるわけではない。したがって，損害軽減義務違反と過失相殺との結果が，まったく同一に帰するとは限らないといえよう。損害軽減義務という考え方については，履行請求権の帰趨を視野に入れた上で，さらに慎重な検討を要するものといえよう（内田・123頁以下は，それをも意識した上での意欲的な提言を行うものと理解されるべきである）。

債権者に「過失」があるとは，帰責事由として論じられる「過失」と必

ずしも同一とは限らない。それは，帰責事由が債務不履行の要件の一つとして損害賠償請求権や解除権という効果を導くのに対して，過失相殺は，相手方の債務不履行を前提とし，そこでの債務者の責任の有無および損害賠償の減額を判断するための制度である，という趣旨の違いに由来するものである。したがって，損害を公平に分担するという趣旨に照らして，債権者に発生した損害をすべて債務者に転嫁することが信義則に反するような義務違反行為は，過失相殺における「過失」と評価されるべきである。

（3）過失相殺の効果

過失相殺が認められると，債務者の損害賠償責任が排斥され，または賠償額が減額される。(1)で触れたとおり，418条の文理上，債権者に同条にいう「過失」ありと認められた場合，裁判所は，必ずこれを考慮しなければならない。責任の排斥にまで至るか，賠償額の減額にとどめるかは，裁判所の裁量によるが，一般論としては，債務者に些少の過失があっても主として債権者の「過失」により債務不履行が生じたと認められるときは，責任そのものが排斥されることになろう（梅・418条注釈）。

＊　**過失相殺の類推適用または趣旨の援用**　過失相殺は，損害賠償の調整原理であるが，契約本来の履行請求権——もっぱら金銭債権——が行使される場合において，債権者に何らかの信義則に反する事情が認められるときは，請求額が減額されることがある。その一例として，NTTがいわゆるダイヤルQ^2サービスを開始した時期に，このサービスの内容や通話料が高額に上るという危険を加入電話契約者に十分周知していなかったことを理由として，請求し得る通話料を信義則により5割に制限した判例がある（最判平13・3・27民集55-2-434）。そこでは，請求額減額の根拠の一つとして，過失相殺の根底にある利益衡量を援用すべきであるとの補足意見が述べられていた。このように，過失相殺の趣旨が，金銭債権を中心とする契約上の履行請求の調整原理として機能する可能性も，注目に値するものといえよう。

6-4　金銭債務の特則

（1）規定の趣旨

民法は，金銭債務の不履行——ほぼ履行遅滞のみが問題となる——につき特則を置き（419条），①損害賠償額は原則として法定利率により定め，約定利率が法定利率を超えるときは約定利率が適用されること（1項），②

債権者は損害の証明を要しないこと（2項），および③上記①の損害賠償については，債務者は不可抗力であっても責めを負うこと（3項）を，順次，定めている。②③が要件面での，そして①が効果面での特則である。

こうした特則が置かれている理由について，民法起草者の一人は，次のように説明している（梅・419条注釈）。つまり，金銭の用途は千差万別であって，債務者が支払いを遅滞したとき債権者がどのような用途を妨げられ，どれだけの損害を被ったかを判断することは，きわめて困難である。一方，金銭を取得した者は，相当の利息を付けてこれを他人に貸与することができるのだから，金銭債務の不履行により債権者が被る損害とは，多くの場合，利息と等しいとみてよいのだ，と。この説明は，上記②の要件と①の効果を正当化するものである。

また，同じ起草者は，金銭は，相当の利息を支払えば容易に取得することができると述べている。例えば，債務者が弁済のため金銭を準備しておいたところ，強盗に遭ってこれを失ったとしても，直ちに相当の利息を支払って金銭を借り入れることは可能である。そこから上記③が理由付けられることになる。

このように，民法は，金銭の「万能的作用」と「極度の融通性」（我妻）に着目して，金銭債務の不履行における要件および効果につき特則を置いたものである。そして，起草者の説明から判明するとおり，419条に定める要件と効果は，連動していると理解されるべきものである。

（2）　利息相当額を超える損害賠償請求の可否

419条によれば，金銭債務の不履行において，債権者は，損害の証明を要しない代わりに，利息（法定利息，またはそれを超える約定利息）相当額を損害賠償として請求することができる。

それでは，債権者が自己に生じた特別な損害を証明すれば，利息を上回る賠償請求も可能であろうか。通説は，これを否定する。利息のほかに損害賠償を請求できる旨の明文の規定（442条2項・459条2項・545条2項3項・647条・669条・671条などを参照）がある場合を除いて，金銭債務の遅滞については画一的な処理をしようとするのが民法の趣旨であることを，その根拠とする（我妻。起草者も，こうした見解だったことが窺われる（梅・419条注釈））。

判例も，同じ立場であると解される（大判大元12・11民録18-1025，最判昭48・10・11判時723-44）。この見解によれば，金銭債務の不履行には416条はまったく適用されないことになる。

一方，419条の3項と1項は，債務者は不可抗力であっても利息相当額の損害賠償を免れることができない旨を定めるだけであり，不履行につき帰責事由が存在する場合は一般の原則に戻り，債務者の予見可能性を要件として特別損害の賠償も可能であると解する余地もある（大村，潮見）。少なくとも，債務者による支払拒絶が不法行為を構成する——したがって，債務者に故意・過失がある——場合には，その賠償範囲について，416条が類推適用されると解することに障害はないであろう。

（3）　契約解除との関係

不可抗力でも債務者が免責されないという419条3項の規定は，契約解除についても適用されるであろうか。すなわち，判例・通説によれば，契約の法定解除は債務不履行の効果であって，債務者の帰責事由を要件とすると解されていることとの関係が問題となる。

判例の中には，金銭債務の不履行を理由とする法定解除の場合にも419条3項を援用し，債務者は，不可抗力をもって抗弁とすることができないと説いたものがある（最判昭32・9・3民集11-9-1467）。このように解すると，客観的な不履行の事実さえあれば，債務者の帰責事由の有無にかかわらず，債権者による法定解除権の行使を許容する結果となる。それは，契約の拘束からの解放を望む債権者にとっては好ましい反面，債務者に過酷な結果を強いることになり得る。したがって，債務者の帰責事由を法定解除の要件とする以上は，金銭債務の不履行についても同じ扱いをするべきであろう。すなわち，不可抗力でも債務者が免責されないという419条は，損害賠償という効果についてのみ定めた条文と解すべきである。

6−5　賠償額の予定

（1）　規定の趣旨

420条および421条は，賠償額の予定について次のとおり定めている。

①契約の当事者は，債務の不履行に備えて損害賠償額を予定した特約を

結ぶことができ，この場合において，裁判所はその額を増減することができない（420条1項）。ただし，②賠償額が予定された場合であっても，当事者は，履行の請求または契約解除権の行使をすることができる（同条2項）。なお，③契約により違約金が定められた場合は，賠償額の予定と推定される（同条3項）。以上の①から③までの規定は，金銭以外のものを損害の賠償に充てるよう予定した場合に準用される（421条）。

賠償額の予定は，取引実務上，ひんぱんに行われる。例えば，注文者をＡ，請負人をＢとして，建物の建築請負契約が締結されるにあたり，Ｂが約定の引渡期日を守らない場合は，遅延1日あたり20,000円の賠償（違約金）をＡに支払うといった約定が，それである。

こうした約定には，二つの効果が期待されている。一つめに，あらかじめ不履行の場合に債務者が被る不利益を明示しておくことによって，債務者に約定どおりの履行を促すことである。二つめに，不履行があった場合に債権者が損害を証明することが難しく，また，紛争が長期化して十分な救済を受けられない危険を回避することである。賠償額の予定は，契約自由の観点からも当事者の自治に委ねられるべき問題であって，裁判所の介入に対して抑制的な立場が採られているものといえよう。

ただし，賠償額の予定が私的自治に委ねられてよいのは，契約当事者の持つ情報の質・量および交渉力に著しい偏りが存在しない場合である。また，契約における一方当事者の保護という政策的必要性がある場合も，賠償額の予定を当事者の意思に委ねることには問題がある。近年は，こうした趣旨から賠償額の予定を制限する特別法が少なくない（利息制限4条，割賦販売6条，特定商取引10条，消費者契約8条1項2号・9条など）。

（2）要　件

賠償額の予定がある場合，債権者は，債務不履行の事実を証明すれば，約定の賠償額を請求することができる。自己に何らかの損害が発生したことは，要件ではない。逆にいえば，債務者は，債権者に損害が発生していないことを主張・立証しても，また，自己に帰責事由がないことを主張・立証しても，予定された賠償額の支払いを免れることはできない（我妻など通説。ただし，反対説もある（注釈民法(10)688頁〔能見善久〕）。他方において，

債権者は，予定された賠償額を超える損害が生じた場合であっても，超過額の賠償を求めることはできない。

（3）効　果

債務不履行の事実が認められれば，債務者は，債権者に対し，予定された賠償額を支払わなければならない。裁判所は，その額を増減することができない。ただし，予定された賠償額が著しく過大または過小であり，公序良俗に反すると認められる場合（90条）は別論である。もっとも，こうして賠償額の予定が公序良俗違反とされる場合，その処理については2通りがあり得る。その一つは，裁判官の裁量により，賠償額を妥当な額まで増減するものである。これは，賠償額を予定する契約条項の一部を無効とする処理である。もう一つは，賠償額の予定そのものを無効とし，一般原則に戻って債権者に損害の立証をさせ，立証に成功した範囲で賠償を認めるものである。420条の規定が，私的自治を尊重して裁判所の介入を抑制するという思想に支えられているとすれば，前者の考え方を採用するには慎重を期するべきであろう*。

> ＊　**賠償額の予定と過失相殺**　賠償額の予定が発動されるケースにおいて，債務者の不履行に関して債権者にも過失があった場合，過失相殺の規定（418条）は適用されるであろうか。そもそも民法の起草者は，いくつかの立法例を参照した上で，損害賠償額の予定がなされた以上，「いっさいの増減を許さない」主義を採用したつもりであった（梅・419条注釈）。その趣意を敷衍すれば，債務不履行に関して債権者に過失があっても，債務者は，予定された賠償額を支払うべきことになろう。しかし，近時，起草者が考えていたような厳格な理解は，必ずしも支持を得ていない。実際に，不当な賠償額の予定を調整する裁判例も存在し，そのことについては学説にも異論はない。損害の公平な分担は損害賠償制度の理念の一つであるから，賠償額の予定がある場合でも，過失相殺の規定は適用されると解するべきであろう。最高裁も，これを認めている（最判平6・4・21裁時1121－1）。

（4）履行請求および解除との関係

賠償額が予定された場合であっても，当事者は，履行の請求または契約解除権の行使をすることができる（419条2項）。債務不履行に備えて賠償額を予定したとしても，債権者が履行請求権および解除権を放棄し，予定された賠償額を受け取ることだけで満足する意図とは限らない。むしろ，

債務不履行において一般的に行使し得る履行請求権または解除権は保持した上で，賠償額を予定するものだ，という意思の推定に基づく規定である。

(5) 違約金

違約金は，賠償額の予定と推定される（420条3項）。

「違約金」には，①賠償額の予定すなわち損害賠償そのものであって，それ以外（以上）の賠償を念頭に置いていないものと，②違約罰すなわち債務不履行に対する制裁であって，現実の損害賠償は別途に支払うべきもの，の二つがあり得る。民法は，いずれの趣旨か明らかでないときは，①であると推定した。したがって，この推定が覆されない限り，「違約金」については420条が適用される。

6-6 損害賠償による代位

(1) 意　義

債権者が，損害賠償として，その債権の目的となる物または権利の価額の全部の支払を受けたときは，債務者は，その物または権利について当然に債権者に代位することが認められる。これを損害賠償による代位という（422条）。

例えば，Aが自己所有のノート・パソコンをBに預けたが，Bが過失によりこれを紛失したときは，AB間の寄託契約に基づくBの目的物返還義務は履行不能となり，Bは，Aに対し，パソコン相当額の損害賠償を支払わなければならない。その後，このパソコンが見つかった場合，その所有権がAに帰属するとすれば，Aは二重の利得を得ることになり妥当でない。そこで，損害賠償を支払ったBは，Aに代わってパソコンの所有権を得たものとみなされる。

なお，この規定は，契約上の債務不履行だけでなく，不法行為による損害賠償の場合にも準用されるほか，保険などにおける代位が，商法その他の法律において多く認められている*（商661条・662条，自動車損害賠償保障23条，労災保険12条の4第1項，健康保険57条1項など）。

(2) 要　件

債権者が価額の全部の賠償を受けたことが，損害賠償による代位が生ず

る要件である。一部の賠償を受けても，一部代位は生じないと解するのが通説である（川井）。

（3）効　果

損害賠償による代位は，「当然に」生じるのであって，代位についての特別な意思表示や手続を必要としない。したがって，要件が充足されれば，物または権利が当然に損害賠償者に移転する。したがって，対抗要件の具備も要しないとするのが通説である（我妻）。

＊　**原所有者から代位者への目的物返還請求**　　（1）に掲げた事例において，いったんBから損害賠償を受けたパソコンの原所有者Aが，その後に発見されたパソコンの所有権の再取得を望む場合，Bに損害賠償を返還するのと引換えにパソコンを引き渡すよう請求することができるであろうか。

　　（1）の事例において，もしも損害賠償による代位の規定がないと仮定すると，その処理は一般の不当利得法理に基づいて行われる。すなわち，Aが損害賠償の支払いを受け，かつ，パソコンの所有者であることを認められるのは不当利得であるから，Bは，Aに対し，支払った損害賠償額を不当利得として返還請求することができる（703条）。しかし，Aが無資力に陥っていたり，現存利益が存在しなかったりした場合には，Bの保護に欠ける。こうした不都合を回避するために，422条が置かれたものと考えられる（梅・422条注釈）。

　　したがって，Aが損害賠償額をBに返還するのであれば，それと引換えに，BがパソコンをAに引き渡すことを妨げる理由はないであろう。また，Bの側から，「パソコンを返すので支払った損害賠償を返還せよ」と請求することができるか，という問題もある。これは，422条の範疇でなく，新たなAB間の合意に委ねられるべき問題であろう。

6-7　代償請求権

債務が履行不能となったのと同一の原因によって，債務者が債務の目的物に代わる利益（代償）を得たとき，この利益を債権者が請求する権利を代償請求権という。これは，公平の原則に基づく損害賠償の調整原理の一つであるといえよう。日本民法には，これを定める明文の規定がない。しかし，ドイツ民法285条は，債務者が，履行不能などにより，債務の目的について代償または代償請求権を取得したときは，債権者は，代償として受領したものの引渡し，または代償請求権の譲渡を請求することができる旨を定めており，この考え方が日本でもあてはまることには異論がない。

例えば，Aを売主，Bを買主として，A所有建物の売買契約が締結されたところ，引渡前に，Cがこの建物に放火して建物が焼失したケースを考えてみよう。このとき，Bに対するAの建物引渡債務は消滅してAは債務を免れる。しかし，Aに帰責事由はないので，BがAに対し，履行不能（415条後段）を理由として損害賠償を請求することはできない。一方，Aは，Cに対し，不法行為を理由とする損害賠償請求権を取得する。したがって，Bは，Aに対し，AがCに対して有する損害賠償請求権を譲渡するよう求めることができる（Aがすでに損害賠償を受け取っていれば，その賠償額をBに移転するよう請求できる）。また，この例において，Aが建物に火災保険をかけており，Aが保険金を受け取っているときは，Bは，家屋所有権の代償として，保険金の引渡しを求めることができる。判例も，次のように述べて，「公平の観念」基づくこうした結果を認め，536条2項但書の規定は，この法理のあらわれであると説いている。

> **判例　代償請求権を認めた判例（最判昭41・12・23民集20-10-2211）**
>
> 　XY間において，Y所有の宅地上にXが建物を建築し，この建物はYの所有とした上でXに賃貸する旨の契約が締結された。この建物は，完成直後にXの過失により焼失し，この火災によりY所有の別建物も焼失して，Yは損害を被った。一方，Xは，保険会社との保険契約に基づき，これら建物の焼失による損害保険金を受け取った。このとき，Yは，建物の引渡しないしは返還を受けることが不能となり損害を受けたのに対し，Xは，建物の焼失に基づく損害保険金を受け取っているとして，Yが損害額の限度において代償請求をなし得るかが，一つの争点となった。判旨は，以下のとおりである。
> 　「一般に履行不能を生ぜしめたと同一の原因によって，債務者が履行の目的物の代償と考えられる利益を取得した場合には，公平の観念にもとづき，債権者において債務者に対し，右履行不能により債権者が蒙りたる損害の限度において，その利益の償還を請求する権利を認めるのが相当であり，民法536条2項但書の規定は，この法理のあらわれである」。（なお，判旨は，家屋の滅失による保険金は保険契約によって発生したものであって，債権の目的物に代る利益ではないというXの主張を排斥して，「本件保険金が履行不能を生じたと同一の原因によって発生し，目的物に代るものであることは明らかである」と述べている）。

7 受領遅滞（債権者遅滞）

7-1 受領遅滞の意義

債権者が債務の履行を受けることを拒み，または受けることができないときは，その債権者は，履行の提供があった時から遅滞の責任を負う（413条）。ここで定められた債権者の責任を，受領遅滞または債権者遅滞という。

この定義から判明するとおり，受領遅滞が認められる場合には，債務者による「履行の提供」が時間的に先行している。そして，履行の提供とは「弁済の提供」（493条・492条）と同義であるから，弁済の提供と受領遅滞との関係が問われることになる。

この問題は，受領遅滞の法的性質と関連して争われている。すなわち，債権者は債務者による履行ないしは弁済を受領する義務があるか，また，弁済の提供の効果と異なる受領遅滞固有の効果が，いかなる要件の下で認められるのか，という問題である。

7-2 受領遅滞の法的性質

（1） 法定責任説

この説は，財産権を行使するかどうかは権利者の任意であって，履行を受領することは債権者の義務ではなく，債権者は受領義務を負わないことを原則とすると考える。ただし，特約により受領義務を定めることは，公序良俗に反するなどの事情がない限り，有効である（鳩山）。

このように考える場合，受領遅滞の効果は，弁済の提供の効果と異ならない（→Ⅶ②2-3(1)を参照）。すなわち，債務者が債務不履行の責任を免れるという492条の本体的効果として，①債務者は不履行を理由とする損害賠償請求，解除権の行使，違約金請求などを受けないこと，②遅延利息の支払を免れること，③債権者が同時履行の抗弁権を失うこと，が認められる。また，④供託できるようになること（494条），一般には弁済の提供の効果に数えられる。さらに，より積極的に，⑤債務者の注意義務が軽減されること，⑥保管費用の増加を債権者に転嫁できること（485条但書），

⑦危険が債権者に移転すること，が効果として認められる。なお，この説によれば，債権者に帰責事由があることは，受領遅滞の要件ではない。

しかし，この説によれば，受領遅滞は債権者の「受領義務違反」ではないから，債務者から債権者に対する損害賠償請求や解除という効果は発生しない。例えば，Aを売主，Bを買主とする売買契約において，Aが弁済の提供をした目的物の受領をBが故意に拒んだ場合においても，Aは，損害賠償を請求したり契約を解除したりすることはできない（さらに，債務不履行一般における履行請求にあたる「受領請求」もできないことになる）。ただし，このケースにおいて，Aの引渡しとBの代金支払とが同時履行の関係にあるときは，Bは，代金債務を遅滞していることになるので，Aは，これを理由として損害賠償請求権や解除権の行使ができる。

(2) 債務不履行責任説

この説は，債権者に受領義務があることを認める。その根拠として，債権とは社会的目的の達成を共同目的とする1個の法律関係であって，当事者は信義則を基準として給付の実現に協力すべきであるという行為準則が掲げられる（我妻）。この説も，受領義務を意思に基づく給付義務とは異なるものと説明していることになる。

この説によれば，413条には492条と異なる固有の効果が認められる。すなわち，(1)に挙げられた①から⑦までの効果は，弁済の提供の効果であって，受領遅滞に陥った債権者の帰責事由を要件としない。しかし，債権者に帰責事由があることを要件として，債務者から債権者に対する⑧損害賠償請求権，⑨契約解除権の行使が認められる。

(3) 判例の立場

判例は，受領遅滞を原則として法定責任と解しているが，事例の類型に即して債務不履行責任説によるのと同じ効果を認めたものがある。

まず，5年間にわたる毎月500個以上の座椅子の製作物供給契約において，買主が，合計900個を買い取っただけでその後の引取りを拒絶した場合において，売主が，引取義務の違反として契約を解除して損害賠償を請求した事案がある（契約において受領拒絶に関する制裁の定めはなかった）。大審院は，売買において売主は目的物を受領する権利はあるが受領義務はなく，

受領を拒絶しても債務の不履行にはならないとして，買主による解除権の行使を否定した原判決を正当とした（大判大4・5・29民録21-858）。

また，膨張タンクの製作請負契約において，完成した品物の引取りを注文者が拒絶したので，請負人が契約を解除し損害賠償を請求した事案において，最高裁は，債務者の債務不履行と受領遅滞とはその性質が異なり，特段の事情の認められない本件においては，注文者の受領遅滞を理由として請負人が契約を解除することはできないと判示した（最判昭40・12・3民集19-9-2090）。

一方，最高裁は，売主が採掘した硫黄鉱石の全量を継続的に買主に供給する旨の契約において，買主が引取りを拒絶した場合，信義則に照らして考察するときは，買主は，約旨に基づき目的物を引き取り，かつ，代金を支払う法律関係が存在していたという見解を示した。ここでは，次のとおり，売主の契約解除および損害賠償請求が認められている。

> **判例　買主の引取義務（最判昭46・12・16民集25-9-1472）**
>
> 　Xを売主，Yを買主として，Xが鉱石を採掘し，その全量をYに売却する契約が締結されたが，Yは，2回分の供給を引き取った後，突然，Xに出荷の中止を求め，その後は鉱石を引き取らなかった。そのため，XからYに対し，損害賠償請求がなされた事案である。判旨は，次のとおりである。
>
> 　本件鉱石の売買契約においては，「Xが右契約期間を通じて採掘する鉱石の全量が売買されるべきものと定められており，XはYに対し右鉱石を継続的に供給すべきものなのであるから，信義則に照らして考察するときは，Xは，右約旨に基づいて，その採掘した鉱石全部を順次Yに出荷すべく，Yはこれを引き取り，かつ，その代金を支払うべき法律関係が存在していたものと解するのが相当である。したがって，Yには，Xが採掘し，提供した鉱石を引き取るべき義務があったものというべきであり，Yの前示引取の拒絶は，債務不履行の効果を生ずるものといわなければならない」。

上記のうち最初の2件の判例は，受領遅滞を法定責任とみることが明らかである一方，特約により受領義務を定めることは排除していないと解される。この特約は，明示された場合だけでなく，契約の種類・性質，取引慣行，契約の際の事情などに照らして黙示的に承認されることもあり得る。

そして，引取義務を黙示の特約により肯定する場合の実定法上の根拠としては，信義則も考慮されることになろう。したがって，買主に信義則上の引取義務を認めた最後の事案も含めて，判例は，特約ないしは信義則により修正された法定責任説の立場を採っているとみられる（信義則による引取義務を認める場合，当該事案の処理に限っては，債務不履行責任説と同じ結論になる）*。

＊　**一般的な引取義務を認めることができるか**　ドイツ民法は，売買に関する433条2項において，買主は，売主に約定した売買代金を支払い，かつ，買い受けた物を引き取る義務を負うと定め，445条において，これを目的物もしくは権利の譲渡を目的とする他の有償契約に準用している。また，請負契約の箇所では，注文者が契約に従って完成した仕事を引き取る義務を負う旨が，別途に定められている（640条1項）。433条2項および445条が存在するにもかかわらず，改めて640条1項が置かれた趣旨としては，売買における引取義務は従たる義務である一方，請負における注文者の引取義務は主たる義務であるという違いがあると説明される。

ここからも判明するとおり，ひとくちに受領遅滞の前提となる債権者の引取義務といっても，当該契約類型の中での位置付けや，義務の履行に向けられた要請の強さは，決して一様ではない。したがって，契約の類型ごとに引取りが要請される理由，これを義務と構成する場合に各当事者が受ける利益や被る不利益，他の契約類型との均衡などを勘案しつつ判断されるべき問題であるといえよう。また，民法における債務不履行法や契約法の体系からみて，引取りを「債権者の債務」と解することが可能か否かも，考慮する必要がある。

判例も，前掲最判昭40・12・3が，民法414条・415条・541条等は，いずれも債務者の債務不履行のみを想定した規定であり，受領遅滞に対し債務者の採り得る措置としては，供託や自助売却等の規定がある以上，債務者の債務不履行と受領遅滞とは性質が異なり，一般に両者同一の効力を認めることは民法の予定していないところであると説いていた。

したがって，日本民法に即して考える場合も，一般的に契約上の引取義務を認めるのでなく，請負契約一般，また，製作物供給契約や継続的契約のうち債権者の引取拒絶が債務者に重大な不利益を与える場合などを中心に，個別の契約解釈により結論を導いていくべきであろう。

IV 責任財産の保全

1 債権の対外的効力

1 責任財産の意義

　第3章に述べたように，債務者が債務を履行しようとしない場合，債権者は，債務者に対して，金銭の支払いを命じてその履行を強制したり，または債務不履行による損害を金銭に評価して，その賠償を求めることができる。このように債権は，結局は，金銭の支払請求権に変わることになる。したがって，債務者が債権者に支払うだけの財産を有していないときは，債権者がたとえ強制執行をしても，債権を回収することはできない。この場合の債務者の財産，すなわち，債権者の強制執行の対象となる債務者の財産を責任財産（または一般財産）という。

2 債務者の財産管理権への干渉

　債権者が複数存在し，かつ，責任財産がそのすべてを満足させるのに足りない場合には，各債権者は相互に優先することなく，平等に債権額に応じて弁済を受けることとなる（**債権者平等の原則**）。それゆえ，責任財産が維持保全されているかどうかは，債権者にとって大きな関心事である。もっとも，債権者は，単に債権を有しているだけなので，債務者の財産の運用に干渉することはできない。しかし，債務者の資力が債権を弁済するのに充分でなくなった場合（＝無資力）にも，債務者の財産管理に干渉できないというのでは，債権者に酷となる。より具体的には，次のような場合が考えられる。
〔**設例**〕　①債務者が第三者（第三債務者）に対して債権を有しているのに，それを回収しても，債権者に取られてしまうと思って，債権を取り

立てずに放置することがある。
　②債務者が自己の所有する不動産を第三者に贈与する，あるいは，自己に便宜を図ってくれた一部の債権者に対して，その不動産を代物弁済することがある。

① 債権者 ──→ 債務者　　　　② 債権者 ──→ 債務者
　　　　　　　　　↓　　　　　　　　　　　　　　↓
　　　　　　　第三債務者　　　　　　　　　　　　贈与
　　　　　　　　　　　　　　　　　　　　　　　第三者

　このような場合に，民法は，次の二つの制度を認めている。すなわち，①については，債権者が債務者に代わってその権利（第三債務者に対する債権）を行使するもので，債権者代位権（423条）と呼ばれる。また，②は，債権者を害する債務者の行為（贈与や代物弁済）を否定する制度で，詐害行為取消権（424条以下＝債権者取消権ともいう）である。
　この二つの制度はいずれも，債権者が強制執行をするための前段階として，債務者の財産管理権に干渉し，その責任財産を維持保全することを目的としている。しかし，この制度本来の目的は，後述のように，判例によって大きく修正されている。

2 債権者代位権

1 意　義

　債権者代位権とは，債権者が自己の財産を保全するために，債務者の有する権利を債務者に代わって行使する権利である（423条1項本文）。この債権者代位権は，民法の起草者（梅）によれば，債権の履行を確保するために必要なものである，と理解されていた。すなわち，起草者が予定していたのは，次の二つの場合である。

① 移転登記の請求：債権者は，債務者が債務を履行しない場合には，債務者の有する不動産を差し押さえて競売し，その代金を自己の債権の弁済に充てることができる。しかし，債務者が，他の売主から不動産を取得しておきながらその登記を怠っていると，当該不動産につき二重譲渡がなされ，債務者の所有権そのものが失われてしまうおそれがある。そこで，債権者は，債務者に代わって売主に対し，移転登記を請求する必要がある。

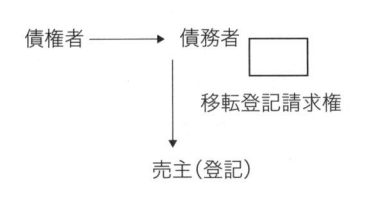

債権者 ──→ 債務者
            │
            │ 移転登記請求権
            ↓
         売主(登記)

② 履行の請求：1の〔設例①〕のように，債務者が第三債務者に対する履行の請求を怠っている場合には，債権者は，債務者に代わって第三債務者に履行の請求をし，その弁済をもって自己の債権の弁済に充てることができる。

以上のように起草者は，金銭債権につき，その差押えの準備として，債権者代位権が必要であると考えていた。しかし現実には，このような局面を越えて，債権者代位権が機能することになる。

2　機　　能

債権者代位権は，フランス民法の間接訴権（action indirecte＝フ民1166条）に基づく制度である。もっとも，強制執行制度の完備していないフランスにおけると異なり，それが完備しているわが国では，債権者代位権の存在意義は大きくない。しかし，債権者代位権は，債権の強制執行制度と対比すると，以下の点に特有の機能を有している。

① 履行の請求は，債権者が債務者の有する債権を差押え（民執143条以下），転付命令（民執159条）を得ることによっても可能である。

例えば，債権者をA，債務者をB，第三債務者をCとして考えてみよう。この場合に，Aは，まず，BのCに対する債権を差し押さえ，その差押えの効力が生じて（民執145条3項・4項）から1週間を経過すれば，Bの債権を取り立てることができる（民執155条1項）。しかし，Cが任意に弁済しな

い場合には，Aは，取立訴訟（民執157条）を提起することもできるが，執行裁判所に対する申立てにより，差し押さえたBのCに対する債権を，支払いに代えて，その券面額でAに移転する旨の転付命令を得ることもできる（民執159条1項）。この転付命令がCに送達されて効力が確定すると，その券面額でAの債権は弁済されたものとみなされる（民執160条）。そして，取立訴訟と比べた場合に，転付命令によれば，Aは，Bの他の債権者と競合することはない（民執159条3項参照）ため，優先弁済を受けるのと同様の結果となる。

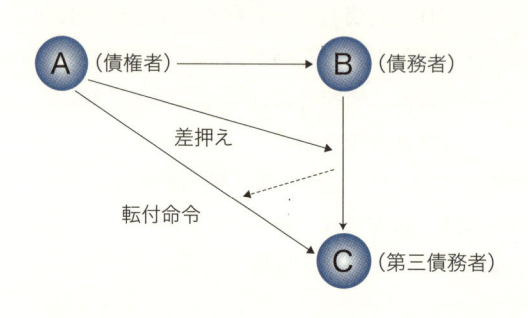

このように，債権者代位権を利用しなくても，強制執行のうちの転付命令によれば，Aは，BのCに対する債権から優先的に自己の債権を満足させることができる。ただし，転付命令を得るには，その前提として債務名義が必要とされる（民執22条）。具体的には，Aは，Bに対する勝訴の確定判決（同1号），または，Bが直ちに強制執行に服するという陳述が記載された公正証書（「執行証書」という。同5号）をあらかじめ用意しなければならない。また，Aは，この債務名義をもとに，差押手続も経なければならない。そして，Aがこのように労力と時間をかけて転付命令を取得したとしても，Cが無資力で実際には弁済できない場合には，債権を回収することができなくなる。というのも，転付命令により，AのBに対する債権はすでに消滅したものとみなされるからである。

これに対して，債権者代位権による場合には，債務名義が不要であるほか，判例によれば，差押手続を経なくても差押えと同様の効果が生じ，また，AはCの無資力の危険を負わずに事実上の優先弁済を受けることができる。そうだとすれば，債権者代位権は，転付命令よりも簡便で，しかも，より強力な債権回収の手段であることになる。しかし，後述のように，その当否については議論がある。

② 強制執行制度との関連では，債権者は，取消権や解除権などの強制執行の目的にならない債務者の権利を代位行使することも可能である。

③ 以上は，債権者の金銭債権の保全に関するものであるが，このほか，債権者の非金銭債権（「特定債権」ともいう）についても，後述のように判例は，債権者代位権を行使することを認めている（債権者代位権の転用）。これも債権者代位権の重要な機能である。

しかし，これに対する学説の評価は分かれている（→3-2(2)）。

3 要 件

3-1 概 説

民法423条によれば，債権者代位権の要件は次の四つである。

① 債権者の債権を保全するために必要であること（423条1項本文）。前述のように，債権者の有する金銭債権を保全するためには，債務者の資力を維持する以外に方法がない。この要件は，さらに，(i)債権者の債権が金銭債権であることと，(ii)債務者が無資力であること（無資力要件）を必要とする。しかし，この両者は，判例によって拡張されている。

なお，ここにいう債権者の「債権」とは，広く請求権を意味し，例えば，協議・審判等により具体的内容が確定した後の財産分与請求権も被保全債権となりうる（最判昭55・7・11民集34-4-628）。

② 債務者がその権利を行使していないこと。この要件は条文にはないが，判例が古くから認めている。すなわち，債務者がすでに自ら権利を行使した場合には，その行使方法または結果の良否を問わずに，債権者は債務者の権利を行使することはできない（大判明41・2・27民録14-150，大判大7・4・16民録24-694）。また，債務者が訴えを提起してすでに判決を受けた場合のみならず，訴えを提起しただけでも，債権者は重ねて訴えを提起することはできない。そして，債務者の権利行使が不誠実ないし不適当な場合には，債権者は，補助参加（民訴42条以下）や独立当事者参加（民訴47条）によって自己の権利を保全することができ，また，詐害行為取消権を行使することも可能であるとする（最判昭28・12・14民集7-12-1386）。

なお，債務者が権利を行使しない理由は問わない。また，債権者は，債務者に対して権利を行使するよう催告する必要もない（大判昭7・7・7民集11-1498）。

　③　債権者の債権が履行期にあること（423条2項）。この要件には，二つの例外がある。すなわち，(i)裁判所の許可を得て代位すること（裁判上の代位）は，履行期前でもできる（同2項）。また，(ii)時効の中断など，債務者の財産の現状を維持する行為（保存行為）は，履行期前であっても，裁判上の代位によらなくとも可能である（同2項但書）。

　④　債務者の一身専属権は，代位権の目的にはならない（423条1項但書）。同様の規定は相続法にも存在する。すなわち，896条但書は，被相続人の一身に専属したものが相続の対象にならないと規定する。もっとも，この両者は，観点を異にすることに注意を要する。すなわち，896条は，被相続人以外の者に帰属するのが適当ではない権利であり，**帰属上の一身専属権**をいう。これに対して，423条は，債務者以外の者が行使するのが適当ではない権利であり，**行使上の一身専属権**をいう。両者は，重なる場合も多いが，異なることもある。例えば，慰謝料請求権は相続の対象になるため，帰属上の一身専属権ではない。しかし，被害者自身が行使しない限り，代位の対象にはならないため，行使上の一身専属権である。ただし，いったん被害者が行使してその金額が確定すれば，慰謝料請求権の代位行使も可能である（最判昭58・10・6民集37-8-1041）。

　債権者代位権の対象とならない権利（行使上の一身専属権）には，家族法上の権利が多い。すなわち，夫婦間の契約取消権（754条）や親族間の扶養請求権（877条以下）があげられる。また，判例は，遺留分減殺請求権（1031条）も行使上の一身専属権であるから，遺留分権利者が，これを第三者に譲渡するなど，権利行使の確定的な意思を有することを外部に表明したと認められる特段の事情がある場合を除き，債権者代位権の目的とすることはできないとする（最判平13・11・22民集55-6-1033）。

　反対に，代位行使できる権利としては，取消権や解除権などの形成権が重要である。また，学説は，錯誤無効（95条）も代位行使の対象になると解している。そのほか，相殺権や消滅時効の援用も可能である。

以下では，第1の要件（債権保全の必要性）を検討する。

3-2　債権保全の必要性——債権者代位権の転用

（1）はじめに

債権者代位権は，債務者の責任財産を維持するための制度であるから，本来的には，①金銭債権のためのものであり，かつ，②債務者が無資力であることが要件となる。しかし，判例は，①′金銭以外の債権（非金銭債権＝特定債権）についても債権者代位権を認め，かつ，②′その場合には債務者の無資力要件が不要である，と解している。

これを**債権者代位権の転用**と呼び，具体的には次の三つの場合が問題となる。

（2）判例による転用例

第1は，登記請求権の代位である。例えば，不動産がY→A→Xと譲渡されたが，登記名義はYにある。この場合に，Xが登記をするには，まずYからAに移転登記をしなければならない。しかし，転売目的のAは，登録免許税を節約するため，登記を自分に移さないことも多い。この場合に，中間者Aの同意がある場合に限って，XがYに対して移転登記請求をすることが認められている（中間省略登記＝最判昭40・9・21民集19-6-1560）。しかし，Aが協力しない場合には，このような中間省略登記は認められない。そこで判例は，XがAに対する登記請求権を保全するために，AのYに対する移転登記請求権を代位行使することを認め，この場合には「債務者ノ資力ノ有無ニ関係」がないとした（大判明43・7・6民録16-537）。

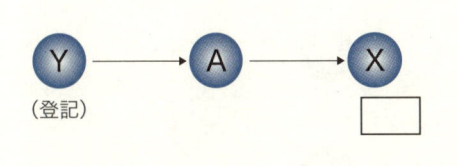

Y（登記）→ A → X

第2は，賃借権に基づく妨害排除請求権の代位である。

> **判例　賃借権に基づく妨害排除請求権の代位行使**
> （大判昭4・12・16民集8-944）
>
> XがAから土地を借りていたところ，Yが不法にその土地にバラックを建ててこれを占拠した。そこで，XがAに対する自己の賃借権を保全するため，AのY

に対する妨害排除請求権を代位行使した。大審院は，債務者が無資力であることを要件とせずに，これを肯定した。

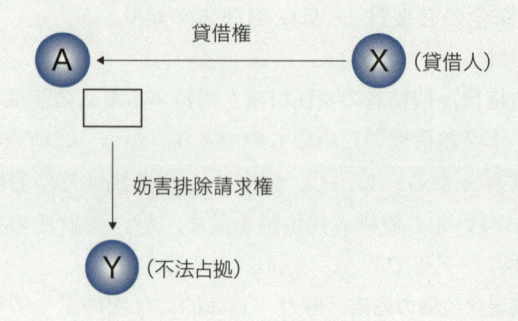

```
        貸借権
   A ←―――――― X （貸借人）
   □
   │
   │妨害排除請求権
   ↓
   Y （不法占拠）
```

　以上の二つとは別に，判例が債権者代位権の「法意」を用いたものとして，抵当権に基づく妨害排除請求権の代位がある。

判例　抵当権に基づく妨害排除請求権の代位行使
（最大判平11・11・24民集53-8-1899）

　XがA所有の土地と建物に根抵当権を設定して2,800万円をAに貸し付けたところ，Yは，その後にAから同土地・建物を賃借したBより建物を転借したと主張した。しかし，AB間の賃貸借契約は，Bの文書偽造による無効なものであった。Xは，Aが債務の弁済を怠ったため，根抵当権の実行をしたが，Yが建物を不法に占有していたため買受希望者が現れず，競売手続が進行しなかった。そこで，Xは，Aに対する貸金債権を保全するために，AのYに対する所有権に基づく妨害排除請求権を代位行使した。

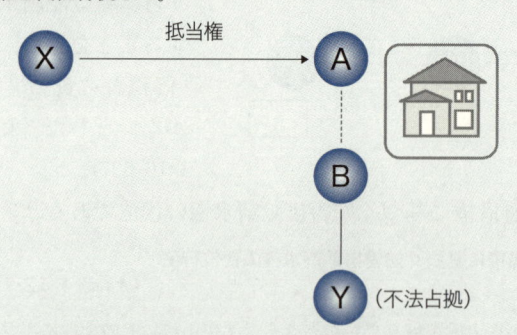

```
        抵当権
   X ―――――――→ A 🏠
                   ┊
                   B
                   │
                   Y （不法占拠）
```

　最高裁は，抵当権者が，原則として，抵当不動産の所有者の行う使用収益に干

渉することはできないとした。しかし，抵当権に対する侵害がなされている場合には，抵当権者は，抵当不動産の所有者に対し，その「状態を是正し抵当不動産を適切に維持又は保存するよう求める請求権」（＝侵害是正請求権）を有し，この請求権を保全するために，「民法423条の法意に従い，所有者の不法占有者に対する妨害排除請求権を代位行使することができる」とした。

なお，最高裁は，傍論ではあるが，このように債権者代位権を用いなくとも，抵当権者は，抵当権に基づく妨害排除請求権を行使することができるとしている。

この判決については，これを債権者代位権の転用例として位置づける見解もある。しかし，この判決における被保全債権は，抵当権者が抵当不動産の所有者に対して有する侵害是正請求権であり，その法的性質は，債権ではなく，抵当権に基づく物権的請求権である。そうだとすれば，この判決を債権者代位権の「転用」例として位置づけるのは適切ではなく，むしろ抵当権の効力の問題として考えるべきであろう。最高裁が，従来の転用例とは異なり，その根拠を「民法423条の法意」に求めているのも，このような考慮に基づくものであると解される（→Ⅲ②3－2(2)も参照）。

(3) 判例の評価

債権者代位権の転用に対して，学説の評価は分かれている。

多数説は，このような転用を認めることに，結論的には異論がないとする。なぜなら，第三債務者（Y）にとっては，本来なすべき債務を履行するだけで，相手が債権者（X）であっても債務者（A）であっても不利益はなく，しかも，債権者にとっても，これを認めた方が便利だからである。

これに対して，有力な見解は，非金銭債権への債権者代位権の転用を否定する。なぜなら，代位権をその本来の制度趣旨（債務者の責任財産の保全）を超えて拡張することは，債務者の財産管理に対する不当な干渉になるからである。そして，判例の転用例については，代位権ではなく，あくまで問題となっている権利に固有の領域内でこれを解決すべきであるとする。例えば，登記請求権の代位については，中間者Aに利益がない場合には，Xの中間省略登記請求を認めることによって解決すべきであり，また，妨害排除請求権の代位については，端的に，賃借権そのものに妨害排除請求権を認めるべきであるとする。そして確かに，最高裁は，対抗力のある賃

借権には妨害排除請求権を認め（最判昭28・12・18民集7-12-1515），かつ，抵当権についても，固有の妨害排除請求権を承認している。

しかし，現時点では，中間省略登記請求権や賃借権に基づく妨害排除請求権は，一般的には認められていない。とりわけ，不動産登記法61条により，現在では，中間省略登記そのものができなくなっている。それゆえ，登記請求権の代位行使は，不動産登記簿の記載をできるだけ実際の権利変動と一致させる，という不動産登記法の理念を実現するために，必要不可欠のものとなっている。

そうだとすれば，仮に債権者代位権の転用が過渡的なものであるとしても，それに代わる制度が確立するまでは，当事者に弊害がないかぎり，これを認めるべきであると考える。

3-3　金銭債権における例外

非金銭債権の保全のためには，当該債権が債務者の資力とは無関係のものであるため，債務者の無資力要件が不要である。これに対して，金銭債権については，債務者が無資力である場合にかぎって，債権者代位権が認められるのが原則である。なぜなら，債務者は，自己の財産を自由に処分できるのが原則であるが，無資力となれば，もはやそれは許されず，代位権の行使という形での債権者の介入が認められるべきだからである。

しかし，金銭債権においても，債権者の無資力要件が不要ではないか，という点が争われたケースが二つある。

> **判例　無資力要件の要否**（最判昭50・3・6民集29-3-203）
>
> 事案は複雑であるので単純化する。Aがその所有する土地をBに売却し，代金を受け取らないうちに死亡して，Aの子であるXとYが共同相続した。そこで，Bは，XとYに対し，代金を支払うから移転登記をするように請求し，Xはこれに応じたが，Yは売買の効力を争ってこれに応じなかった。そのため，Bは移転登記ができず，Xに対して代金の支払いを拒絶した（533条＝同時履行の抗弁権）。そこで，Xは，Bに対する代金債権を保全するため，BのYに対する登記請求権を代位行使した。第1審・第2審ともにX勝訴。Yは，Bが無資力ではないため，Xの債権者代位権が認められない，との理由で上告した。

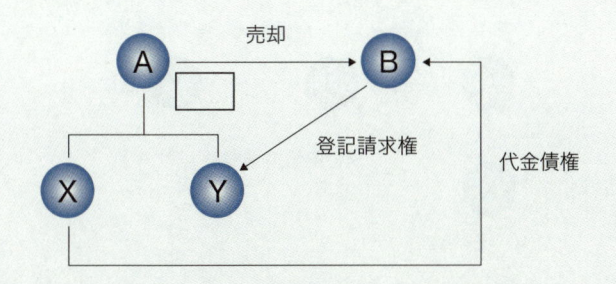

```
        売却
    A ──────→ B
    │  □       │
    │          │ 代金債権
    │  登記請求権
    ↓    ↘    │
    X ────→ Y
```

最高裁は，XがBに対する「代金債権を保全するため，債務者たる買主（B）の資力の有無を問わず，民法423条1項本文により，Bに代位して，登記に応じない相続人（Y）に対する買主の所有権移転登記手続請求権を行使することができるものと解するのが相当である」と判示した。

この事件は，Xが自己の代金債権（金銭債権）を保全するために債権者代位権を行使したものである。しかし，その目的は，債務者（B）の責任財産を保全するためではなく，その同時履行の抗弁権を消滅させるためである。そうだとすれば，債務者の無資力を要件とする必要はなく，「債権者代位権の転用」の一つである，と解されている。

判例　保険金請求権の代位行使（最判昭49・11・29民集28-8-1670）

この判決は無資力要件を要求したが，むしろそれが不要であるとされる事案である。すなわち，AがBの運転する自動車に轢かれて死亡した。そこで，Aの両親Xは，Bに対して損害賠償請求をするとともに，BがY保険会社と自動車対人賠償責任保険契約（任意保険）を結んでいたため，Yに対しても直接に保険金を請求した。もっとも，自賠法の強制保険に関しては，被害者からの保険会社に対する直接請求権が認められている（自賠法16条）。ところが，任意保険の場合には，保険約款で直接請求を認めないかぎり，当然にはこれが認められない。そこで，Xは，Bに対する損害賠償請求権を保全するため，BのYに対する保険金請求権を代位行使する，という法律構成を援用した。これに対してYは，Bが無資力ではないとの理由で，Xの債権者代位権が認められない，と主張した。

最高裁は，Yの主張を容れ，「交通事故による損害賠償債権も金銭債権にほかならない」として，無資力要件が必要であるとし，Xの請求を棄却した。

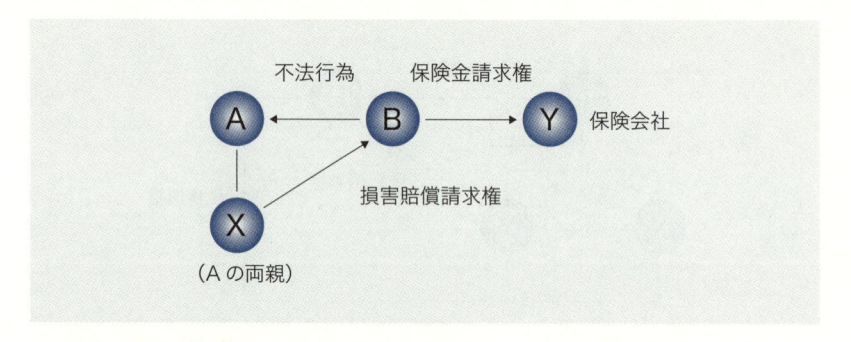

```
        不法行為    保険金請求権
       A ←――――→ B ――――――→ Y   保険会社
        ↑         ↗
        │     損害賠償請求権
        X
      （Aの両親）
```

　この判決の問題点は，次の二つである。

　①Xの債権者代位権が否定されると，XはBに対して確定判決をなどの債務名義をとり，強制執行をしなければならないことになる。これは，たとえBに資力があっても，被害者であるXにとっては大変な負担である。しかも，保険会社はBに保険金を支払わなければならないのであるから，Xの直接請求を認めても保険会社に不利益があるわけではない。

　②Bの保険は責任保険であり，Xの損害賠償請求権とBの保険金請求権とは，密接な関連を有している。すなわち，Bの取得する保険金は，すべてXの損害賠償に充てられるものである。それゆえ，Xの債権者代位権の行使の目的は，Bの責任財産を保全ではなく，その保険金を直接に取得することにある。そうだとすれば，債務者Bの無資力を要件とする必要はない，と考えることもできよう。

　この最高裁判決の後，任意保険約款が改定され，被害者からの保険会社に対する直接請求権が認められるようになった。それゆえ，この問題は，すでに過去のものとなっている。

3-4　まとめ

　従来の理解によれば，債務者の無資力要件が必要とされるか否かは，保全される債権の種類による，とされてきた。すなわち，損害賠償請求権や代金債権などの金銭債権であれば，無資力要件が必要である。しかし，登記請求権や妨害排除請求権などの非金銭債権であれば，無資力要件は不要である，ということになる。

しかし，最高裁昭和49年判決および50年判決を考慮すると，金銭債権を保全する場合であっても，債務者の無資力要件を不要とすることも認められるべきである，と解される。そこで，近時は，債権者代位権がその制度本来の目的である「責任財産の保全」のために行使される場合（本来型）には債務者の無資力を要件とし，それ以外の目的で行使される場合（転用型）にはこれを要件としない，とする見解が有力である。責任財産の保全を目的としない転用例では，債務者の資力の有無を問題にするのは無意味であり，このような見解が妥当であると思われる＊　＊＊。

　　＊　**無資力要件の要否**　　学説の中には，転用型のみならず，本来型においても債務者の無資力要件が不要であるとするものがある。この見解は，債務者の無資力を立証することが事実上は困難であることを理由とする。加えて，債権者は，債務者が無資力であれば債権者代位権によって簡易迅速にかつ優先的に満足を受けられるのに対して，債務者が無資力でない場合には，債務名義を得て債権を差し押えなければならず，不均衡であるとする。そこで，債権者代位権を，取立訴訟と並ぶ，しかも，より簡便な債権取立制度であるととらえて，その無資力要件を廃すべきであると主張する。
　　　しかし，この見解に対しては，かりに無資力要件を廃して債権者が自由に債務者の権利を行使できるとすれば，債務者が多数の第三債務者に対して金銭債権を有するときには，信用取引の安全を著しく害することになるとの懸念が表明されている。また，強力な債権回収手段である債権者代位権が広く認められると，取立訴訟や転付命令との均衡が失われ，それらの存在意義が問われることとなろう。しかも裁判実務は，無資力要件に関して，本来型と転用型の区別を維持している。そうだとすれば，債権者代位権に債権の回収機能を認めるとしても，それは債務者が無資力である場合に限られるとするのが妥当である。

　　＊＊　**債権者代位権の立証責任**　　債権者代位権を主張する者は，債権保全の必要性，すなわち，①被保全債権が存在することと②債務者の無資力要件，および，代位行使される権利の存在を主張・立証しなければならない。ただし，転用型では，債務者の無資力要件を主張・立証する必要はない。これに対して，代位行使される権利につき，債務者がすでにそれを行使したこと，債務者の一身専属権であること，あるいは，期限がありそれが未到来であることは，抗弁事由である。

4 効　果

4−1　行使方法・範囲

（1）　代位権の行使方法

　以上の要件が備わると，債権者は債務者の権利を代位行使することができる。この場合に，債権者は，自分の名で債務者の権利を行使するのであって，債務者の代理人として行使するわけではない。また，債権者代位権の行使方法は，裁判外でもよく，この点において，詐害行為取消権と大きく異なっている。ただし，債権者の債権が履行期前である場合には，裁判所の許可が必要である（423条2項本文）。

（2）　相手方の抗弁権

　代位権の相手方（第三債務者）は，債務者に対して有するすべての抗弁権を行使することができる。なぜなら，債権者は債務者の権利を行使するのであって，その相手方は，債務者自身が権利を行使した場合と同じに扱われなければならないからである。このような抗弁権として，相殺の抗弁や同時履行の抗弁などがある。

（3）　代位権の範囲

　行使の範囲は，債権者の債権を保全するために必要な範囲に限られる。すなわち，自己の金銭債権額の範囲までしか行使できない，というのが判例である（最判昭44・6・24民集23-7-1079）。これに対して，学説には，債務者の責任財産を保全するという制度趣旨に照らして，債権者は，その債権額を超えて代位権を行使することができるとする見解もある。この点は，債権者代位権の機能をどのように捉えるかという問題（→＊4−2（2）債権者代位権の債権回収機能）とかかわる。そして，判例の理解に従えば，債権者代位権は，債務者の責任財産を保全するのみならず，代位債権者の債権を保全（債権回収）する役割をも果たしていることになる。

（4）　目的物の引渡し

　債権者は，債務者の権利が物の引渡しを内容とする場合には，「債務者に対して給付する」のではなく，直接に「自己に給付せよ」と請求することができる。すなわち，判例は，妨害排除請求権の代位行使につき，代位

債権者への明渡しを認め（大判昭7・6・21民集11-1198，最判昭29・9・24民集8-9-1658，前掲最判平11・11・24），また，金銭についても代位債権者への引渡しを認めている（大判昭10・3・12民集14-482）。なぜなら，債務者への給付判決しか認められないとすると，債権者が勝訴しても債務者が受取りを拒否した場合には，その実効性がなくなってしまうからである。その結果，次に述べるように，金銭の引渡しにおいては，債権者が事実上の優先弁済を受けることになる。この点は，詐害行為取消権も同じであり，効果との関連で重要な問題を提起する。

4-2 事実上の優先弁済権

（1） 問題の所在

債権者が債務者の金銭債権を代位行使した場合に，その金銭は債権者に直接に給付されることになる。しかし，債権者代位権が責任財産の保全を目的とする制度であるとすれば，その行使の結果は，すべての債権者のために，債務者の財産に戻さなければならないはずである（詐害行為取消権については，この点が明文化されている＝425条）。つまり，債権者は，受け取った金銭を債務者に返還する義務を負うことになる。

問題となるのは，債権者が，この債務者に対する金銭返還義務と自己の債務者に対する債権とを相殺（505条）しうるか否かである。なぜなら，もしこれを認めると，結果的には債権者に優先弁済権を認めることになり，債権者代位権の趣旨に反することになるからである。

（2） 判例・通説の考え方

この問題につき，判例・通説は，債権者が優先弁済を受ける結果になることを肯定する。なぜなら，仮にこの相殺を否定しても，債権者の手元に債務者の金銭があるため，事実上，債務者自身がその金銭を弁済に充てるという意思表示をする可能性が大きく，結局は優先弁済を否定することはできないからである。

この結果，債権者代位権の行使は，債権の取立訴訟（民執157条）と同じ効力を有し，しかも，債務名義が不要である。これを通説は，制度の欠陥であって，やむをえないと考えている。しかし，この点を正面から肯定し

ようとする見解も存在する* **。

* 債権者代位権の債権回収機能

(1) 判例・通説の帰結 債権者代位権の本来の機能は，債務者の責任財産の維持・保全にある。しかし，判例・通説は，債権者代位権が，債権者のための債権回収手段として機能することを認めている。このことは，とりわけ，次の二つの点において顕著である。

① 債権者が代位権の行使に着手した場合において，そのことを債務者に通知しまたは債務者が知ったときは，債務者は自己の権利を行使することができなくなる（大判昭14・5・16民集18-557）。これは，裁判上の代位に関しては明文がある。すなわち，債権者がその債権の履行期前に代位権を行使するときは裁判所の許可を要し（423条2項本文，非訟72〜75条），代位の許可は債務者に告知され（非訟76条1項），告知を受けた債務者はその権利を処分することができない（同条2項）。そして，裁判上の代位とのバランスから，裁判外における代位権の行使も，同様に解されている。その結果，債権者代位権を行使すると，債務者の債権を差し押えたのと同様の効果が生じることになる。

② 代位権行使の範囲は，債権者の債権額の範囲に限られ，しかも，金銭債権に関して債権者は，事実上の優先弁済を受ける結果となる。

ところで，本節4の冒頭(2)で述べたように，債権者代位権を利用しなくても，債権者が債務者の第三債務者に対する債権から優先的に自己の債権を満足させる手段としては，転付命令が認められている。この両制度を比較すると，債権者代位権の場合には，債務名義が不要であることのほか，差押手続を経なくても差押えと同様の効果が生じ（①），また，第三債務者の無資力の危険を負わずに債権者が事実上の優先弁済を受けることができる（②）。そうだとすれば，債権者代位権は，転付命令よりも簡易で，しかも強力な手段であることになる。

(2) 債権者代位権の権能を制限する見解 債権者代位権に関しては，転付命令とのバランスを考慮し，その強大な権能（①，②）を制限しようとする見解が提唱されている。

まず，②の事実上の優先弁済を否定する見解は，債務者の一般財産の保全という債権者代位権の本来の趣旨を重視して，債権者の第三債務者に対する直接請求権を否定し，または，第三債務者の支払うべき金銭を供託所に保管させ，他の債権者の配当加入をまつべきであると主張する。しかし，この見解によれば，債権者があえて代位権を行使する実益が乏しいものとなり，制度そのものの重要性が失われるとの批判がある。また，金銭が供託されれば，代位債権者は改めて執行手続を利用することになり，債権者代位権と民事執行法との役割分担は明確になるものの，こんどは民事保全制度（特に仮差押命令＝民事保全法20条参照）との役割分担が不明確になる，という問題が残る。

また，②を積極的に評価しつつ，①を制限すべきであるとの見解もある。この見解は，フランスの直接訴権（action directe）にならい，債権者代位権を，単なる債務者の一般財産の保全のための制度ではなく，第三債務者に対して直接行使できる債権者固有の権利であるとする。そして，その理論的根拠は，債権者が債務者の一般財産に対して一種の法定の包括担保権を有していることに求められる。ただし，このように解すると，代位債権者は差押えと比して強大な権利を有し，均衡を失するため，明文のある裁判上の代位の場合を除き，債権者が代位権を行使しても権利の処分制限効（①）は生じないとする（なお，この見解は，債権者代位訴訟（→次注＊**債権者代位訴訟**）における判決の効力も，債務者および他の債権者に及ばないとする）。

　この見解は，②の事実上の優先弁済を正面から肯定する点で注目に値する。しかし，（法定）包括担保権という概念の適否について議論がありうるのみならず，債権者代位権を直接訴権として位置づけ，明文なしにこれを積極的に肯定してゆくことの当否が，フランス法の沿革（フランスでは，明文のない直接訴権は認めない）からも，また，結論（代位債権者のみを優先し，他の競合する債権者を排除することとなる）の妥当性からも問われることとなろう。

　(3)　結　　論　　判例・通説による債権者代位権の権能は，確かに強大ではある。しかし，債務者が無資力で事実上の倒産状態にある場合には，熱心な債権者が優先することになってもやむをえず（それを不満に思う他の債権者は，法的倒産を申し立てることができる），結論的には，債権者代位権による債権回収機能を認める判例・通説に従うのが妥当であると思われる。

＊＊　**債権者代位訴訟**

　(1)　法定訴訟担当——判例・通説の考え方　　取立訴訟や転付命令では，債務者に対する債務名義が前提となるため，債務者が被告となり，その手続保障がなされているのが前提である。これに対して，債権者代位訴訟においては，債務者が当事者とはならない。にもかかわらず，債権者の提起した代位訴訟の判決の効力（既判力）は債務者に及ぶとされている（大判昭15・3・15民集19-586——代位訴訟によって，代位の目的となった債権の消滅時効が中断されるとした）。そこで，なぜ訴訟の当事者となっていない債務者にも既判力が及ぶのかが問題となる。以下では，代位債権者をA，債務者をB，第三債務者をCとして考えてみよう。

　まず，判例・通説は，債権者代位訴訟が法定訴訟担当であるとする。すなわち，債権者代位権は，Aに対して，BのCに対する権利についての実体法上の管理権を付与するものであり，この管理権に基づいて訴訟上もAに当事者適格が認められる。そして，Aの得た判決の効力は，Bに有利にも不利にも及ぶとする（民訴115条1項2号。前掲大判昭15・3・15）。

　もっとも，債権者代位訴訟においては，訴訟担当者の当事者適格の存在が確定

するわけではないから，仮に判決が確定したとしても，BはAの債権の不存在等，担当者の適格がなかった旨を主張して，その判決の効力が自分に及ぶことを争うことはできる（大阪地判昭45・5・28下民集21-5=6-720）。

(2) **学説の展開** 判例・通説に対しては，以下のような三つの見解が存在する。

第1の見解は，等しく法定訴訟担当といっても，その中には，吸収型と対立型という二つの類型があるとする。すなわち，破産管財人（破産74条以下）や船長（商811条2項）のように，訴訟担当者と本人との利害が対立せず，むしろ本人の権限が担当者の権限に吸収される場合（**吸収型**）と，差押債権者や代位債権者のように，訴訟担当者と本人との間に明瞭な利害の対立関係が存在し，本人の固有の権限とは相容れない独自の権限が債権者に認められる場合（**対立型**）がある。そして，吸収型の場合には，既判力が本人の有利にも不利にも拡張されるが，対立型では本人の不利に既判力が拡張されない。換言すれば，債権者代位訴訟では，Aの得た勝訴判決だけがBに及び，敗訴判決はBには及ばないとする。

この見解に対しては，次のような批判がなされている。すなわち，吸収型と対立型という区別が明確でなく，かつ，債権者代位訴訟においてAの敗訴判決の既判力がBには及ばないとすると，CはAに勝ってもなおBから訴えられるという煩わしさがある。

第2の見解は，債権者代位訴訟を法定訴訟担当とは考えず，Aは，無資力となったBの一般財産を保全するという，自己固有の利益を守るために訴えを提起するのであるから，当事者適格を有すると主張する。この見解によれば，Bもその当事者適格を失わず，Aの得た勝訴判決の既判力のみがBにも及び，敗訴判決の既判力はBには及ばない。ただし，Cは，債務者が代位訴訟に共同訴訟参加をなすよう裁判所に申立てができ（民執157条1項の類推），これによって二重に訴訟を提起される煩わしさを免れるとする。

この見解は，Aの勝訴判決の既判力がBに及ぶ根拠が明確でないことに加えて，Cが，なぜBに対して参加命令の申立てをするという負担を負うのかが明らかではない。

第3の見解は，Cの利益を重視して，Bへの既判力の拡張を認めつつ，Bの利益を保護するために，代位訴訟が係属しているという事実をBに知らせる機会を与えるものである。より具体的には，例えば，債務者への訴訟告知（非訟76条1項）を債権者代位訴訟一般に類推し，Bが訴訟参加（民訴47条）ないし共同訴訟的補助参加をする途を設け，Bがこれを利用しない場合には，不利な判決もBに及ぶとする見解がある。

民事訴訟法学説においては，Bへの訴訟告知を認める第3の見解が有力であるとされている。

(3) **他の債権者に対する判決の効力** では，Bの他の債権者（D）にも，Aの敗訴判決の効力は及ぶか。

この問題については，Dにも当事者適格があるため，敗訴判決の効力はDには及ばないとする見解も存在する。しかし，多数説は，CがAに勝訴した場合には，Cは保護に値し，二重応訴の不利益を受けるべきではないことを理由に，敗訴判決の効力もDに及ぶとする（ただし，その理論的根拠については議論がある）。

3 詐害行為取消権（債権者取消権）

1 意義・機能

詐害行為取消権とは，債務者が一般財産を不当に減少する行為（詐害行為）をした場合に，その行為の効力を否定し，債務者の一般財産から逸出した財産を取り戻して，強制執行の対象とする制度である（424条1項）。その趣旨は，債務者の一般財産の不当な減少を防止する点において，債権者代位権と共通する。ただし，債権者代位権では，強制執行制度との関連が問題となるが，詐害行為取消権においては，強制執行との役割分担が明確である。すなわち，強制執行や民事保全の執行としての差押え・仮差押えないし処分禁止の仮処分では，不動産の処分を禁ずるなどの，現状の不変更は可能である。しかし，これらの手続では，すでに逸出した財産を取り戻すことはできず，詐害行為取消権によってのみそれが可能となる。

なお，破産法では，詐害行為取消権に対応するものとして，否認権が規定されている*（破産160条）。

また，詐害行為取消権は，債権者代位権におけると異なり，必ず訴えによって行使されなければならない（424条1項本文）。その趣旨は，取消権が第三者（受益者・転得者）の権利を覆すものであるため，要件の有無を裁判所に慎重に判断させ，一挙に目的を実現させることにある。また，取消権の行使を他の債権者に公示する必要があることも，副次的な理由として挙げられている。

ただし，債務者が唯一の財産である不動産を受益者に贈与し，受益者が

その不動産を転得者に譲渡した場合に，債権者が取消訴訟を提起するにあたっては，誰を被告とし，また何を請求するのかが必ずしも明らかではない。この問題は，詐害行為取消権の法的性質をどのように考えるかにかかわる。

＊ **詐害行為取消権と否認権**　詐害行為取消権と同様に，債務者の債権者を害する法律行為の効力を否定する制度として，否認権（破産160条以下，会社更生86条以下，民事再生127条以下）が存在する。すなわち，否認権とは，破産手続開始前になされた破産債権者を害すべき行為の効力を，破産財団との関係で否定し，破産財団から逸出した財産を回復する制度である。一般に，否認権は，破産という特殊な状況下において債権者間の平等を図るために，詐害行為取消権を，その対象および主観的要件の点で拡大強化した権利である，と説明されている。すなわち，否認権の対象としては，詐害行為取消権では予定されていない，本旨弁済等のいわゆる偏頗行為（破産162条），対抗要件の否認（破産164条）および執行行為の否認（破産165条）が認められている。また，詐害行為取消権では，債務者の詐害の意思という主観的要件が必要とされるのに対して，否認権のうちの無償行為の否認では，このような主観的要件が不要とされている（破産160条3項）。

しかし，両制度には，多くの共通点があることにも留意すべきである。すなわち，両制度は，沿革的にはローマ法のアクチオ・パウリアナ（actio Pauliana）に遡り，かつ，その制度趣旨も債務者の財産の減少を阻止する点で共通する。また，両者は，法制度としても連続性を有し，債権者が詐害行為取消訴訟を提起した後に債務者が破産宣告を受けた場合には，訴訟は破産宣告と同時に中断し（破産45条1項），破産管財人がこれを受継する（同2項。なお，大判昭3・5・11民集7-337）。さらに，現実の機能においても両制度は共通する。すなわち，破産・会社更正・民事再生以外の法的倒産には否認権が存在しないため，詐害行為取消権による補完が必要であり，かつ，本来は破産・会社更生によるべき局面においても，破産手続の費用を節約するために詐害行為取消権が利用されていることが指摘されている。

ところで，平成16年の破産法の改正では，破産者が相当の対価を得てした財産の処分行為は，原則として否認権の対象とならないとした（破産161条）。このような破産法の考え方は，民法における詐害行為取消権の議論（特に要件論）にも影響を及ぼすであろう。

もっとも，否認権と詐害行為取消権とは，その目的と手続の点で大きく異なっていることを忘れてはならない。すなわち，否認権は，破産にまで至った債務者が，その資産が悪化した状態で行った財産処分行為を否定して，破産財団の充実を目指し，できるだけ多額の満足を，全債権者間の平等を徹底しつつ実現させる

ことを目的としている。そのため，破産手続は厳格であり，否認権も破産管財人によってのみ行使されることになる（破産78条）。これに対して，詐害行為取消権は，破産の前段階で機能する制度であり，必ずしも全債権者間の平等な満足の確保は制度目的とされてはいない。むしろ，詐害行為取消権は，個別執行の準備として，特定債権者の債権の保全を目的とするものであり，個々の債権者によって行使されることになる。そして，両制度におけるこのような基本的な相違が，詐害行為取消権の要件・効果や制度目的をどのように捉えるか，という問題に反映していると考えられる。

2　法的性質

2-1　かつての見解——形成権説・請求権説

　詐害行為取消権の法的性質について，かつては次の二つの見解が存在した。
　第1の見解は，形成権説である。この見解は，詐害行為取消権の目的が，債務者の行った法律行為を絶対的に取り消すことにあると解し，債務者・受益者・転得者の全員を相手に訴えを提起して，法律行為の取消しのみを請求すべきであるとする。
　この見解によると，目的物の返還は，取消し後に生じた債務者の返還請求権を，債権者が代位行使することによって実現すべきである，ということになる。しかし，目的物を取り戻すために，さらに債権者代位権を行使しなければならないのでは，煩雑である。しかも，この見解では，取消しの効果を絶対的に生じさせるため，善意の第三者が存在した場合には取引の安全を害する。そこで，この点を考慮して，仮に善意者が介在すると取消権を行使できないとすれば，債権者が害されることになり，制度の目的が達せられないこととなる。
　第2の見解は，請求権説である。この見解は，詐害行為取消権の制度目的が，逸出した財産を取り戻すことにあり，取消しはその前提に過ぎないとする。そして，債権者取消訴訟は，現に目的物を占有している受益者または転得者のみを相手に提起すればよく，その内容は，当該目的物の返還請求であるとされる。

しかし，詐害行為取消権の本質を目的物の返還請求であるとすることは，「取消しを裁判所に請求する」という424条1項の文言に反するものである。また，債務者が詐害行為をしても未だ履行していない場合には，債権者は行為の取消しのみを請求すべきであり，このことを請求権説では説明できない。

2-2 判例とその問題点

判例は，この二つの見解を折衷した立場（折衷説または相対的取消説という）を採用した。

判例　詐害行為取消権の性質と効果（大連判明44・3・24民録17-117）

Yは，その所有する山林をZに売却し，ZはこれをAに転売した。そこで，Yの債権者であるXが，Y・Z間の山林の売買契約が詐害行為であると主張し，YとZを被告としてその取消しを求める訴えを提起した。原審は，請求権説に立ち，逸出財産が転得者（A）の手許にあるときは転得者を被告としなければならず，かつ，Y・Z間の法律行為の取消しだけを請求することは許されないとし，Xの請求を却下した。X上告。

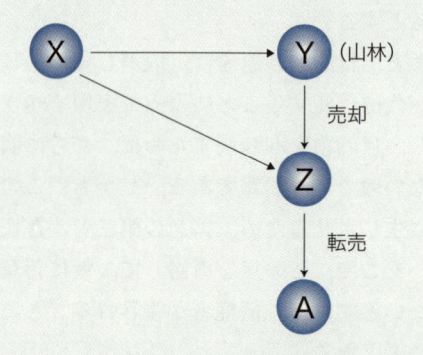

```
    X ────────→ Y （山林）
     \          │
      \         │ 売却
       \        ↓
        ──────→ Z
                │
                │ 転売
                ↓
                A
```

大審院は，次のような理由により，原判決を破棄差戻とした。
①詐害行為取消権の法的性質については，詐害行為を取り消し，それによって債務者の責任財産から逸出した財産を「原状に復し」て，債権者に正当な弁済を受けさせる権利であるとする。これは，形成権説と請求権説を合わせたものである。
②取消しの効果につき，判決は，一般の取消しとその性質を異にし，訴訟の相

手方に対しては無効であるけれども，訴訟に関与しない者に対しては有効である，という取消しの相対的効力を認める。そして，逸出した財産を取り戻すためには，受益者または転得者を相手に訴訟を提起すれば足り，債務者を被告とする必要はないとした。

③目的物が転得者のところにある場合には，受益者と転得者のどちらを訴えればよいか（被告の選択）。判決は，債権者が受益者に対して取消しを求め，損害賠償を得ることもできるし，また，転得者を相手にその財産の取り戻しをすることもできるとした。すなわち，被告の選択は，債権者の自由であるとする。

④物の返還やその価格の賠償ではなく，取消しのみを求めて訴えを提起できるか否かにつき，判決はこれを肯定する。なぜなら，424条は，法律行為の取消しのみを規定し，その結果生ずる原状回復請求については，債権者に委ねているからである。

　上記の大審院連合部判決につき，通説は，詐害行為取消権の制度目的を考察し，その効力をこれに必要な範囲に限局しようとするものであって，全体的にみて正当であると評価する。しかし，この判例理論に対しては，次のような二つの問題点がある。

　第1に，相対的取消しの内容があいまいであり，その具体的な帰結も，関係当事者が複数存在する場合には，法律関係が錯綜し，かえって取引が混乱するおそれがある。

　第2に，判例によれば，債務者は被告にならないため，取消判決の効力（既判力）は債務者には及ばない。そのため，債権者・債務者間においては，債務者による財産の処分が依然として有効であり，その財産は受益者または転得者に帰属していることになる。そうだとすれば，債権者は，たとえ逸出財産を債務者に取り戻したとしても，債務者に対して強制執行することはできないはずである。にもかかわらず，この問題が表面化しないのは，執行手続上，執行機関として当然に執行手続を開始せざるをえず，その実体関係が職権をもって審査されることがないからである。また，受益者・転得者も，法律行為が取り消された以上は，債権者に対し自己の所有権を主張して第三者異議の訴え（民執38条）を提起できない立場にある。つまり，判例のいう相対的取消しは，執行法上致命的な欠陥を有するにもかかわらず，事実上それが表面化しなかったにすぎないことになる。

そこで，判例理論の有する理論的な欠陥（特に，上記第2の問題点）を克服するために主張されたのが，責任説と訴権説である。

2-3 責任説・訴権説

（1） 責任説とその評価

責任説は，詐害行為取消権の行使により，逸出した財産に対する強制執行の可能性が債権者に与えられれば，制度目的を達することができるとし，次のように主張する。すなわち，債権者は，目的物を所有する受益者または転得者を相手とする責任訴訟（形成訴訟）を提起して，その者への執行を認める責任判決（執行認容判決）を得る。これが債務名義となり，債権者は，受益者または転得者の下にある財産に強制執行でき，他の債権者もそれに配当加入することができるとする。例えば，大審院連合部判決の事案では，山林の所有権はAにあることを認めたままで，それが債務者Yの債務の責任財産になる（強制執行の対象になる）ことを認めるものである。

この責任説は，責任財産の保全という詐害行為取消権の目的には合致している。なぜなら，責任財産を保全するためには，被告でもない債務者に目的物を現実に取り戻す必要はなく，目的物を受益者または転得者の手元に置いたまま強制執行ができる，とした方が合理的だからである。しかし，このような考え方はドイツ法に依拠するものであり，わが国ではドイツの「責任訴訟」のような制度がなく，「責任判決」という概念もない。それゆえ，責任説に対しては，立法論としてはともかく，解釈論としては無理があるとの評価がなされている。

（2） 訴権説とその評価

訴権説は，責任説が詐害行為取消権を実体法上の形成権であるとするのに対して，これを実体権ではなく訴権（アクチオ）であるとし，424条は端的に執行認容訴訟を規定したものであるとする。すなわち，債権者は，逸出した財産が受益者の下にあるときは，受益者を被告として取消訴訟を提起し，その勝訴判決（執行認容判決）を受益者に対する債務名義として，受益者名義のままで当該財産に強制施行ができるとする。つまり，この見解によれば，執行認容判決により，逸出した財産を債務者に回復することな

く，強制執行の対象とすることができることになる。そして，425条も，執行認容判決の既判力を取消債権者以外の債権者にも拡張する旨の規定である，と解している。

この訴権説に対しては，その解釈論上の帰結が実務の解決とあまりに隔たり，とりわけ取消判決の既判力が拡張されるとすると，他の債権者の手続保障やそれらの者への分配手続をどうすべきかなど，解釈論だけでは解決できない問題が多い，との指摘がなされている。

2-4 まとめ

判例・通説の折衷説（相対的取消説）は，確かに理論的には問題がある。しかし，判例は，明治44年の連合部判決以来，その理論を強固な判例法理として確立している。そうだとすれば，新たな理論（責任説・訴権説）を提唱しても実務に与える影響は少ない。判例理論を前提としつつ，その内容を整理して，妥当な解決を導くことが穏当であろう。そこで以下では，判例理論を前提として，詐害行為取消権の要件・効果を概観する。

3 要 件

3-1 概 説

民法424条によれば，詐害行為取消権の要件は次の三つである。

① 債権者の被保全債権が存在していること。明文上は，「債権者は」法律行為の取消しを裁判所に請求することができる（424条1項本文）と規定されているため，取消債権者の債権が有効に存在していることが要件となる。

② 詐害行為が存在すること。すなわち，債務者が債権者を害することを知りながら法律行為を行ったこと（同1項本文）が要件となる。より具体的には，ⓐ債務者の責任財産が減少して債権者への弁済には足りなくなること（債務者の無資力＝客観的要件）と，ⓑ債務者がそのことを認識していたこと（詐害の意思＝主観的要件）が問題となる。もっとも，後述のように，このⓐとⓑとは，別々にその有無が判断されるのではなく，総合的に判断さ

れなければならないと解されている。

なお，債務者の詐害行為は，財産権を目的とするものに限られる（424条2項）。

③ 受益者または転得者が悪意であること（424条1項但書）。すなわち，受益者または転得者が，詐害行為の時または転得の時に債権者を害することを知っていたことが要件となる。

以下，順に検討する。

3-2　債権者の被保全債権の存在

（1）　債権成立の時期

債権者の債権は，債務者の詐害行為前に成立していなければならない（最判昭33・2・21民集12-2-341）。なぜなら，債務者の財産処分行為より後に発生した債権にとっては，すでに減少した債務者の財産が責任財産となるのであり，当該行為によって害されることはないからである。また，債権の成立前に財産の譲渡行為がなされ，債権成立後に対抗要件が具備された場合には，財産の譲渡行為と切り離して，対抗要件の具備のみを詐害行為取消権の対象とすることはできない（不動産登記につき，大判明40・3・11民録13-253。このほか，大判大6・10・30民録23-1624，最判昭55・1・24民集34-1-110参照。債権譲渡通知につき，最判平10・6・12民集52-4-1121）。

（2）　金銭債権に限定されるか——特定物債権の可否

詐害行為取消権は債務者の責任財産を保全する制度であるから，債権者代位権と同様に，本来は債権者の債権として金銭債権が予定されている。そして，初期の判例も，債権者の債権は金銭債権に限るとしていた（大連判大7・10・26民録24-2036）。これは，木材の二重売買における第1買主が木材の引渡請求権を保全するために，第2売買を詐害行為であるとして，その取消しを求めた事件である。大審院は，金銭債権でない債権を有する者は他の債権者と平等の割合で弁済を受けることができず，詐害行為取消権の制度趣旨に反することを理由に，原告（取消債権者）の請求を棄却した。

しかし，債権者代位権が非金銭債権に拡張されたように，詐害行為取消権についてもその非金銭債権への適用が問題となる。より具体的には，不

動産の二重譲渡における特定物引渡請求権（特定物債権）が問題となり，最高裁は，次の大法廷判決によって，大審院時代の判例を変更している。

> **判例　詐害行為取消権と特定物債権**（最大判昭36・7・19民集15-7-1875）
>
> 　Aはその所有する建物をXに譲渡し，代金支払いと同時に移転登記をする旨を約束した。ところが，Aは，その建物をYに代物弁済として譲渡し，移転登記も済ませてしまった。この場合に177条によれば，Yが背信的悪意者でない限り，Xは建物を取得できないことになる。そこでXは，A・Y間の代物弁済が詐害行為であるとして，その取消しを求める訴を提起した。争点は，Xの債権が不動産の引渡しおよび移転登記を求める特定物債権であり，このような特定物債権についても詐害行為取消権が認められるか否かにある。
>
> 　最高裁は，「特定物引渡請求権といえどもその目的物を債務者が処分することにより無資力となった場合には，該特定物債権者は右処分行為を詐害行為として取り消すことができる」と判示した。その理由は，特定物引渡請求権（特定物債権）も，「窮極において損害賠償請求権に変じうるのであるから，債務者の一般財産により担保されなければならないことは，金銭債権と同様だからである」という点にある。そして最高裁は，昭和53年10月5日判決（民集32-7-1332）においても，この判旨を繰り返している。

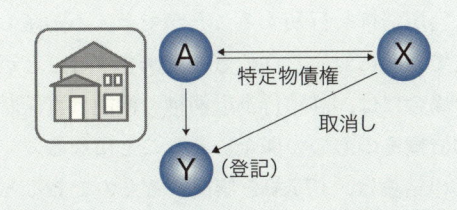

　この判決で注意を要するのは，最高裁が，特定物債権に基づく詐害行為取消権を認めているのではなく，その特定物債権が履行不能により金銭債権（＝損害賠償請求権）に変わることを理由にこれを認めている点である。

　もっとも，いずれは金銭債権に変わるとしても，特定物債権のままで詐害行為取消権を行使できるか否かについては，判決は必ずしも明確ではない。すなわち，この判決の理解としては，次の二つが可能である。

　① 　二重譲渡の事例では，Y（第2譲受人）への移転登記によりX（第1譲受人）の特定物債権は履行不能となるから，Xによる詐害行為取消

権の行使の段階では，Xの債権はすでに損害賠償請求権（金銭債権）に変わっている。つまり，最高裁は，詐害行為がなされた時点では金銭債権である必要はないが，詐害行為取消権を行使する時には金銭債権に変わっていなければならないことを明らかにしたものである。このように解すると，詐害行為取消権は，その本来の趣旨どおりに，責任財産を保全する制度である，ということになる。

② Xの債権は，取消権行使の時点においてもなお特定物債権のままである，と考えることもできる。すなわち，A・Y間の代物弁済契約は取り消されるべきものであるから，Xの特定物債権は未だ履行不能であるとは解されないとする。この見解によれば，Xは特定物債権のまま詐害行為取消権を行使することができ，不動産の登記名義をAに戻したうえで自己に対する移転登記請求をすることができる。したがって，この場合には，詐害行為取消権の機能は責任財産の保全ではなく，特定物債権そのものの保全にあることになる。

このうち，②の結論は，177条を無視するものであると批判されている。ただし，177条と424条はその要件を異にし，424条では債務者の無資力要件が課されていることには留意すべきである。

詐害行為取消権の趣旨が責任財産の保全にあることを考えると，①の解釈が妥当であり，その目的を越える②の考え方を支持することはできない。そうだとすれば，特定物債権は，少なくとも詐害行為取消権の行使の時までに金銭債権に変わっていることが必要である，と解される。

3-3 詐害行為の存在

（1） はじめに

かつての学説は，この要件を客観的要件（債務者の無資力）と主観的要件（債務者の詐害の意思）とに分解し，それぞれを独立に判断して，詐害行為の成立を判断していた。すなわち，客観的要件としては，行為時における債務者の財産のプラスとマイナスとを計算し，その残額が当該行為によってさらに小さくなり，債権者が全額の弁済を得られなくなることを要求する。それに加えて，主観的要件として，この無資力の事実を債務者が認識して

いれば，それ以上の意欲や害意を必要としないとした。

しかし，現実の判例は，この二つの要件を相互に関連づけ，総合的に判断して詐害行為の存否を決していることが指摘され，近時の学説もこのような判例理論を支持するものが多い。詐害行為といっても，その程度（詐害性）には質的な差異があり，また，債務者の悪意も単なる認識から積極的な害意まで幅がある。そうだとすれば，詐害行為の判断は，権利濫用や信義則などの一般条項と同じように，各種の事情を総合して判断すべきであるとの指摘が妥当であり，判例の具体的な解決も柔軟であると考えられる。

以下では，それぞれの要件を検討した後，その総合的な判断を行う。

(2) 客観的要件

(ｱ) **債務者の無資力**　詐害行為取消権の対象になる行為は，債権者を害する法律行為である（424条1項）が，財産権を目的としない法律行為は含まれない（424条2項）。

まず，「債権者を害する」とは，その財産の処分行為によって債務者が無資力になることである。この要件は不可欠であって，たとえ債務者が債権者を積極的に害する意図をもってその財産を処分しても，なお弁済の資力があれば，そもそも詐害行為とはならない。

債務者が無資力かどうかは，①処分行為の時点で判断されるとともに，②債権者が取消権を行使する時にも判断される。すなわち，債務者が，処分行為によっていったんは無資力となっても，その後資力を回復して，事実審の口頭弁論終結時に無資力でなくなっていれば，詐害行為は成立しないと解するのが通説である。

(ｲ) **財産権を目的とする法律行為**　詐害行為取消権の対象とならない「財産権を目的としない法律行為」とは，家族法上の行為である。すなわち，婚姻，離婚，養子縁組，相続の承認などであり，たとえこれらの行為によって債務者の資産が悪化しても，本人の意思を尊重すべきであるから，債権者が介入することは許されない。

ただし，家族法上の行為であっても，詐害行為取消権の対象となるものも存在する。例えば，離婚に伴う財産分与（768条）は，原則として詐害

行為取消権の対象となりえないが，その「趣旨に反して不相当に過大であり，財産分与に仮託してされた財産処分であると認めるに足りるような特段の事情」がある場合には，取消しの対象になる（最判昭58・12・19民集37-10-1532）。そして，そのような特段の事情が認められる場合には，「不相当に過大な部分について，その限度において詐害行為として取り消されるべき」であるとするのが判例である（最判平12・3・9民集54-3-1013）。

また，相続放棄（938条以下）は，相続人の意思を尊重すべきであるから，詐害行為取消権の対象とはならない（最判昭49・9・20民集28-6-1202）。しかし，共同相続人の間でなされた遺産分割協議は，詐害行為取消権の対象となる（最判平11・6・11民集53-5-898）。なぜなら，遺産分割協議は，「相続財産の帰属を確定させるものであり，その性質上，財産権を目的とする法律行為である」と考えられるからである。

（3） 主観的要件―詐害の意思

詐害行為取消権が認められるためには，債務者に詐害の意思がなければならない。もっとも，これは，単なる債務超過の認識で足りるのか，それとも，債権者を害する意思（害意）まで必要なのかは，条文上必ずしも明らかではない。

この問題につき判例は，一方で，複数の債権者のうちの1人に対して新しい抵当権を設定した事案に関して，債務者の害意は必要ではなく，単なる債務超過の認識でよいとした（最判昭35・4・26民集14-6-1046）。しかし他方で，一部の債権者への弁済については，債務者が特定の債権者と通謀して他の債権者を害する意図が必要である，と判示している（最判昭48・11・30民集27-10-1491；ただし，代物弁済の事案）。

この両者の違いは，その行為の客観的性質の違いに由来する。すなわち，弁済は債務者としてなすべき義務であり，請求があれば拒めないため，それが詐害行為であるとされるためには，債務者の通謀（害意）が必要である。これに対して，新たな担保権の設定は，特定の債権者に優先弁済を受けさせるものであるから，それ自体が他の債権者を害する行為である。そこで，主観的要件としては，単なる認識で足りるとされている。

このように，主観的要件は独立の要件ではなく，客観的要件との総合

的・相関的な判断によって決せられるものである。換言すれば，行為の詐害性が強ければ，主観的要件は単なる認識でよく，他方，行為の詐害性が弱ければ，主観的要件としてはそれが「通謀」（害意）によってなされたことが要求されよう。

そこで，判例にあらわれた，両要件の総合的・相関的な判断の具体例を検討する。

（4） 二つの要件の総合的判断

詐害行為となるか否かが問題になる具体例としては，以下のものがある。ここでは，詐害性の弱いものから順に検討する。

(i) **一部の債権者への弁済** 前述のように，弁済は債務者としてなすべき義務であり，請求があればこれを拒めない。しかも，本旨に従った弁済であれば，確かに債務者の責任財産は減少するけれども，負債もまた減少する。そこで，判例は，原則として詐害行為にあたらないとしつつ，一部の債権者と「通謀」してこれを行えば詐害行為になるとする（最判昭33・9・26民集12-13-3022，最判昭52・7・21判時867-58）。

(ii) **代物弁済** 代物弁済は債務の本旨に従った履行ではなく，債務者がこれを行うか否かはその自由に任されている。そこで，判例の全体的な傾向としては，不相当な価格による代物弁済はもちろん（最判昭42・6・29判時492-55），相当な価格による代物弁済も詐害行為にあたるとするものが多い（最判昭48・11・30民集27-10-1491，最判昭50・7・17民集29-6-1119）。

(iii) **不動産などの財産の譲渡** 不動産の譲渡は，不相当な価格であればもちろん，相当な代価によるものでも詐害行為になりうる。不動産が，消費されやすい金銭に代わるからである（大判明44・10・3民録17-538，大判大7・9・26民録24-1730）。ただし，債務者が抵当権を消滅させるための弁済資金を調達するために，別の不動産を売却した場合には，詐害行為にあたらないとした判決がある（最判昭41・5・27民集20-5-1004等）。しかし，この場合にも，債務者の動機が考慮され，害意があれば詐害行為にあたるとされる（大判昭7・12・13新聞3506-7等）。

(iv) **一部の債権者への担保権の設定** 特定の債権者を優先させることになるため，原則として詐害行為にあたる。ただし，新たに担保権を設定し

た場合でも，それが生活費や子供の教育費を得るため（最判昭42・11・9民集21-9-2323），または，営業を継続するため（最判昭44・12・19民集23-12-2518）であれば，詐害行為にならないとされている。

　(v)　**無償行為**　　債務者の法律行為が無償または不相当に廉価でなされた場合には，詐害行為となることに異論がない。

3-4　受益者・転得者の悪意
(1)　悪意の立証責任*
　424条1項但書は，受益者または転得者の悪意を要件とする。すなわち，これらの者が，詐害行為または転得の時に，「債権者を害すべき事実」を知っている場合にのみ，詐害行為取消権が生ずる。ただし，債務者の通謀が要求される類型の詐害行為については，単なる悪意でなく，債務者との通謀が要求されることになる。

　ところで，債務者の悪意の立証責任は，原則に従って，原告（債権者）側が負う。これに対して，受益者・転得者の悪意の立証責任は，債権者が負うのではなく，受益者・転得者の側で，悪意でなかったことを立証しなければならない，と解されている。その理由は，①424条1項但書が詐害行為取消権の行使を阻止する事由であると解されること，および，②債務者が詐害行為を行う場合には，受益者・転得者も悪意であることが多い，ということにある。

(2)　受益者・転得者の一方のみが悪意の場合
　受益者と転得者が存在する場合に，その両者が善意であれば，詐害行為取消権は行使されないことは明らかである。問題となるのは，このうちの一方が善意で，他方が悪意の場合の処理である。この点について，判例は必ずしも明らかではない。しかし，学説は以下のように解している。

　(i)　**受益者が悪意・転得者が善意**　　この場合に債権者は，善意の転得者に対しては目的物の返還請求をなしえない。しかし，受益者に対しては，目的物に代わる**価格賠償**を請求することができる。

　(ii)　**両者が悪意**　　債権者は，その選択により，受益者に対して価格賠償を請求してもよいし，転得者に対して現物返還を求めてもよい。

(iii) **受益者が善意・転得者が悪意**　学説には，受益者が善意である場合には詐害行為が成立せず，債権者は転得者に対して取消しの訴えを提起できないとする見解もある。なぜなら，転得者を相手とする場合でも，取消しの対象となる詐害行為は債務者と受益者との間の行為であるからである。しかし，判例のように，取消しの効果が相対的であると考えれば，悪意の転得者との関係でのみ詐害行為を取り消すことも可能である。そして最高裁も，「受益者又は転得者から転得した者が悪意であるときは，たとえその前者が善意であっても債権者の追及を免れることはできない」とした（最判昭49・12・12金法743-31──ただし，受益者が悪意，転得者が善意，転々得者が悪意の事案）。それゆえ，債権者は，転得者に対して目的物の返還を請求することができる。

　問題となるのは，この場合に転得者が，前主である売主（受益者）に対して追奪担保責任（561条）を追及することができるか否かである。通説はこれを否定する。その理由は，かりにこれを認めると，善意の受益者も転得者に対して損害賠償を支払わなければならず，相対的取消しの意味がなくなること，および，転得者は自らの事情によって権利を失ったのであるから，受益者の担保責任を認めるのは妥当でないことの2点である。この見解を前提とすれば，転得者は，債務者に対して不当利得の返還を請求することとなろう。すなわち，債務者に返還された財産により債務が弁済されたことが，債務者の利得となると考えられる。

＊　**詐害行為取消権の立証責任**　詐害行為取消権を主張する者は，被保全債権が存在すること，債務者が法律行為をしたこと，その法律行為によって債務者が無資力となったこと，および，債務者の悪意を主張・立証しなければならない。財産権を目的とする法律行為でないこと（424条2項）の主張・立証責任については，見解が分かれている。多数説は，取消しを主張する側が，債務者の法律行為が財産権を目的とするものであることを主張・立証すべきであるとする。

　これに対して，取消しの効果を争う側は，受益者または転得者が善意であったことを主張・立証することになる。このほか，時効（426条）については，時効の利益を受ける者が主張・立証しこれを援用すべきである。ただし，20年が除斥期間であるとすれば援用は不要である。

4 効　果

4−1　行使方法・範囲

（1）裁判所への請求

　債権者代位権と異なり，詐害行為取消権は裁判所へ訴えることにより行使しなければならない（424条1項本文）。これは，反訴でもよい（最判昭40・3・26民集19-2-508）が，抗弁による行使はできない（最判昭39・6・12民集18-5-764）とするのが判例である。

　また，詐害行為取消権は，2年間の短期消滅時効にかかる（426条）。その趣旨は，悪意の証明が困難であるため，紛争の長期化を防ぐことになる。なお，426条の20年は除斥期間である（通説）。

（2）行使の範囲

　㋐　**金銭の引渡しの場合**　　債権者が取り消すことができる範囲は，自己の債権額に限られるか。例えば，AのBに対する債権額が1,000万円で，Bがその所有する財産1,200万円のうち600万円をCに贈与したとする。この場合に，Aは贈与契約全体を詐害行為であるとして取り消し，600万円の返還を求めることができるか。

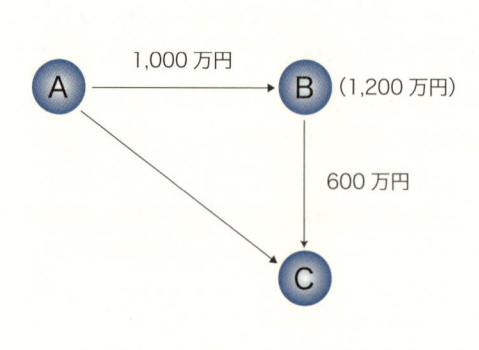

　判例は，取消債権者の債権額を越えることはできないとする。したがって，この場合にAは400万円の限度で取り消すことになる（大判大9・12・24民録26-2024）。詐害行為取消権は，詐害行為によって損害を受けた債権者を救済する制度であるから，その救済に必要な限度において取り消すことができるにすぎない，というのがその理由である。

　しかし，詐害行為取消権が，総債権者のために債務者の責任財産を保全する制度である（425条）とすれば，他の債権者が存在し，配当加入を申し出ることが明らかである場合には，債権額を越えてすべての金額を取り

戻すことができる，と解することもできる。この点において，判例は425条の意味を失わせ，詐害行為取消権を総債権者のためではなく，債権者による自己の債権の回収手段としてとらえている，との評価もできよう。

　(イ)　**金銭以外の財産の引渡しの場合**　　金銭以外の財産で，目的物が不可分な場合はどうか。とりわけ，不動産が問題となる。

　判例は，原則として，債権者が債権額を越えて全部取り消すことができるとする（最判昭30・10・11民集9-11-1626）。この判決は，目的物が建物である場合に，債権者の全部の取消しを認め，登記の債務者名義への回復を命じたものである（同旨，最判昭54・1・25民集33-1-12）。

　しかし，このような全部取消しを認めると，不当な結果が生ずる場合がある。具体的には，詐害行為により抵当権が消滅する場合である。

[設例]　Aは，その唯一所有する5,000万円の土地に，Aに対して3,000万円の債権を有するYのために抵当権を設定した。その後，Aは，右土地を代物弁済としてYに譲渡し，その結果，抵当権の登記も抹消された。他方，Xは，Aに対して4,000万円の債権を有していたため，AY間の代物弁済契約を詐害行為であるとして取り消した。

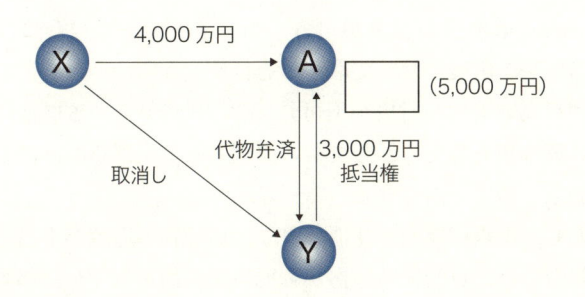

　この場合に先の原則を適用して，目的物が不可分であるから全部の取消しを認めるとすれば，次のような不都合が生ずる。すなわち，全部取消しの結果，不動産の登記名義がAに回復するとしても，一度消滅した抵当権の登記を復活することはできず，不動産は抵当権のないものとしてAに回復されることになる。そうすると，受益者Yは，もともとは抵当権者であ

ったにもかかわらず，取消しの結果無担保の一般債権者の地位に落ちてしまう。これでは，詐害行為にかかわったとしても，Yの利益を不当に害することになる。他方，債権者Xは，もともと抵当権の存在を覚悟していたはずである。換言すれば，Xは，不動産の価格から抵当債権額を控除した残額（5,000万円−3,000万円＝2,000万円）が責任財産であると考えていたはずである。にもかかわらず，不動産が抵当権のないものとして返還されると，Xに予期していた以上の利益を与えることになる（5,000万円すべてが共同担保となる）。

そこで判例は，このような場合に一部取消ししか認めず，債権者は価格の賠償を請求する以外にないとする。すなわち，[設例]の場合には，土地の価格（5,000万円）から抵当債権額（3,000万円）を控除した残額の部分（2,000万円）に限って取消しが許されることになる（前掲最大判昭36・7・19）。なぜなら，詐害行為取消権の目的は，債務者の責任財産から抵当権などの優先弁済権を控除した「共同担保」を保全することにあるからである。そしてこの結論は，その後の最高裁においても確認されている（最判昭63・7・19判時1299-70，最判平4・2・27民集46-2-112）。

　(ウ)　**まとめ**　以上の判例法理をまとめると，次のようになる。

①　詐害行為取消権の対象が可分（特に金銭）である場合には，債権者は自己の債権額の限度において取消権を行使しうる。

②　詐害行為取消権の対象が不可分（特に不動産）である場合には，たとえ債権者の債権額を超えるとしても，原則として全部を取り消し，目的物の返還を請求することができる。

③　ただし，抵当権登記の抹消により，目的物の返還が不当であると認められる場合には，目的物の価格から抵当債権額を控除した残額についてのみの価格賠償が認められるにすぎない。

4−2　現物返還・価格賠償

(1) 原　　則

取消債権者は，受益者または転得者に対して，債務者の責任財産から逸出した利益または財産の返還を求めることができる。ここにいう利益・財

産とは，現実には金銭または不動産に限られる。そして，不動産については，取消債権者は，債務者名義への登記の回復を求めることができるだけであって，直接に自己名義への登記の回復を求めることはできない，というのが判例法理である（前掲最判昭53・10・5）。その理由は，①逸出財産が，総債権者の共同担保として回復されるにすぎず（425条），取消しによりその債権者の優先的権利が生じるわけではないことに加えて，②不動産の二重譲渡の事案では，取消債権者への移転登記を認めると，177条に反することになるからである。

したがって，取消債権者は，逸出した不動産の登記名義が債務者に回復された後に，債務者に対して改めて金銭債権者として強制執行を行い，その債権額に応じて配当を受けるにとどまる。これに対して，詐害行為取消権を取消債権者による債権回収制度であると位置づける立場からは，判例・通説のように現物返還を原則とするのではなく，価格賠償を原則とすべきであるとの主張がなされている。

(2) 例　　外

現物の返還が不可能な場合には，取消債権者は価格賠償を求めることができる。もっとも，その法的根拠は必ずしも明らかでなく，一種の不当利得返還請求権であるとする見解と，不法行為に基づく損害賠償請求権であるとする見解がある。

問題となるのは，不動産の返還に代わる価格賠償において，地価が変動している場合には，その算定の基準時をいつの時点で行うかである。判例は，原則として，取消訴訟の事実審口頭弁論終結時を基準とすべきであるとする（最判昭50・12・1民集29-11-1847）。

その理由は，事実審の口頭弁論終結時に取消しの効果が生じ，受益者または転得者は財産回復義務を負担するため，その時点を基準とするのが制度の趣旨に合致するからである。ただし判決は，地価の予想外の高騰により，受益者が極端な不利益を受ける場合には，債権者と受益者の公平を考慮して，その例外を認める余地を残している。

(3) 金銭の返還

取消しの結果，受益者または転得者が金銭を引き渡すべき場合（価格賠

償を含む）には，取消債権者は自己に直接に支払いをなすべき旨を請求することができる（大判大10・6・18民録27-1168，最判昭39・1・23民集18-1-76）。このような金銭は総債権者の共同担保となるべきものである（425条）から，受益者が債務者に返還しなければならない，とも考えられる。しかし，そう解すると，債務者が受領しない場合には対処できない。そこで，取消債権者が直接に受益者に返還請求できると解さざるをえない*。

その結果，詐害行為取消権においても，債権者代位権と同様の問題が生じる。すなわち，債権者は，受け取った金銭を債務者に返す義務を負うが，金銭の場合には本来の債権と相殺することによって，債権者が事実上優先弁済を受けることになる。問題となるのは，この場合に，他の債権者が425条を根拠に取消債権者に対して分配請求をすることができるか否かにある。

判例は，この問題を否定に解する（最判昭37・10・9民集16-10-2070）。確かに，取消債権者には優先弁済権はない。しかし，他の債権者に金銭を分配する手続がないため，事実上優先弁済されることもやむをえない，というのがその理由である。

では，取消しの相手方である受益者も債権者の一人であった場合に，取消債権者からの返還請求に対して，自分に分配されるべき額を控除して返還すると主張することはできるか。この点が争われたのが，次の判例である。

> **判例　取消債権者に対する分配請求の可否（最判昭46・11・19民集25-8-1321）**
>
> 　事案は単純化すると次のようであった。債務超過に陥っているA会社は，その大口の取引先であり，2,000万円の債権を有しているY会社の取締役と通謀して，Yに対してのみ500万円を弁済した。そこで，Aに対して500万円の債権を有しているXが，この弁済を詐害行為であるとしてその取消しを請求し，Yに対して500万円の返還を求めた。これに対してYは，自分も債権者であるから，この500万円はXとYの債権額に応じて按分されるべきであるとして，100万円の限度でのみ返還に応じると主張した。原審はYの主張を排斥し，Y上告。

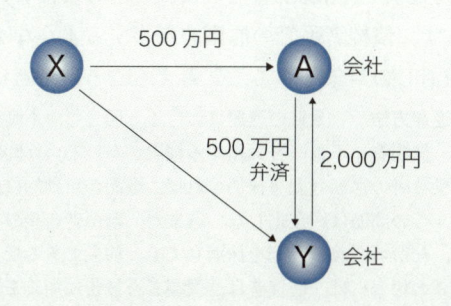

```
    X ──500万円──→ A 会社
     ↘           ↗
    500万円   2,000万円
    弁済
         ↘   ↗
          Y 会社
```

　最高裁も，Yの配当要求を否定して，その上告を棄却した。Yのように按分額の支払いを拒むことができるとすれば，「いちはやく自己の債権につき弁済を受けた受益者を保護し，総債権者の利益を無視する」ことになるから，詐害行為取消権の制度趣旨に反する，というのがその理由である。

　しかし，そうだとすれば，XはYに対して直接に500万円の引渡を請求でき，その結果，事実上優先弁済を受けることができる。この結論につき，最高裁は，確かに他の債権者への金銭の分配につき「立法上考慮の余地はある」としながらも，これは「やむをえないこと」であり，Yの配当要求を認める根拠にはならないと判示している。

　この判決に対しては，債権の回収に勤勉な債権者が敗れ，後に登場した取消債権者が優先される結果となるとの批判がなされている。しかし，多数説は，判例の結論を立法の不備であるとして容認する。すなわち，立法論としては，債権者が，受益者または転得者に対して供託すべき旨を請求しうるにとどまるか，少なくとも，金銭を裁判所に提出して，他の債権者に配当加入の機会を与えるべきであるとする。しかし，現行法はこのような手続について規定がないため，判例の結論はやむをえないとする。

　他方，詐害行為取消権を取消債権者の債権回収制度として把握する立場から，判例の結論を積極的に評価する見解もある。すなわち，詐害行為取消権が訴えによって行使されなければならない権利であるから，取消債権者に多大の費用と労力とを負わせるものであり，債権回収にこのような努力を払った債権者に優先的地位を与えることこそが合理的であるとする。

　なお，従来の判例理論との整合性を図りつつ，債権の回収に勤勉な債権

者が劣後するとの批判を回避するために，一部の債権者に対する弁済は詐害行為にあたらず，債権者平等の原則を侵害するような不当な債権回収のみを例外的に取消しの対象とする，と考えることも考慮に値しよう。

* **不動産の返還方法**　　金銭の返還におけると同じく，不動産の返還に関しても，理論的には，債務者に不動産を受領する権限がないという問題が生じる。しかし，現実には，受益者の移転登記を抹消すれば，登記が自動的に前主（債務者）名義となるため，この問題は顕在化しない。また，転得者名義の不動産の返還を求める場合には，転得者名義の登記を抹消しても，前主である受益者の名義になるに過ぎない。この場合には，債権者は，受益者を被告に加えるか，または，転得者に対して，債務者への移転登記を請求することになる。

V 多数当事者の債権債務関係

1 「多数当事者の債権及び債務」の規定

1 二つの機能

債権編総則427条以下の第3節「多数当事者の債権及び債務」には、二つの異なる機能を有する制度が規定されている。一つは、同一の給付（債権関係）について、二人以上の債権者または債務者が存在する場合である。例えば、ABCの三人が共同して事業を始めるにあたり、事務所として都心のビルの一室を借りた場合に、その賃料債務をどのように負担するかが問題となる。また、ABCの三人が共同相続人として、被相続人の債権債務を承継する場合にも同様の状況が生じよう。民法は、これらの場合に対処するものとして、分割債権・債務（427条）、不可分債権・債務（428条以下）、連帯債権・債務を定めた。さらに、規定はないが、解釈論上、不真正連帯債務が認められる。

ところで、債務者が複数存在するということは、債権の回収をより確実にすることを意味する。そこで、多数当事者の債権債務のもう一つの機能としては、債権の人的担保が挙げられる。このような機能を営むものとしては、上記の連帯債務（432条以下）や不可分債務（430条）も挙げられるが、その典型は保証債務（446条以下）である。

2 債権者・債務者が複数存在する場合

上記のように、二人以上の者が債権者または債務者となることはまれではない*。その場合に主に問題となるのは、次の3点である。第1に、債権者・債務者間でどのように請求がなされるかが問題となる。すなわち、複数の債権者がいる場合に、各債権者は全額の請求ができるか、その一部

の請求にとどまるか，また，債務者が複数いる場合には，各債務者は全部の履行を請求されるか否かが問題となる。第2に，例えば時効の中断など，債権者または債務者の一人について生じた事由が他の債権者または債務者に影響するかが問題となる。そして，第3に，複数の債権者・債務者間の内部関係が問題となる。すなわち，複数の債権者の一人が受領した弁済を他の債権者にどのように分配するか，また，複数の債務者の一人が全額を弁済した場合に他の債務者がどのように負担するかが問題となる。

民法の規定も，これら三つの問題を念頭に置きつつ，定められているといえよう。

＊ **物権の共同所有との対比** 民法では，一つの物を二人以上の者が所有する場合の共同所有関係につき共有の規定（249条以下）を設け，そのほかにも，総有および合有という概念が認められている。多数当事者の債権関係も，このような物権の共同所有関係と類似する面が多く，両者を対比させて考える必要がある。例えば，ABCの三人が一つの不動産を買うような場合には，一つの売買契約から，不動産の共有と代金債務の共同の負担とが同時に生じることになる。

(1) **債権・債務の共有的帰属** 民法は，複数の者が所有権以外の財産権を有する場合（準共有）にも物権の共有の規定が準用されるとしたうえで，「法令に別段の定めがあるときは」それによるとした（264条）。それゆえ，債権の共有については，多数当事者の債権関係の規定（427条以下）が適用され，物権の共有の規定は準用されない。また，債務の共有についても同様に解されている。もっとも，債権・債務の共有といっても，債権関係の場合には，一つの債権・債務が二人以上の者に帰属するのではなく，債権者または債務者の数だけ債権・債務が存在するため，物権の共有と全く同じではない。

(2) **債権・債務の合有的帰属** 債権・債務の合有も，債権者または債務者の数だけ債権・債務が存在する点では，債権の共有と共通する。しかし，その債権・債務は，各構成員に分割されずに全体に及び，債権の取り立てや処分も全員が共同してのみ行うことができる。例えば，組合財産は，民法によれば，総組合員の「共有」であるとされている（668条）が，判例・学説ともに，これを合有であると解している。その結果，組合財産に含まれている債権・債務も総組合員に合有的に帰属し，組合の債権は全員が共同でこれを取り立て（あるいは業務執行組合員が全員の名でこれを行う），また，組合の債務も全員が共同して債務の全額を履行すべきであるとされる。

(3) **債権・債務の総有的帰属** これに対して，債権・債務の総有は，債権・債務が総有団体に一つのものとして帰属（各構成員は持分を有しない）する。し

たがって，総有債権の取立て・処分は団体のみが行い，かつ，債務の弁済も総有財産をもってなされ，原則として構成員は責任を負わない。このような総有団体の具体例としては，入会集団や権利能力なき社団（最判昭32・11・14民集11-12-1943）が挙げられる。

3　人的担保制度

　債権の効力は，究極的には債務者の責任財産に依存する。そこで，債権者としては，自己の債権を確実に実現するために，次の二つの方法のいずれかをとることを考えなければならない。

　一つは，債務者の責任財産をあてにしつつも，他の債権者に優先して弁済を受ける手段であり，これが物的担保制度である。物的担保には，民法典に規定されている4種類の典型担保（留置権・先取特権・質権・抵当権）のほか，譲渡担保・仮登記担保・所有権留保などの非典型担保がある。

　もう一つは，債務者以外の者の有する責任財産をあてにするものであり，これが人的担保である。すなわち，前述のように，保証・連帯債務・不可分債務がある＊。

　＊　**人的担保と物的担保の比較**　　人的担保は，結局は債務者の数を増やすにすぎないから，例えば保証人となった者が無資力であれば，債権は満足を得られないことになる。もちろん，債権者は保証人として資力のある者を選ぶ。しかし，その者が後に資力を失うこともあるため，人的担保には常に不安がつきまとう。これに対して，物的担保は，その目的となる財産の評価を誤らず，かつ，土地のように価値の容易に減少しない物を対象とすれば，債権を確実に回収でき，担保手段としては信頼できる。

　　しかし，物的担保は，その目的物となりうる物を有している者しか利用できない（土地や高価な物は，みんなが持っているわけではない）。しかも，物的担保の設定および実行には費用がかかり，また，煩雑な手続が必要である。例えば，抵当権や仮登記担保を設定するには登記をしなければならず，登録免許税および司法書士の手数料がかかる。これに対して，人的担保は，財産を持たない者でも利用することが可能であり，かつ，設定手続も容易である。例えば，保証人を立てる場合には，債権者と保証人の合意だけでよい。

　　以上のように，人的担保と物的担保には一長一短があり，実務においてはその両者が設定されることが多い。例えば，銀行から住宅ローンを借りる場合には，

債務者は，不動産に抵当権を設定するとともに，（連帯）保証人も立てるのが通常である。

② 分割債権・債務

1 概　説

1-1 分割の原則
　一つの債権・債務について複数の当事者が生じた場合，分割可能である限り，債権・債務ともに頭割りで分割される，というのが民法の原則である。ただし，目的物が分割できない（不可分）場合や，特約がある場合には，例外が認められる（427条）。例えば，1船分の木材を二人が共同して買った場合には，目的物について不可分の特約がなされるなどの特段の事情がない限り，買主両名の債務は分割債務である，とするのが判例である（最判昭45・10・13判時614-46）。

　このように，分割債権・分割債務が原則とされるのは，物権の共同所有をできる限り個人所有に還元しようとするのと同じく，個人主義の現れであるとされている。

1-2 原則の問題点
　しかし，分割債権・分割債務の原則を貫くと，次のような問題が生じることになる。

　まず，分割債務では，債権の効力が弱くなり，債権者に不測の損害を与えるおそれがある。例えば，AがBおよびCに1,000万円の債権を有し，Bは1,000万円，Cは200万円の資産を有していたとする。この場合に，B・C両名の債務が分割債務であるとすると，Aは，BおよびCに対してそれぞれ500万円づつしか請求できないこととなり，合計700万円しか債権を実現できないことになる（図1）。

　他方，分割債権は，債務者にとって不都合である。例えば，Aが債権者

(図1)
A →500万円→ B (1,000万円)
(1,000万円)
A →500万円→ C (200万円)

(図2)
A →1,000万円弁済→ B
(1,000万円)
A →500万円→ C

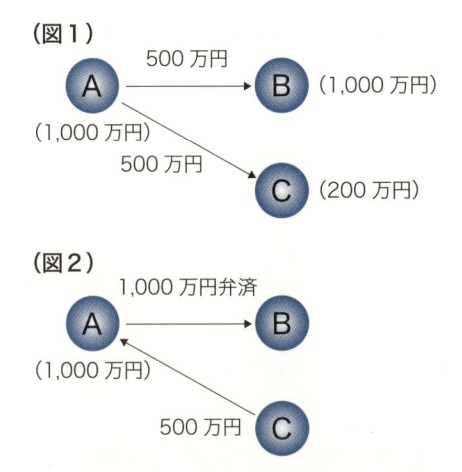

であるB・Cに1,000万円の債務を負い，これが分割債権であるとすると，Aが仮にBに1,000万円弁済しても，なおCに500万円支払わなければならないことになる（図2）。

したがって，民法では分割が原則であるけれども，その認定は慎重に行わなければならない。

2　分割債権・債務の効力

2−1　履行の請求

各債権・債務は，相互に独立したものとして扱われる。すなわち，各債権者は自己の債権を単独で行使することができ，また，各債務者は分割された自己の債務のみを弁済すればよい。

2−2　相対的効力

分割債権・債務関係においては，一人の債権者または債務者に生じた事由は相対的効力しか有さず，他の債権者・債務者に何の影響も及ぼさない。それぞれ相互に独立した債権債務関係があるにすぎないからである。

③　不可分債権・債務

1　意　義

不可分債権・債務とは，分割することのできない給付（不可分給付）を目

的とする多数当事者の債権債務・債務をいう。不可分給付には，目的物の性質上給付を分割できない場合と，当事者の意思表示によってそうなる場合とがある（428条）。しかし，当事者の意思表示によって不可分給付となる例は，現実にはほとんど存在しない。

これに対して，性質上の不可分給付とされるのは，以下のような場合である。

(ア) **不可分債権の例**　第1に，競業をしない債務や講演をする債務のように，なす債務の多くは事実上分割して給付することができないものである。したがって，一人が数人に対して講演をする義務を負ったときに，その数人が有する債権は不可分債権となる。

第2に，一つの物の引渡しを目的とする債務も不可分であり，数人が一人の者に対して有する一つの物の引渡請求権は不可分債権となる。例えば，使用貸借契約の終了を原因とする家屋明渡請求権は，性質上の不可分給付を求める権利で，貸主が数名あるときは不可分債権となる（最判昭42・8・25民集21-7-1740）。

(イ) **不可分債務の例**　不可分債権におけると同じく，一つの物の引渡しを目的とする債務は，性質上の不可分債務となる。例えば，共有する自動車を引き渡す債務は不可分債務である。これに加えて，判例は，共同賃借人の賃料債務も，反対の事情がない限り，不可分債務であるとする（大判大11・11・24民集1-670）。この場合に，賃料債務そのものは金銭債務であり，可分である。しかし，賃料は，賃借物の全部を使用収益したことに対する対価であるから，賃貸人が各賃借人に対して分割された額しか請求できないとするのは不当であるため，不可分債務であると解されている。その結論に異論はない。しかし，学説の中には，この場合の賃料債務を，不可分債務ではなく，連帯債務であるとする見解もある（淡路）。この見解は，金銭債務である賃料債務を，性質上の不可分給付であると解するのはあまりに擬制的であり，むしろ連帯債務を推定する方が合理的であるとする。

なお，不可分債権・債務の目的となる給付が不可分なものから可分なものに変わった場合には，その債権・債務は分割債権・債務となる（431条

参照)。例えば，家屋の引渡債務が債務者の責に帰すべき事由によって履行不能となり，填補賠償義務に変わった場合があげられよう。そして431条は，不可分債務についてしか規定していないが，不可分債権も同様であり，分割債権・債務が原則とされていることの帰結である。

2 不可分債権の効力

2-1 履行の請求

不可分債権においては，各債権者は，総債権者のために履行を請求することができる (428条)。すなわち，多数の債権者のうちの誰もが，債務者に対して，単独で自己に給付すべきことを請求することができ，債務者は，債権者のうちの誰か一人に履行をすれば債務を免れることとなる。その結果，一人の債権者の請求は，すべての債権者のために効力を生じ，これを理由とする時効の中断 (147条1号) も，他の債権者のためにも効力を生じる。また，一人の債権者に対する弁済や弁済の提供の効果も，すべての債権者に対して効力を生じる。

2-2 相対的効力

請求と履行以外の事由は，相対的効力しか生ぜず，他の債権者に影響しない (429条2項)。したがって，一人の債権者と債務者との間で免除または更改がなされても，他の債権者は債務の全部の履行を請求することができる (429条1項本文)。ただし，全部の弁済を受けた債権者は，免除または更改をした債権者に分与すべき利益を，直接に債務者に償還することとし (429条1項但書)，免除または更改をした債権者と債務者との決済を簡易にした。

2-3 債権者相互間の関係

不可分債権者の一人が債務者から全額の弁済を受けた場合には，民法に規定はないが，それを他の債権者に対して，内部的な持分の割合に応じて分配すべきである。

3　不可分債務の効力

不可分債務には，連帯債務の規定が準用される（430条本文）。ただし，絶対的効力事由の適用はない（430条但書）。それゆえ，債権の担保的効力は，連帯債務よりも強力である*。

> *　**連帯債権**　連帯債権とは，数人の債権者が，同一内容の給付につき，各自が独立に全部の給付をなすべき債権を取得し，債務者が債権者の一人に履行をすれば債務を免れる多数当事者の債権関係のうち，債権者間に連帯関係がある場合をいう。このように債権者間に連帯関係がある点で，連帯債権は不可分債務と異なる。しかし，現実には連帯債権はほとんど利用されることがなく，民法も規定を置いていない。

4　連帯債務

1　意　義

　連帯債務とは，数人の債務者が，同一内容の給付につき，各自が独立に全部の給付をなすべき債務を負担し，債務者のうちの一人の給付があれば他の債務者も債務を免れる多数当事者の債権関係のうち，債務者間に連帯関係のある場合をいう。

　民法432条によれば，数人の債務者が連帯債務を負う場合には，債権者がそのうちの一人に対してでも，複数人に対してでも，同時に履行を請求することができる。また，債権者は，その債権の全部または一部を請求できるとされる。それゆえ，連帯債務の内容は，同一であり，かつ，可分であることが明らかであり，具体的には金銭債務が想定されている。

　例えば，ＡＢＣの三人が300万円の債務を負担している場合において，この債務が分割債務であれば，ＡＢＣは各100万円しか負担しない。それゆえ，債権者は，仮にＡが無資力になれば，ＢとＣから合わせて200万円を回収できるにすぎない。これに対して，連帯債務であれば，債権者は，ＡＢＣの一人または全員に対し，全額300万円を請求できる。また，三人

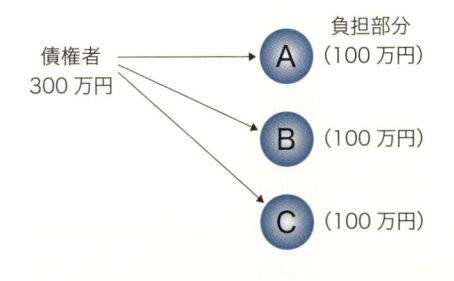

のうち一人を選んでもよい。しかも，後述する保証債務と異なり，連帯債務には付従性・補充性がない。その意味では，連帯債務においては，債権の担保力が強化されているといえよう。

連帯債務は，意思表示（主に契約）または法律の規定によって生じる。このうち，契約によって連帯債務が成立する場合には，保証と同じく，約定による人的担保の機能を有する。しかし，後述のように，担保手段としての合理性は保証の方がはるかに優れ，現実に連帯保証が主に用いられている。そうだとすれば，連帯債務の機能は，必ずしも明らかではない。連帯債務が実際に問題となるのは，共同不法行為（719条）であり，これは法律の規定に基づく連帯債務である。しかし，民法719条に関しては，一般に連帯債務ではなく，**不真正連帯債務**が成立する，と解されている（後述）。したがって，この意味においても，連帯債務の意義は大きくない。

2　連帯債務の効力

2−1　相対的効力の原則

連帯債務者の一人について生じた事由は，他の連帯債務者に対して効力を生じない（440条——相対的効力）のが原則である。例えば，連帯債務者の一人につき無効または取消原因があっても，他の債務者の効力を妨げない（433条＝注意規定）。ただし，明文はないが，連帯債務者の一人が全部または一部の弁済（代物弁済・供託も同じ）をすれば，その弁済の限度で債務は消滅する。

なお，連帯債務者の全員またはそのうちの数人が破産手続開始の決定を受けたときは，債権者は，その債権の全額について各破産財団の配当に加入することができる（441条）。

2−2 絶対的効力事由

（1） 民法の規定

民法434条から439条では，相対的効力の原則に対する例外が定められている。これらは，他の債務者に影響する「絶対的効力事由」と呼ばれるものであり，具体的には以下の六つのものが掲げられている。

㋐ **請求** 連帯債務者の一人に対する履行の請求は，他の債務者に対しても効力を生じる（434条）。その主たる効果は，時効の中断である（147条1号）。それゆえ，債権者が時効を中断するには，連帯債務者のうちの一人に対して請求すればよく，全員に対して請求する必要がない。この意味では，債権の担保力が強化されている。

㋑ **更改** 連帯債務者の一人と債権者との間に更改が行われたときは，債権が消滅し，他の債務者は債務を免れる（435条）。先の例で，Aが債権者との間で，300万円の連帯債務に代えて特定の不動産を引き渡す旨の合意（更改）がなされたときは，BCともに300万円の債務を免れる。その結果，連帯債務の担保力は弱められる。しかし，債権の全部について更改をするのが当事者の通常の意思であることを考慮して，このような規定が設けられている。それゆえ，反対の特約は有効である，と解されている。

㋒ **相殺** 連帯債務者の一人が債権者に対して反対債権を有し，これを自働債権として相殺をするときは，債権はすべての連帯債務者の利益のために消滅する（436条1項）。相殺は，弁済と同じく債権の消滅をもたらすものであるため，当然の規定である。

では，連帯債務者の一人が反対債権を有するものの，相殺の意思表示をしない場合に，他の連帯債務者がこの反対債権を援用して相殺できるか。この問題につき，民法は，反対債権を有する連帯債務者の負担部分についてのみ，他の連帯債務者が「相殺を援用することができる」とした（436条2項）。その趣旨は，当事者間における債権債務関係の簡易な決済にある。ただし，「相殺を援用する」というのは，具体的に何を意味するのか，については見解が分かれている。

判例は，他の連帯債務者に，反対債権をもって相殺する権限を与えたも

のであるとする（大判昭12・12・11民集16-1945）。先の例で，A（負担部分は100万円とする）が債権者に対して150万円の反対債権を有しているとすれば，BまたはCは，Aの債権のうち100万円につき相殺することができる。その結果，債権者の債権は200万円となり，Aの反対債権も50万円に減少することになる。

しかし，現実に相殺をするかどうかはAの自由であり，他の連帯債務者が勝手に相殺を援用するのは行き過ぎである。そこで，民法436条2項は，BCにAの負担部分に相当する額の弁済を拒絶する権利（抗弁権）を付与したにすぎず，Aに代わって相殺の意思表示をする権限を与えたものではないとする見解（我妻）がある。債権債務関係の簡易な決済という同条の趣旨からすれば，後説で十分であろう。

　(エ)　**免除**　(a)　**概説**　連帯債務者の一人に対する債務の免除は，その債務者の負担部分についてのみ，他の債務者の利益のためにも効力を生じる（437条）。先の例で，債権者がAに債務の免除の意思表示をすれば，Aは債務を免れることになるが，BおよびCも，Aの負担部分を控除した額についてだけ債務を負えば足りる。その負担部分は，契約や法律関係によって異なるが，仮に平等であるとすると，Aの負担部分である100万円を控除した200万円についてのみ，BCが連帯債務を負うことになる。

もっとも，437条は任意規定であるため，債権者がこれとは異なる意思で免除をしたときは，その意思に従って効果を考えるべきである。例えば，債権者が，連帯債務者のすべての債務を免除する意思で，Aに対してのみ免除の意思表示をした場合には，全員に対する免除が認められよう。また，債権者が，免除の相手方である債務者のみを免除し，他の連帯債務者に対しては全額の弁済を求めるという趣旨の免除（「**相対的免除**」という）をすることも許されよう。

　(b)　**一部免除**　問題となるのは，債権者が，一人の債務者に対して債務の一部を免除した場合の効果である。例えば，先の例（負担部分が平等なABCによる300万円の連帯債務）で，債権者がAに対して60万円の免除をした場合に，BCの負担部分にどのような影響を及ぼすであろうか。

判例は，Aが全額の免除を受けた場合に比例した割合で，他の連帯債務

者の債務を免れさせるとする（大判昭15・9・21民集19-1701）。この考え方によれば，Ａが300万円全額を免除された場合には100万円の限度で絶対的効力が生じる（437条）ため，60万円の一部免除のときも，同じ割合により，20万円の限度で絶対的効力を生じることになる。したがって，ＡＢＣの各負担部分は80万円となる。そして，Ａが免除後の残額である240万円を債権者に弁済した場合には，債権者は，連帯債務の残額（280万円−240万円＝20万円）をＢＣに請求し，他方，Ａは，自己の負担部分（80万円）を除いた160万円につき，ＢＣに各80万円ずつ求償することができる。

　このような判例理論に対しては，連帯債務の担保力を弱め，債権者の通常の意思（Ａのみを免除する）に反する，との批判がなされている。そこで，学説は分かれているが，次のような見解（我妻）が有力である。すなわち，①一部免除がなされても，その残額（240万円）がその債務者の負担部分（Ａ＝100万円）を超えている限り，その者の負担部分は減少せず，したがって，他の連帯債務者の債務額にも影響を及ぼさない。それゆえ，Ａに対する60万円の免除では，Ａの負担部分は減少せず，ＢＣの債務額にも影響がない。そして，Ａが残額の240万円を弁済した場合には，債権者は，連帯債務額の残額である60万円をＢＣに請求し，また，Ａは，自己の負担部分100万円を除いた140万円につき，ＢＣに対して各70万円を求償することになる。これに対して，②免除額が大きく，残額が負担部分よりも少ないときに，はじめて負担部分の減少を生じ，その少ない額だけ他の債務者の債務額をも減少する。例えば，債権者がＡに対して250万円を免除した場合には，残額が50万円となり，Ａの負担部分である100万円よりも小さい。そこで，Ａの負担部分も50万円に減少し，ＢＣの債務額も250万円に減少する。そして，Ａが50万円を弁済したときは，ＢＣは債権者に対して250万円の連帯債務を負い，他方，Ａは，ＢＣに対して求償することはできない。

　しかし，この見解では，①の場合に免除を受けたＡに何の利益もなく，かえって当事者の意思に反しよう。免除をした以上は，それによって債権者が不利益を被ることはやむをえず，また，債権者は，437条のルールに従ってある程度はその不利益を予測しうる。そうだとすれば，437条に従

う判例理論が妥当である，と解される。

(オ) **混同** 連帯債務者の一人と債権者との間に混同が生じたときは，その連帯債務者は弁済をしたものとみなされ（438条），他の債務者に対して求償権を行使することになる。このような混同は，連帯債務者の一人が債権者から債権を譲渡されたときや，債権者の地位を相続によって承継したとき（ただし，限定承認をしたときは混同を生じない。925条）に生じる可能性がある。438条の趣旨は，当事者間の債務関係の簡易な決済にある。しかし，これによって債権の担保力は弱められる。

(カ) **時効の完成** 連帯債務者の一人のために消滅時効が完成したときは，その債務者の負担部分については，他の連帯債務者もその義務を免れる（439条）。その趣旨は，消滅時効の完成した債務者に時効の利益を受けさせることにある。すなわち，もしこの規定がないと，例えばAの債務につき消滅時効が完成しても，Bが全額を弁済したときは，Bから求償権を行使されることになり，Aは時効の利益を受けることができなくなる。しかし，これに対しても，債権者が，その知ることのできない連帯債務者の負担部分によって不利益を被るおそれがあり，債権の担保力が弱まる，との批判がなされている。

（2） 絶対的効力事由の存在理由

(ア) **問題の所在** 以上のように，連帯債務における絶対的効力事由は，債権者に有利な効果である履行の請求（434条）を除くと，いずれも債権者に不利な効果が生じることになる。例えば，免除を例に挙げると，債権者は，自己の関知しない負担部分の額によって消滅すべき債務が決定されることとなり，先の例でAの負担部分が200万円であるとすると，債権者がAを免除することは，その債権が100万円になってしまうことを意味し，不測の損害を被るおそれがある。

ところで，保証の場合には，主たる債務者に生じた事由は原則として保証債務に及び（付従性），反対に，保証人に生じた事由は主たる債務者には及ばない。これに対して，連帯債務の場合には，そのすべての債務者に及ぶ絶対的効力事由が多い。これはなぜか。より具体的には，なぜ債権者が一人に請求すると他の者に請求したことになり，また，なぜ一人を免除す

2 連帯債務の効力 | 171

ると，他の債務者も免除を受けたことになるのであろうか。

　(イ)　**学説の対立**　　この問題につき，学説は二つに分かれている。まず，**主観的共同関係説**（我妻）は，連帯債務者の間に，家族とか共同事業者などの一体的関係があるため，債権者も債務者を一体として把握している，とする考えである。この見解によれば，確かに請求の絶対効については，債権者がわざわざ全員に請求しなくても，債務者間に結びつきがあるので，そのうちの一人に請求すれば，後は内部で連絡が行き届くことを期待できる，という説明が可能である。しかし，この見解では，免除の絶対効を説明することはできない。すなわち，債権者が一人を免除した場合には，もし債権者が債務者を一体として把握しているのであれば，全員に対して全額免除したものと扱ってもかまわないはずである。しかし，実際には，負担部分の範囲でしか免除の効力は及ばない。

　これに対して，**相互保証説**（於保）は，先の例のＡＢＣはそれぞれ100万円ずつの債務を負担し，自己の負担部分を越える分については，他の債務につき保証債務を負っているとする。すなわち，連帯債務とは，その負担部分を越えた部分は保証債務にすぎず，それを相互に負い合うものであると説明する。この見解によれば，債権者がＡを免除した場合には，その負担部分（100万円＝主たる債務）につき，ＢＣの（保証）債務も付従性によって消滅し，残りの債務（200万円）のみを負担すればよいことになる。しかし，この見解では，請求の絶対効を説明することができない。なぜなら，債権者がＡに対して履行の請求をした場合に，Ａの負担部分（100万円）については，付従性によって，ＢおよびＣに対する債権の消滅時効も中断されると説明できる。しかし，それを超えて，300万円の全額につきＢおよびＣに対する債権の消滅時効が中断されることは，付従性によっては説明することができない。

　(ウ)　**若干の検討**　　そこで，現在では，連帯債務に関する規定を統一的に説明することは無意味である，とする見解が有力である。すなわち，民法の起草者（富井）は，連帯債務の最も多くの場合にあてはまるように絶対的効力事由を定めたのであり，これを厳格にすべての場合に適用すべきであるとは考えていなかった，との指摘がなされている。そうだとすれ

ば，問題となっている法律関係に応じて，連帯債務に関する規定を適用すべきであり，例えば，連帯債務者間に主観的共同関係がある場合には請求の絶対効を認めるが，それがない場合には434条を適用しない，と考えることも可能であろう。

2-3 不真正連帯債務

(1) 意　義

　例えば，AとBの運転する自動車が衝突し，歩道を歩いていたCを負傷させ，Cの損害が300万円であったとする。この場合に，民法719条1項によれば，AとBは「連帯」して賠償責任を負う。しかし，AとBとの間には，主観的共同関係はないため，請求の絶対効を認める必要はない。また，AとBの債務は，それぞれ自己固有の債務であって，相互に保証債務を負うものではない。すなわち，自分一人でCにけがをさせても，300万円の債務を負うことになり，この例の場合には，たまたま他にも賠償義務者が存在するにすぎない。それゆえ，免除の絶対効を認める必要もなく，仮にCがAを免除しても，Bは300万円の債務を負うと考えられる。

　このように，絶対的効力事由の認められない連帯債務を，民法の規定する連帯債務と区別して，「不真正連帯債務」と呼ぶ（使用者責任につき，最判昭45・4・21判時595-54）。しかし，これらの場合を民法の「連帯債務」であると解しても，絶対的効力を認めないことは可能であり，連帯債務と不真正連帯債務を区別する必要はない。そこで，不真正連帯債務の概念は不要である，とする考えも有力に主張されている〔淡路〕。

　もっとも，このような問題があることを意識しつつ，「不真正連帯債務」という語を用いることは，判例上すでにこの用語が定着しているため，便宜であろう。

(2) 求償関係

　ところで，学説は，不真正連帯債務者間における求償権に関しても，債務者間の内部関係に応じてそれが認められることがあるとする。そして，このような学説の指摘を受けて，最高裁も，損害賠償を支払った共同不法行為者の一人が他の共同不法行為者に対して求償することを認めている

(最判昭41・11・18民集20-9-1886，最判昭63・7・1民集42-6-451，最判平3・10・25民集45-7-1173)。

　これに対して，判例は，被害者が共同不法行為者の一人の損害賠償義務を免除した場合には，437条が適用されず，他の債務者に当然に免除の効力が及ぶものではないとする（最判昭48・2・16民集27-1-99，最判平6・11・24判時1514-82）。ただし，最高裁も，免除の意思表示の解釈によっては，他の共同不法行為者にも免除の効力を及ぼすべき場合があるとする。

> **判例　不真正連帯債務と免除の効力**（最判平10・9・10民集52-6-1494）
> 　「甲と乙が共同の不法行為により他人に損害を加えた場合において，甲が乙との責任割合に従って定められるべき自己の負担部分を超えて被害者に損害を賠償したときは，甲は，乙の負担部分について求償することができる」。そして，「甲と乙が負担する損害賠償債務は，いわゆる不真正連帯債務であるから，甲と被害者との間で訴訟上の和解が成立し，請求額の一部につき和解金が支払われるとともに，和解調書中に『被害者はその余の請求を放棄する』旨の条項が設けられ，被害者が甲に対し残債務を免除したと解し得るときでも，連帯債務における免除の絶対的効力を定めた民法437条の規定は適用されず，乙に対して当然に免除の効力が及ぶものではない。しかし，被害者が，右訴訟上の和解に際し，乙の残債務をも免除する意思を有していると認められるときは，乙に対しても残債務の免除の効力が及ぶものというべきである。そして，この場合には，乙はもはや被害者から残債務を訴求される可能性はないのであるから，甲の乙に対する求償金額は，確定した損害額である右訴訟上の和解における甲の支払額を基準とし，双方の責任割合に従いその負担部分を定めて，これを算定するのが相当であると解される」。

2-4　連帯債務の相続

（1）　学説の対立

　連帯債務者の一人が死亡し相続が生じた場合に，相続人は連帯債務を承継するか。例えば，債権者Aに対して，BとCが連帯して1,000万円の債務を負っていた。Bが死亡した場合に，Bの相続人である嫡出子D・Eは，Bの債務をどのように相続するか。

　この場合の考え方は二つある。一つは，相続人が連帯債務を承継して，

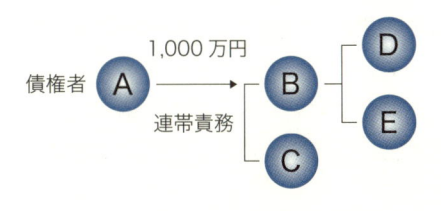

他の連帯債務者と連帯して全額の支払義務を負うとする見解（**連帯債務承継説**）である。この見解によれば，先の例では，DとEが全額（1,000万円）の連帯債務をAに対して負うことになる。もう一つは，被相続人の債務は法律上当然に分割され，各相続人は相続分に応じた分割債務を負うにとどまるとする見解（**分割承継説**）である。先の例では，DとEは，Aに対して500万円ずつの（分割）債務を負うことになる。さらに，この見解によれば，各相続人の分割債務が，その分割された債務の範囲（500万円）で，他の連帯債務者（C）の債務と連帯するか否か，また，相続人間（D・E）の債務が連帯するか否かが問題となる。

以上の問題は，結局は，連帯債務の全部義務性が，相続によってもなお維持されるかどうかという問題に還元される。

(2) 判例とその検討

この問題につき，最高裁は，連帯債務承継説を採用した原審を破棄して，分割承継説に立つことを明らかにした。

> **判例　連帯債務の相続**（最判昭34・6・19民集13-6-757）
>
> 「連帯債務は，数人の債務者が同一内容の給付につき各独立に全部の給付をなすべき債務を負担しているのであり，各債務は債権の確保及び満足という共同の目的を達する手段として相互に関連結合しているが，なお，可分なること通常の金銭債務と同様である。ところで，債務者が死亡し，相続人が数人ある場合に，被相続人の金銭債務その他の可分債務は，法律上当然分割され，各共同相続人がその相続分に応じてこれを承継するものと解すべきであるから，連帯債務者の一人が死亡した場合においても，その相続人らは，被相続人の債務の分割されたものを承継し，各自その承継した範囲において，本来の債務者とともに連帯債務者となると解するのが相当である」。

この最高裁の論理は，次の3点にまとめられよう。まず，①連帯債務の各債務は，債権の確保および満足という共同の目的を達する手段として相互に関連結合している。しかし，通常の金銭債務と同じく，可分である。

そして，②可分債務が相続により複数の相続人に承継される場合には，法律上当然に分割され，各相続人は相続分に応じてこれを承継する。したがって，③連帯債務者の一人が死亡した場合においても，その相続人は，被相続人の債務の分割されたものを承継し，各自その承継した範囲において，本来の債務者とともに連帯債務者となる。

この判決に対しては，そもそも②可分債務が相続人に分割承継されることに対して批判がある。しかし，仮にその点を認めたとしても，次のような批判が可能であろう。すなわち，連帯債務の担保力が弱まるのみならず，相続人の承継した分割債務と，本来の他の連帯債務者の債務とが，一部連帯の関係になると，法律関係が複雑になる。

連帯債務の担保力を維持するためには，連帯債務承継説が妥当であろう。

2-5 連帯債務者相互間の関係――求償関係

（1）負担部分

連帯債務者の一人が弁済をし，その他自己の財産をもって共同の免責を得たときは，その連帯債務者は，他の連帯債務者に対し，各自の負担部分について求償権を有する（442条1項）。ここにいう負担部分とは，連帯債務者相互間において負担すべき債務の割合である。この負担部分は，①当事者の特約によって決定される。そして，②特約がなければ，連帯債務を負担することによって受けた利益の割合に従う。例えば，主たる債務者を保証する意味において連帯債務者になったものは，負担部分はゼロであると解される（大判大4・4・19民録21-524）。さらに，③以上の基準によっても定まらないときは，負担部分は平等の割合とする。なぜなら，連帯債務者相互間で負担を分担するための最後の基準としては，これが公平に合致するからである。

（2）求償権の要件・範囲

求償権の要件は，①連帯債務者の一人が弁済その他の「共同の免責を得たこと」と，②その免責が「自己の財産をもって」したこと，の二つである（442条1項）。

まず，①の文言からも明らかなように，連帯債務者は，共同の免責を受

けなければ求償することができない。この点は，主たる債務者に頼まれて保証人となった者が，一定の場合にその免責を受けなくても，（事前の）求償権が認められる（460条）のと異なる。

②「自己の財産をもって」とは，財産上の犠牲において共同の免責を受けた行為を意味し，弁済のほか，代物弁済，供託，相殺，更改は含まれる。しかし，免除や時効の完成はこれに当たらない。

求償権の範囲は，自己の財産をもって共同の免責を受けた額のほか，「免責があった日以後の法定利息」および「避けることができなかった費用その他の損害賠償」が含まれる（442条2項）。

（3）　通知を怠った場合の求償権の制限

各連帯債務者が，自己の財産をもって共同の免責を受ける際には，他の債務者に対して，事前および事後に通知をしなければらない。この通知は，求償権の成立要件ではない。しかし，これを怠ると求償権は制限を受けることになる。

　(ア)　**事前の通知**　　連帯債務者の一人が弁済その他の共同の免責を受ける行為をする前に通知をしなかった場合において，他の債務者が「債権者に対抗することができる事由を有していたとき」は，その負担部分について，その事由をもって求償者に対抗することができる（443条1項前段）。例えば，先の例で，Aが通知をしないで300万円の弁済をし，Bに対して100万円の求償をした場合に，Bが債権者に対して150万円の反対債権を有し，これで相殺が可能であったときは，Bは，自己の負担部分である100万円だけは，債権者に対する債権で，Aの求償権と相殺をすることが

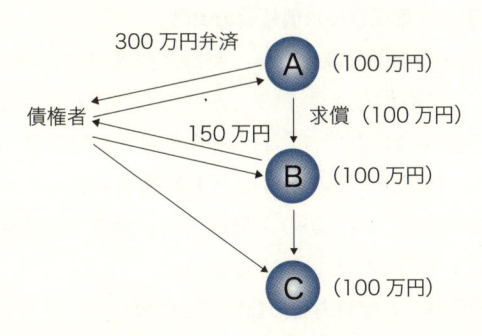

できる。これによって求償権を失ったAは，不当利得の法理により，債権者に対して，相殺によって消滅すべきであった債務（100万円）の履行を請求することができる（443条1項後段）。

事前の通知の趣旨は，自己の権利を行使する機会を有していた債務者を保護することにある。もっとも，本条の適用がある抗弁事由としては，相殺のほかにどのようなものがあるかは，必ずしも明らかではない。というのも弁済・免除等の債務の消滅事由は，事後の通知の問題（443条2項）となるため，ここには含まれないからである。

　(イ)　**事後の通知**　　連帯債務者の一人が，弁済等によって共同の免責を受けたことを，他の連帯債務者に通知することを怠った場合において，他の連帯債務者が善意で弁済等の有償で免責を受ける行為をしたときは，その行為が「有効であったものとみなすことができる」とされる（443条2項）。その趣旨は，善意で二重に弁済した者を保護することにある。したがって，その効果も善意の弁済者の保護に必要な範囲で認められ，通知を怠った債務者と善意で弁済した者との間でのみ，後者の弁済が有効であったとみなされる（大判昭7・9・30民集11-2008）。

　(ウ)　**事前・事後の両通知がないとき**　　例えば，Aが弁済をしたのに事後の通知をせず，かつ，Bが事前の通知をしないで弁済をしたときはどうか。判例（最判昭57・12・17民集36-12-2399）および通説は，この場合には443条の適用がなく，第1の弁済が有効となるとする。なぜなら，443条はいずれか一方の通知が怠られた場合に関する規定であり，双方が怠られたときは一般の原則に従うべきだからである。

(4)　無資力者がある場合の求償権者の保護

　(ア)　**無資力者の負担部分の分担**　　連帯債務者の中に無資力者がいて，そのために求償しても償還をすることができない部分は，求償権者と他の資力のある連帯債務者の間で，「各自の負担部分に応じて分割して負担する」ことになる（444条）。その趣旨は，求償権者の行った弁済が連帯債務者全体の利益となるのであるから，無資力者の負担部分を求償権者のみが負うとするのは公平でないという点にある。

　(イ)　**「連帯の免除」と無資力者の負担部分の分担**　　連帯の免除とは，債

権者と債務者との間において，債務額を債務者の負担部分に該当する額に限定し，それ以上は請求しない，とする債権者の一方的な意思表示である。これには，すべての連帯債務者に対して連帯の免除をする**絶対的連帯免除**と，一人または数人の債務者に対してのみ連帯を免除する**相対的連帯免除**とがある。このうち，絶対的連帯免除がなされた場合には，債務は分割債務となり，求償の問題は生じない。しかし，相対的連帯免除がなされた場合には，免除を受けた債務者のみが分割債務を負い，他の者は依然として全額につき連帯債務を負っているため，求償の問題が生じることになる。それゆえ，445条は，相対的連帯免除にのみかかわる規定である。すなわち，連帯の免除を受けない債務者が弁済をなし，他の債務者から求償するに際して，他の債務者の中に無資力者がいるため，444条によって連帯の免除を受けた債務者がその本来の負担部分以上の額の分担をなすべき場合には，その部分は債権者の負担とされる（445条）。その趣旨は，連帯の免除を受けた債務者の負担を重くしないとともに，債権者の意思表示のみによって他の債務者の負担をも重くしないため，債権者自らが重い負担を引き受けることにある。

5 保証債務

1　保証債務の意義および性質

1-1　意　義

　保証とは，債務者（主たる債務者）がその債務（主たる債務）を履行しない場合に，他の者（保証人）が主たる債務を履行する責任を負うものである（446条）。この保証債務は，保証人と債権者との間で締結される保証契約によって生じるものであり，法律的には，保証人は主たる債務と別個の債務を負うことになる。

　ところで，保証人には自然人がなることが多いが，法人が保証人となることもある。このうち，前者を**個人保証**と呼び，後者を**法人保証**と呼ぶ。

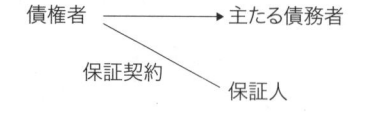

```
債権者 ─────→ 主たる債務者
    保証契約      保証人
```
そして，法人保証のうち，保証を業としている機関による保証を**機関保証**という。これらは，その性質を異にするため注意を要する。

　(ア)　**個人保証**　　保証は古くから危険な契約類型であるとされ，友人や親戚が義理で引き受けた保証債務のために身を滅ぼす，という事例が多くみられた。とりわけ，特定の債務を担保するのではなく，一定期間の継続的な取引から生じる債務を包括的に担保する**根保証**（継続的保証）は，危険である。そこで，後述のように，法律は，書面によらない保証契約を無効とする（446条2項）とともに，根保証契約のうちの**身元保証**と貸金等根保証契約については一定の規制を設けている。

　(イ)　**法人保証・機関保証**　　法人が保証人となる場合には，個人と異なり，合理的なリスクの判断が可能なことが多いため，保証人保護の要請がそれほど強くないとされている。とりわけ，信用保証協会や信用保証会社のように，債務者から一定の保証料を得て保証をするのを業とする機関保証の場合には，リスク計算が明確であり，個人保証とはその性格を異にする。そこで，これを個人保証を想定する民法の規定によって説明できるかは疑問である。

　以下では，民法の規定する「保証」（多くは個人保証）を対象とする。

1-2　性　質

　前述のように，保証債務は，主たる債務とは別個の債務である。しかし，保証はあくまで担保であるから，担保に特有の性質を有している。すなわち，主たる債務に従属するのであり，具体的には次の三つの性質を有する。

　第1に，保証債務は主たる債務に付従する（**付従性**）。具体的には，次の三つの付従性が認められる。すなわち，保証債務は，①主たる債務がなければ成立せず（成立における付従性），②主たる債務より重いことはなく（448条——内容における付従性），かつ，③主たる債務が消滅すれば消滅する（消滅における付従性）とされる。

　第2に，主たる債務が移転（債権譲渡）すれば，保証債務はこれに伴っ

て移転するとされ，これを**随伴性**という。

　第3に，保証債務は，主たる債務者が履行しないときにはじめて履行しなければならないという2次的な債務であり，このことを**補充性**という。この補充性を具体的に現すのが，催告と検索の抗弁権である。催告の抗弁権（452条）とは，債権者からの履行の請求を受けた保証人が，まず主たる債務者に催告をすべき旨を請求できる権利である。また，検索の抗弁権（453条）とは，債権者はまず主たる債務者の財産に執行せよという抗弁権である。ただし，このような補充性は，債権者と保証人との合意によって排除することができる。これが連帯保証（後述）であり，保証人の責任は，上記の二つの抗弁権がないため，通常の保証債務より重くなる。

2　保証債務の成立

2-1　保証契約の成立要件

　保証債務は，債権者と保証人との契約（保証契約）によって生じる。従来は，保証契約について特段の方式によることは要件とされていなかった。しかし，保証人は，主たる債務者の親族や友人など，主たる債務者との人的な関係によって無償で保証契約を結ぶことが多く，その際に，必ずしも自己の責任を十分に認識していないことも少なくなかった。そこで，保証人となる者の保証意思が明確である場合に限って保証契約の効力を認めるために，平成16年の民法改正では，保証契約は，書面でしなければ，その効力を生じないとした（446条2項）。また，保証契約がその内容を記録した電磁的記録によってなされた場合には，これを書面によってされたものとみなす旨も規定されている（同3項）。したがって，書面によらない保証契約はたとえ合意に基づいて現実の履行がなされたとしても，無効であることになる。

　ところで，保証契約の当事者，すなわち保証人になる資格には制限がない。しかし，契約または法律の規定（例：29条1項）によって，債務者が保証人を立てる義務を負う場合には，保証人は次の二つの条件を備えていなければならない（450条1項）。一つは，行為能力者であることであり，も

う一つは，弁済の資力があることである。その趣旨は，債権者の保護にある。すなわち，保証人が制限行為能力者であれば保証契約を取り消すことができ，また，弁済の資力がなければ保証債務を履行できないため，いずれも保証人を立てたことが無意味となるからである。ただし，債権者が保証人を指名したときは，この規定は適用されない（450条3項）。また，保証人の資力が無くなった場合には，その保証人の存在は無意味となるから，債権者は代わりの保証人を立てることを請求することができる（450条2項）。なお，保証契約の成立後に保証人が制限行為能力者となっても，保証契約そのものは有効であるため，450条2項は同1項1号を排除している。

2-2 保証委託契約との関係

保証契約は，債権者と保証人との間の契約であるから，主たる債務者から保証人となることを依頼されたかどうかにかかわりなく（たとえ主たる債務者の意思に反しても），保証契約は有効に成立する（462条2項参照）。しかし現実には，保証人が主たる債務者の委託（**保証委託契約**）を受けて保証契約を締結することが多い。この保証委託契約と保証契約とは，法律的には無関係であるから，保証人が主たる債務者に欺かれて保証委託契約を締結したとしても，保証契約には影響しない（第三者の詐欺――96条2項）。また，保証人が他に連帯保証人が存在するとの主たる債務者の言を信じて保証契約を締結したものの，他に連帯保証人が存在しなかった場合には，保証人による錯誤無効（95条）の主張も考えられる。ただし，他に連帯保証人が存在すると思っていたが存在しなかったという錯誤は，動機の錯誤にすぎない。そこで，動機の錯誤にも95条の適用があるとする立場からは，保証人にとって他に連帯保証人の有無が重要であったか，債権者がその事情を知りえたか，保証人の誤信につき重過失はなかったか等を判断し，保証契約の無効を決すべきであるとされる。しかし，最判昭32・12・19民集11-13-2299は，保証契約が「保証人と債権者との間に成立する契約であって，他に連帯保証人があるかどうかは，通常は保証契約をなす単なる縁由にすぎず，当然にはその保証契約の内容となるものではない」と判示し，

錯誤無効の主張を否定に解した。保証人は，債権者のために主たる債務者の代わりに弁済をするリスクを負うものであるから，主たる債務者や他の連帯保証人に資力があると誤信して保証契約を締結しても，それを理由に錯誤無効を主張することはできない（95条の「要素の錯誤」にあたらない）と考えられる。

また，保証人が，例えば金額欄が空欄であるような不完全な保証契約書に署名捺印をして主たる債務者に交付した場合には，保証契約締結についての代理権を主たる債務者に授与したと解される。それゆえ，主たる債務者がその代理権の範囲を越えて金額欄を補充したときは，表見代理（主として110条）の問題となる。

3 保証債務の付従性・補充性

3－1 成立における付従性

(1) 原　　則

保証債務の内容は，保証契約の解釈とその付従性によって定まる。まず，成立における付従性により，主たる債務が存在しなければ保証債務も成立しない。すなわち，主たる債務が無効・取消しによって存在せず，または，時効によって消滅した場合には，保証債務も無効ないし消滅する。ただし，主たる債務は将来の債務または条件付債務であってもよい。つまり，成立における付従性は，主たる債務が存在すればよく，主たる債務と保証債務とが同時に成立する必要はない，と解されている。

(2) 例　　外（449条）

上記の原則に対しては，449条が例外を定めている。すなわち，主たる債務が行為能力の制限によって取り消されうるものであるときは，保証人がその保証契約の当時取消原因を知っていれば，「主たる債務の不履行又はその債務の取消しの場合においてこれと同一の目的を有する独立の債務を負担したものと」推定される。その趣旨は，次のようである。すなわち，保証人が取消原因（制限行為能力）を知りながら契約したのであるから，主たる債務が取り消されてもなお保証債務を負う意思を有すると推定される。

しかし，主たる債務が現実に取り消されれば，保証債務は存在しえないため，この場合の保証人は真の保証人ではなく，「同一の目的を有する独立の債務を負担した」者であるとされるのである。

なお，制限行為能力以外の取消原因（詐欺・強迫）については，このような推定が働かない（449条の反対解釈）。その実質的な理由は，詐欺・強迫による場合にも保証人に独立の債務を負わせてその債務を履行させることは，詐欺・強迫を奨励する結果になる，という点にある。また，保証人が取消原因の存在を知らないときは，保証人は取り消しうる債務を保証したことになる（この場合の処理については，消滅における付従性を参照）。

3-2 内容における付従性

(1) 保証債務の内容

保証人がどのような内容の債務を負うかは，契約の一般理論からすれば，保証契約の解釈によって決まることになる。しかし，446条は，主たる債務者がその債務を履行しない場合に，保証人が「その履行」の責任を負うと規定する。それゆえ，保証人が主たる債務と同じ内容の債務を負うとも解される。しかし，そうすると，例えば建築請負工事の保証では，建設会社しか保証人になれないことになり，保証債務の成立が不当に狭くなる。そこで通説（我妻）は，主たる債務を保証人が代わって実現しえない場合には，主たる債務が不履行によって損害賠償債務に代わることを停止条件として保証債務の効力が生じる，と解している。しかし，損害賠償にならない限り保証は効力を生じないと解すべきではない。なぜなら，例えば請負工事の保証も，保証人が適当な建設業者を選んで工事を続けさせる，という場合もあるからである。つまり，他人が代わることのできない債務についても保証は成立し，その内容は保証契約の解釈によって定まる，と考えるべきである。

(2) 保証債務の範囲

(ア) **問題の所在** 保証債務の内容は契約の解釈の問題であるが，民法は447条1項でその解釈の基準を示している。これは，当事者の意思が明確でない場合に，主たる債務と同じ範囲で保証債務を負うことを明らか

にした規定である。また，448条は，保証債務が主たる債務よりも重くならないことを規定する。

　問題となるのは，主たる債務の履行不能により契約が解除された場合の原状回復義務（545条1項）と損害賠償債務（同3項）に保証人の責任が及ぶか否かである。というのも，これらの義務は，主たる債務が解除により効力を失った後に生じるものだからである。もっとも，損害賠償債務について保証人が責任を負うことには争いがない。なぜなら，解除による損害賠償債務は本来の債務と同一性を有するからである。したがって，問題は，原状回復義務に限られることとなる。

　(イ)　**判例の変遷**　この問題につき，かつての判例（大判大6・10・27民録23-1867）は，解除の遡及効の有無によりその結論を区別していた。すなわち，①売買契約の解除のように遡及効を生じる場合には，契約そのものがはじめから無効となり，原状回復義務は不当利得に基づく返還義務である。そうだとすれば，このような原状回復義務は，売買契約上の本来の債務とは同一性のない別個の債務であるから，原則として保証人は責任を負わず，特約のある場合にのみ責任を負うとする。これに対して，②賃貸借契約のような継続的契約では，解除に遡及効がない。それゆえ，賃借人の目的物返還債務（原状回復義務）は，本来の契約上の債務またはその拡張にすぎず，これについては保証人の責任が及ぶとする。

　この判例理論に対して，我妻博士は次のように反論した。すなわち，保証の場合においては，その契約から生じる本来の債務だけを保証する趣旨であることはむしろ例外であり，「普通には，その契約当事者として負担する一切の債務を保証し，その契約の不履行によっては相手方に損失を被むらせない，という趣旨であると解すべきである。そうだとすると，解除の場合における原状回復義務と損害賠償義務の性質論に拘泥することなく，保証人は原則としてこれ等の債務をも保証するといわねばならない」。このような学説の批判をうけて，最高裁は次の大法廷判決により，従来の判例を変更した。

判例 保証人の責任と原状回復義務（最大判昭40・6・30民集19-4-1143）

Xは，昭和31年7月にAとの間で，Aの有する畳建具等の売買契約を締結し，その代金全額15万円をAに支払った。そして，Yが，Aの債務を保証することをXに約束した。しかし，Aは引渡期限（同7月30日）までに目的物をXに引き渡さなかったため，Xは右売買契約を解除し，その原状回復としてAに交付した売買代金とそれに対する法定利息（404条）の支払を，AとYに求めて訴を提起した。争点となったのは，Yの保証債務が解除後の原状回復にまで及ぶか否かである。第1審・第2審ともに，従来の判例理論に従い，保証人は売買契約の解除による原状回復義務については履行の責任を負わないとして，XのYに対する請求を棄却した（Aに対する請求は認容）。X上告。

最高裁大法廷は，従来の判例を変更して次のように判示した。すなわち，「特定物の売買における売主のための保証においては，通常，その契約から直接に生ずる売主の債務につき保証人が自ら履行の責に任ずるというよりも，むしろ，売主の売主の債務不履行に基因して売主が買主に負担することあるべき債務につき責に任ずる趣旨でなされるものと解するのが相当であるから，保証人は，債務不履行により売主が買主に対し負担する損害賠償義務についてはもちろん，特に反対の意思表示のないかぎり，売主の債務不履行により契約が解除された場合における原状回復義務についても保証の責に任ずるものと認めるを相当とする」。

この大法廷判決により，保証人は，反対の特約がない限り，原状回復義務についても責任を負うこととなった。

(ウ) **合意解除** 上記の大法廷判決は，債務不履行による契約解除に関するものであり，契約当事者が合意によって解除する場合の原状回復義務について保証人が責任を負うか否かは明らかではなかった。というのも，保証人の関与しない解除の合意によって，保証人が過大な責任を負うおそれがあるからである。この問題に関する判例が，次の最高裁判決である。

判例 合意解除と保証人の責任（最判昭47・3・23民集26-2-274）

注文者Xは，昭和42年5月にA建設会社との間で，工事代金を2900万円とする建物建築請負契約を締結し，YがAの請負契約上の債務を連帯して保証する旨をXに約した。そして，Xは，右工事代金のうち1,000万円を前払した。しかるに，Aは資金難から工事の続行が困難となり，Xとの間で本件建築請負契約を

合意解除し，すでに完成した部分の出来高を400万円と見積もって，前払金からこの出来高を引いた600万円をXに返還することを約束した。問題となるのは，Yの保証責任が合意解除によるAの前払金返還債務に及ぶか否かである。第1審・第2審ともに，前払金返還債務は合意解除によって生じた新たな債務であり，Yの保証責任は及ばないとしてXの請求を棄却した。X上告。

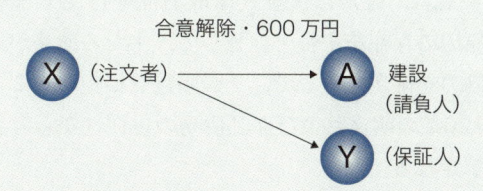

```
           合意解除・600万円
    Ⓧ ─────────────→ Ⓐ  建設
 （注文者）       ↘       （請負人）
                   Ⓨ  （保証人）
```

　最高裁は，まず，請負契約が合意解除され，注文者の前払金につき請負人が返還することを合意したとしても，「請負人の保証人が，当然に，右債務につきその責に任ずべきものではない」とする。その理由は，保証人が責任を負うとすれば，「保証人の関知しない合意解除の当事者の意思によって，保証人に過大な責任を負担させる結果になるおそれがあり，必ずしも保証人の意思にそうものではないからである」ということに存する。しかし，請負契約が債務不履行により解除された場合には，請負人の前払金返還債務（原状回復義務）に保証人の責任が及ぶことは，前記大法廷判決の認めるところである。そこで，最高裁は，次の二つの要件を充たす場合には，請負人の保証人が前払金返還債務についても責任を負うとした。すなわち，①合意解除が請負人の債務不履行に基づくものであり，かつ，②合意により請負人の負担する債務が，実質的にみて債務不履行解除により負担する前払金返還債務より重いものではないことである。なぜなら，「このような場合においては，保証人の責任が過大に失することがなく，また保証人の通常の意思に反するものでもないからである」。

3－3　消滅における付従性

（1）　主たる債務の取消し・解除

　主たる債務の消滅事由は，すべて保証債務に影響する。すなわち，主たる債務に取消原因が存在する場合において，主たる債務者がすでに取り消したときは，保証人は債権者の請求を拒絶することができる。また，主たる債務者が取り消していないときは，制限行為能力を理由とする取消原因については，449条の推定が働く可能性がある。しかし，それ以外の場合

で，かつ，主たる債務者が追認していないときに，保証人が主たる債務者の有する取消権を行使できるか否かについては，見解が分かれている。判例（大判昭20・5・21民集24-9）は，保証人の取消権の行使を否定する。なぜなら，保証人は120条所定の「取消権者」に含まれないからである。これに対して，多数説は，確かに保証人は取消権を行使できない（120条）けれども，取消原因の存在を主張・立証して，主たる債務が追認または取消しによりその効力を確定するまで，その履行を拒絶することができる，と解している。120条の明文および保証債務の付従性から考えて，多数説が妥当であると解される。

主たる債務に解除原因がある場合には，取消しと同じになる。ただし，保証人は，前述のように，損害賠償義務および原状回復義務を負う。

(2) 弁済・時効消滅・相殺など

主たる債務が弁済により消滅した場合には，保証債務も消滅し，その履行を拒絶できることに異論はない。時効により消滅した場合も同様である。また，主たる債務者が時効の利益を放棄した場合には，主たる債務者だけが債務を負い，保証人はその責任を免れるとするのが判例・通説である。

問題となるのは，保証人が時効の利益を放棄し，主たる債務者が時効を援用した場合に，保証人は改めて時効を援用できるか否かである。この問題は，次のように，保証人の時効利益の放棄の意思表示の解釈によって決すべきである。すなわち，①放棄が，主たる債務がどうなろうとも履行の責めを負うという趣旨でなされたのであれば，保証人が時効を援用できないことは当然である。しかし，②主たる債務者が時効を援用しない限り放棄する，との趣旨であれば，主たる債務者が時効を援用した場合には，保証人は改めて時効を援用しうるであろう。

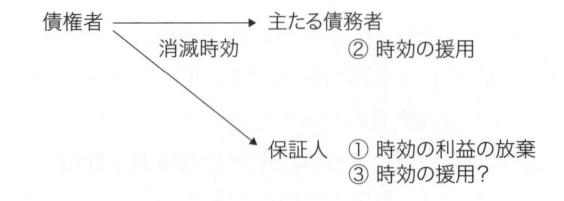

```
債権者 ─────────→ 主たる債務者
    ＼ 消滅時効      ② 時効の援用
      ＼
       ↘
        保証人  ① 時効の利益の放棄
              ③ 時効の援用？
```

なお，主たる債務についての時効中断の効果は保証人にも及ぶ（457条1項）。このことは，保証債務の付従性から当然のようにも考えられるが，そうではない。というのも，保証債務の付従性とは，主たる債務がなければ保証債務もない，ということを意味するものであり，主たる債務に生じた事由が従たる保証債務に影響する，ということまで含むものではないからである*。そうだとすれば，同条1項は，主たる債務が時効消滅する前に，その担保である保証債務が時効消滅しないようにする，政策的な規定であると解される。また，相殺についても規定があり，保証人は主たる債務者の債権者に対する反対債権によって相殺することができる（457条2項）。その趣旨は，法律関係の簡易な決済にある。

以上に対して，保証人について生じた事由は，主たる債務者に対して影響を及ぼさない。例えば，保証人が債務の承認をしても，主たる債務の消滅時効は中断しない。その結果，主たる債務の消滅時効が完成すれば，保証人はこれを援用できることとなる。

* **付従性のない保証——損害担保契約**　保証債務は，主たる債務の存在を前提にその履行を担保するものであり，原則として付従性が認められる（例外：449条）。これに対して，付従性がなく，債務不履行から生ずべき損害を一切担保する旨の契約を損害担保契約という。この損害担保契約には様々なものがあり，国際商取引における請求払無因保証（demand guarantees, garantie à première demande）もその一例である。では，請求払無因保証とはどのようなものか。例えば，国際商取引においては，企業が契約を結ぶ際に債務の履行を確保するための担保として，契約総額の一定割合に相当する金額を保証金として寄託することが求められる場合がある。しかし，企業にとってはその負担が大きく，それを避けるために，銀行が寄託金に相当する金額の支払いを企業の債権者に対して約束し，債権者は，企業がその寄託額をただちに支払うことを免除する。この場合において銀行は，企業の契約上の債務の履行を担保するのではないため付従性がなく，担保金の支払いを拒絶するために企業が有する契約上の抗弁を主張することはできない。

　また，国内取引では，保険会社による信用保険や保証保険が損害担保契約に該当する。いずれも，債務者の債務不履行から生じうる損害の塡補を目的とする。しかし，信用保険は，債権者と保険会社とが締結する保険契約であるのに対し，保証保険は，債務者が保険会社と締結し，被保険者を債権者とする保険契約である。

3-4 保証債務の補充性

(1) 二つの抗弁権

(ア) **催告の抗弁権**　債権者が保証人に債務の履行を請求した場合に，保証人は，まず主たる債務者に催告をすべき旨を請求することができる（452条本文）。しかし，保証人がこの抗弁権を行使しても，債権者は，主たる債務者に対して裁判外の催告をすれば足りるため，その実益はほとんどない。しかも，①主たる債務者が破産手続開始の決定を受けたとき，または，②主たる債務者の行方が知れないとき（452条但書）のほか，連帯保証の場合（454条）には，保証人は催告の抗弁権をもたない。

(イ) **検索の抗弁権**　債権者が，主たる債務者に対して催告した後に，保証人に対して請求した場合でも，保証人は，債権者に対して，「まず主たる債務者の財産について執行をしなければならない」旨の抗弁をすることができる。ただし，保証人がこの抗弁権を行使するためには，①主たる債務者に弁済をする資力があり，かつ，②執行が容易であることを証明しなければならない（453条）。しかし，保証人は，主たる債務者に債務の全額を完済する資力がなくても，執行の容易な若干の財産が存在することを証明すれば足りるため（大判昭8・6・13民集12-1472），検索の抗弁は容易に認められる。しかも，検索の抗弁権が行使されると，債権者は，まず主たる債務者に対して強制執行しなければならないため，その効果は，催告の抗弁権とは比べものにならないほど重大である。そこで，実際には，催告・検索の抗弁権を排除する連帯保証（454条）が用いられるのが通常である。

(2) 抗弁権の効果

以上の二つの抗弁権を行使すると，上記の各効果が発生する。そのほか，債権者が主たる債務者に対する催告または執行を怠ったときは，そのために主たる債務者から弁済を受けることができなかった部分について，保証人はその義務を免れることになる（455条）。

4　保証人の主たる債務者に対する求償権

4-1　求償権の範囲

　保証人は，債権者に対しては保証債務を履行する義務を負う。しかし，これは主たる債務の履行のためであるから，保証債務を履行した保証人は債務者に対してその「償還」（461条・462条参照）を求めることができる。この権利を**求償権**という。このような求償権については，規定がなくとも，主たる債務者に頼まれて保証人になった場合には委任事務の処理費用（650条）として，また，頼まれずに保証人になった場合には事務管理の費用（702条）として認められる。つまり，保証人の求償権とは，他人の事務を処理した者の費用償還請求権に相当するものである。民法は，これらの制度を基礎としつつ，以下のように保証人の類型に応じて，求償権の範囲に関する特別の規定を設けている。

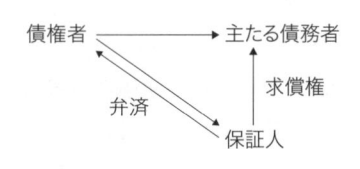

　(ｱ)　**主たる債務者の委託を受けた保証人**　保証人が自己の財産をもって主たる債務を消滅させるべき行為をしたときは，主たる債務者に対して完全に求償することができる（459条1項）。すなわち，利息，費用，損害賠償も求償できる（459条2項による442条2項の準用）。この求償権の範囲は，受任者の費用償還請求権の範囲（650条1項・3項）とほぼ一致する。また，保証人が後に求償しようと思ってもできなくなる一定のおそれがある場合には，事前に求償権を行使することが認められる（460条）。そのような事由としては，①主たる債務者が破産手続開始の決定を受け，かつ，債権者がその破産財団の配当に加入しないとき，②債務が弁済期にあるとき，③債務の弁済期が不確定で，かつ，その最長期をも確定することができない場合で，保証契約の後10年を経過したとき（460条1号～3号）のほか，④保証人が過失なく債権者に弁済をすべき旨の裁判の言渡しを受けたとき（459条1項前段）が挙げられる。ただし，主たる債務者が保証人の求償権を担保するために，あらかじめ担保権を設定しているときは，保証人は事前求償権を行使することはできない。

(イ)　**委託を受けない保証人**　主たる債務者の委託を受けない保証人は，委託契約に基づく求償権を有しない。しかし，保証人が債権者に弁済した場合には，主たる債務者に不当の利得を得させないために，特に求償権が認められている。この求償権は，委託を受けた保証人のそれに比べると，次の2点で異なっている。すなわち，①求償権の事前行使が認められず（460条参照），②求償権の範囲も，主たる債務者が「その当時利益を受けた限度において」（462条1項）認められるにすぎない。つまり，利息，費用，損害賠償は含まれない。この範囲は，本人の意思に反しない事務管理人の費用償還請求権の範囲（702条1項）と一致する。

　(ウ)　**主たる債務者の意思に反する保証人**　主たる債務者は保証人の行為によって不利益を受けてはならない。それゆえ，「現に利益を受けている限度においてのみ」保証人の求償に応じればよい（462条2項前段）。したがって，主たる債務者が求償の日以前に債権者に対して反対債権を取得したときには，債務者は，これをもって保証人の求償に対抗することができる。この場合に，主たる債務者の債権は保証人に移転する（462条2項後段）。この求償権の範囲は，本人の意思に反する事務管理人の費用償還請求権の範囲（702条3項）と一致する。

4-2　保証人の通知義務

　上記のいずれの類型の保証人も，弁済するに際して，主たる債務者に事前または事後に通知することが要求され，この通知を怠るとその求償権が制限される（463条1項による443条の準用）。すなわち，保証人があらかじめ通知をしないで弁済その他の免責行為をしたときは，主たる債務者は債権者に対抗することのできた事由をもって保証人に対抗することができる（443条1項）。その趣旨は，保証人が事前の通知をすることによって，主たる債務者に権利行使の機会を与えることにある。また，保証人が弁済その他の免責行為をした後に通知を怠り，主たる債務者が善意で二重に弁済その他の免責行為をしたときは，その債務者は自分のした免責行為を有効とみなすことができる（443条2項）。このような事後の通知は，保証人が弁済したことを知らずに，主たる債務者が二重に弁済することを防ぐ趣旨で

ある。

5 特殊な保証

5-1 連帯保証

連帯保証とは，保証人が主たる債務者と連帯して債務を負担する旨を合意した保証である（458条）。この連帯保証は，次の二つの点において通常の保証（単純保証）と異なっている。すなわち，①連帯保証は，催告および検索の抗弁権を有さず（454条），また，②連帯保証人に対する履行の請求は，主たる債務者に対しても効力を生じる（458条による434条の準用）ことになる。そして，履行の請求の主要な効果は時効の中断（147条1号）であるため，債権者が連帯保証人に対して請求しておけば，主たる債務についての消滅時効が中断する。このほか，解釈上，③連帯保証には分別の利益（後述）も認められない。

5-2 共同保証

共同保証とは，同一の主たる債務について数人が保証債務を負担する場合をいう。単純保証との違いは，次の二つの点である。まず，①各保証人は分別の利益を有する。すなわち，数人の保証人がそれぞれ単純保証をした場合には，その債務額は保証人の数に応じて分割されることになる（456条による427条の準用）。これは，保証人にとって利益であるから**分別の利益**という。しかし，債権者にとっては，複数の保証人をつけた意味に乏しく，不利益となる。そこで，保証人相互間の特約により，各自が全額の弁済をする義務を負う場合がある。このような場合を**保証連帯**という。なお，連帯保証も分別の利益がない点で，保証連帯と共通する。また，②共同保証人間における求償が認められる（465条）。すなわち，共同保証人が弁済すれば，主たる債務者に対して求償権を有するにとどまらず，共同保証人間でも求償することができる。これは，債務者の無視力のリスクを，共同保証人のうちの一人が負担するのは公平ではないからである。

5-3 根保証契約

(1) 意 義

　根保証契約とは,「一定の範囲に属する不特定の債務を主たる債務とする保証契約」である (465条の2)。このような保証が必要とされる場合としては,次の三つが挙げられる。すなわち,第1に,銀行と事業者の取引,メーカーと商社の取引など,継続的な取引契約がなされる場合に根保証契約が結ばれる。このような根保証を**信用保証**という。第2は,不動産賃貸借契約から生じる賃借人の賃料債務の保証である。そして第3は,雇用契約における**身元保証**である。

　これらの根保証契約においては,債務が不特定であるため,保証人が予測もしない多額の債務について責任を負わされる結果となるおそれがある。とりわけ,保証人保護の必要性が強く感じられたのは身元保証である。なぜなら,身元保証は,例えば親戚の子が就職する際に軽い気持ちで引き受けてしまい,後に多額の保証債務を請求されるおそれがあるからである。そこで,昭和8 (1933) 年には,身元保証に関する法律(身元保証法)が制定された。

(2) 身元保証

　身元保証法では,以下の点において身元保証人の保護が図られている。第1に,身元保証の存続期間を最長5年とする (2条) とともに,期間の定めのない身元保証は,原則として3年間とした (1条)。第2に,身元保証人の責任が発生するおそれがある場合やその責任が重くなるおそれがある場合には,使用者に身元保証人への通知義務が課されている (3条)。そして,そのような場合には,身元保証人に解約権が認められる (4条)。第3に,身元保証人の責任の範囲は,裁判所の広範な裁量に委ねられた (5条)。

　なお,身元保証法に規定はないが,身元保証人が死亡した場合には,身元保証契約が相続されないとするのが判例 (大判昭18・9・10民集22-948)・通説である。

5-4　信用保証

　信用保証の内容はすべて契約によって定まる。それゆえ，保証債務の範囲や期間の定めのない契約もあり，保証人の責任は重い。そこで，判例・学説がその期間および範囲につき以下のような制限を認めるとともに，平成16年の民法改正では，信用保証の一部である貸金等根保証契約について，保証人の保護のための規定が設けられた。

（1）　判例による制限

　㋐　**期間**　　保証期間に定めがないときにも，次の二つの解約権が認められる。一つは**任意解約権**であり，保証契約締結後相当の期間が経過した場合には，保証人はその契約を将来に向かって解約できる（大判昭7・12・17民集11-2334）。もう一つは，**特別解約権**であり，保証期間の定めの有無にかかわらず以下の事情が生じた場合には，保証人が解約できる。すなわち，①主たる債務者の資産の悪化（大判昭9・2・27民集13-215），または，②主たる債務者の不履行により，保証人が再三責任を負うなどして，主たる債務者に対する信頼が失われた場合（最判昭和39・12・18民集18-10-2179）である。

　㋑　**範囲**　　保証債務の限度額に定めがない場合にも，保証人の責任は無制限と解すべきではなく，取引通念上相当な部分についてのみ責任を負うとするのが判例（大判大15・12・2民集5-769）・通説である。

　なお，信用保証の相続性は，限度額および期間の定めのないものについては否定される（最判昭37・11・9民集16-11-2270）。

（2）　貸金等根保証契約

　根保証契約のうち，主たる債務の範囲に，金銭の貸渡しまたは手形の割引を受けることによって負担する債務（貸金等債務）が含まれるものを，貸金等根保証契約という（465条の2第1項）。この貸金等根保証契約については，個人を保証人とする場合に限り，以下のような制限が設けられている。ただし，貸金等根保証契約のみを対象とするのは不十分である，との批判もなされている。

　㋐　**極度額**　　保証人は，極度額の限度で保証債務を履行する責任を負うが，極度額の定めのない契約は無効とされる（465条の2第2項）。しか

も，極度額の定めは，書面によらなければ無効である（465条の2第3項）。

　(イ)　**保証期間**　主たる債務の元本確定期日の定めがある場合には，その元本確定期日が根保証契約締結の日から5年を経過する日より後の日と定められているときは，その元本確定期日の定めは無効とされる（465条の3第1項）。また，元本確定期日の定めがない場合には，その元本確定期日は，根保証契約の締結の日から3年を経過する日とされる（465条の3第2項）。

　(ウ)　**元本確定事由**　根保証契約の締結時には予想できなかった，以下の三つの事情の変更がある場合には，主たる債務の元本確定期日の到来前であっても，元本が確定する。その事由とは，①債権者が主たる債務者または保証人の財産について，強制執行または担保権の実行を申し立てたとき，②主たる債務者または保証人が破産手続開始決定を受けたとき，③主たる債務者または保証人が死亡したとき，のいずれかである。

　(エ)　**法人の根保証に関する特則**　以上の制限は，法人が根保証をする場合には適用されない（465条の2第1項）。しかし，法人が根保証をした場合であっても，その法人の取得する主たる債務者に対する求償権について個人が保証人となるときは，その個人は，自らが根保証をしたときと同様に，予想外の過大な保証責任を負うことになりかねない。そこで，求償権についての保証契約も，極度額や元本確定期日の定めがあり，かつ，465条の3第1項，3項に反しないことが要件とされる（465条の5）。

5-5　賃借人の債務の保証

　賃貸借契約から生じる賃料債務および損害賠償債務の保証は，当初の賃料が確定しているため，増加する額の予測は可能であり，保証人の保護の必要性は信用保証におけるほど大きくない。それゆえ，期間の定めのない賃貸借契約については，相当期間経過後の任意解約権は認められない（大判昭7・10・11新聞3487-7）。それゆえ，保証人に解約権が認められるのは，①賃借人が賃料の支払いを継続的に滞納し，将来においても履行の見込みがないこと，②賃借人の資産状態が著しく悪化したこと，③賃貸人が突如多額の延滞賃料の支払いを求めたことなどの事情がある場合に限られる

(大判昭8・4・6民集12-791，大判昭14・4・12民集18-350)。また，保証債務の相続が認められる（大判昭9・1・30民集13-103)。

　しかし，今日では，とりわけ都市部におけるマンション等の賃料は高額であり，賃借人の債務の保証も，その額が高額となるおそれがある。それゆえ，保証人の債務も，信用保証におけると同様の制限をする必要があるとも考えられる。

VI 債権・債務および契約関係の移転

1 総　　説

1 意　義

債権譲渡とは，債権の同一性を変えることなく，譲渡人（旧債権者）と譲受人（新債権者）との契約によって債権を移転することをいう。

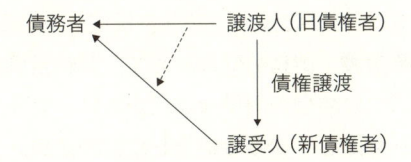

```
債務者 ←──── 譲渡人(旧債権者)
     ↖         │
       ↖       │ 債権譲渡
         ↖     ↓
           譲受人(新債権者)
```

　この制度は，当事者間の契約によって債権者の変更をもたらす点で，債権者の交代による更改（515条）と共通する。しかし，更改では，旧債権が消滅してそれと関係のない新債権が成立する（513条参照）のに対して，債権譲渡では，債権の同一性が維持される，という点において両者は異なる。すなわち，債権譲渡の場合には，その債権に付着する従たる権利（担保権・利息債権など）と各種の抗弁権（同時履行の抗弁権など。ただし，解除権を除く）が，そのまま譲受人に移転することになる。
　なお，債務について，このような債権譲渡に対応する制度が**債務引受**（免責的債務引受）である。また，債権・債務のみならず，解除権をも含む契約当事者の地位が譲受人に移転する制度として，「**契約当事者の地位の移転**」（契約譲渡・契約引受ともいう）が存在する。

2 沿　革

　古くローマ法では，債権は債権者と債務者とを人的に結びつける「法鎖」であると解されていた。それゆえ，債権者と債務者のいずれが交代しても，その債権は同一性を失うものとされ，債権譲渡も債務引受も認められなかった。

　そこで，現在の大陸法諸国の民法典を，債権譲渡・債務引受・契約当事者の地位の移転の三つに関する明文規定の有無によって分類すると，三つの類型に分けることが可能である。第1は，1804年のフランス民法典であり，ここでは債権譲渡のみが規定されている。第2は，1896年のB・G・Bおよび1912年のスイス民法典であり，債権譲渡と債務引受を規定している。そして第3は，1942年のイタリア民法典や1966年のポルトガル民法典であり，債権譲渡・債務引受に加えて，契約当事者の地位の移転をも規定する。この三つの類型の簡単な比較からは，債権者と債務者の交代を否定していたローマ法を多少とも継受した大陸法が，まず債権譲渡，ついで債務引受，最後に契約当事者の地位の移転を段階的に承認してきた過程がうかがわれる。それと同時に，日本民法典は，この問題についてはフランス民法に倣っていることが明らかである。すなわち，わが民法は，466条以下に債権譲渡を規定し，債務者の交代に関してはフランス民法と同じく更改（513条以下）を規定するのみである。しかし後述のように，現在の判例・学説は，債務引受および契約当事者の地位の移転を認めることには異論がない。

2 指名債権の譲渡

1　債権譲渡の機能

1-1　指名債権の意義

　債権譲渡の客体である「債権」には，いくつかの種類がある。そのうち，

民法の規定する通常の債権を**指名債権**という。これは，債権者が特定し，債権の成立および譲渡に証書を要しないものである。これに対して，手形・小切手は，証券化した債権の例である。そして民法にも，469条以下に証券化した債権の規定がある。しかし，内容的にはきわめて未熟で，実際には用いられていない。以下では，指名債権のみを扱うことにする。

1-2 投下資本の流動化

債権譲渡にはさまざまな機能がある。まず，債権は一つの財産として扱われ，他の財産と同じく流通することになる。すなわち，債権者は，債権の売買により，その債権の弁済期を待たなくとも投下資本を回収することができる。他方，債権の譲受人は，これにより新たに投資に参加することになり，投資が促進され，ひいては債務者が容易に融資を受けられることになる。このような投下資本の回収が，通常は，債権譲渡の第1の機能として挙げられる。

しかし，債権譲渡がこの機能を充分に果たすためには，その流通を保護し，かつ，譲受人が確実に弁済を受けられなければならない。この要請を充たすのが，債権と証書とが結合した証券的債権，とりわけ手形に代表される有価証券である。これに対して，民法の規定する指名債権は，証券と結合せず，しかも権利者も特定しているため，有価証券のような流通が予定されていない。そうだとすれば，民法の債権譲渡には，投下資本の流動化の機能はさほど大きくない，と考えられる。

1-3 債務の簡易な決済（債権の回収）

債権譲渡は，債権者が自己の債権を容易に回収する手段として用いられる。例えば，AがBに100万円の債権を有し，BがCに80万円の債権を有している場合に，Aは，自己の債権を回収するために，BのCに対する債権につき債権執行（民執143条以下）をすることが可能である。しかし，そのような執行手続

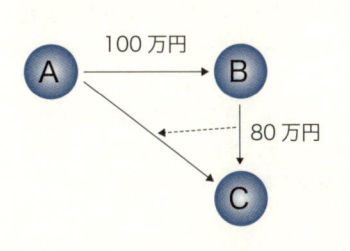

は煩雑であるため，AはBから80万円の債権を譲り受けることがある。

これは，法律的には，代物弁済（482条）ないし債権の売買に基づく代金債権の相殺（505条）として構成される。そして現実には，債務者の債務超過の場合にこのような債権譲渡が行われるため，複数の債権者に重ねて同一債権の譲渡が行われるという事態が生じることになる。

1−4 債権の担保

債権譲渡は，債権を自己の債務の担保とするためにも用いられる。すなわち，債務者から債権者に対して，第三債務者に対する債権を担保のために譲渡する，いわゆる**債権の譲渡担保**である。この場合に，債権者（譲渡担保権者）は，第三債務者から直接に取り立てた金銭を被担保債権の弁済に充てることになる。

これに加えて，近時は，個別債権の譲渡担保のみならず，企業が現に有している債権および将来取得するであろう債権を一括して担保に供する**集合債権譲渡担保**が注目されている＊ ＊＊。

> ＊ **権利質との区別** 民法では，債権を担保の目的とする手段として，権利質を規定する（362条以下）。この権利質も，質権者に第三債務者に対する直接の取立権が認められている点では，債権の譲渡担保と異ならない。しかし，権利質では，①367条2項および3項の制約があり，また，②後順位の担保権の設定も可能である。これに対して債権の譲渡担保では，これらの不都合を回避することができる。それゆえ，債権者にとっては，債権の譲渡担保の方が権利質より有利であり，実務においても多く利用されている。

> ＊＊ **債権譲渡・債権信託による資金の調達――債権の流動化** 近年は，リース会社やクレジット会社が，その有する多数の小口債権を利用して，多額の資金を調達する手法としての債権譲渡が注目されている（なお，民法上の債権譲渡のほかに，信託も利用される）。
>
> 例えば，A信販会社が，多数の債務者に対して有している多数の債権をB会社（通常は，資産の流動化のために設立されたペーパーカンパニー。SPV〔Special Purpose Vehicle〕という）に譲渡し，Bを介して，これらの債権を引当てに発行した証券（Bの社債）を投資家に販売することにより，資金の調達がなされている。この場合の債権譲渡は，形式的なものではあるが，Bの財務状況および社債の価値が，Aの倒産の影響を受けないという重要な効果（「倒産隔離」という）をもたらしている。

しかし、債権譲渡方式の場合には、対抗要件の具備（467条）が煩瑣である。そこで、以下のような特別法が制定され、債権譲渡・債権信託による資金の調達が容易になるような仕組みが構築されている。

(1) **特定債権法**　1992年には、リース・クレジット業界の資金調達のニーズに応えるために、「特定債権等に係わる事業の規制に関する法律」が制定され、リース料債権やクレジット債権を、SPVを介して投資商品化し、直接投資家から資金を調達するという制度が導入された。より具体的には、一定規模の債権をまとめて証券化し、SPVへの譲渡または信託銀行への信託を通じて資金を調達するものである（なお、同法による2002年度のリース・クレジット債権の証券化の実績は4兆5288億円（791件）であった）。

この特定債権法では、集合債権をSPVに譲渡する際に467条の対抗要件を具備することが煩瑣であることから、公告によって同条所定の「確定日付のある証書による通知があったものとみなす」ものとした（7条2項）。しかし、特定債権法は、次の動産・債権譲渡特例法の制定によってその役割を終え、信託業法附則2条によって廃止された。

(2) **動産・債権譲渡特例法**　「動産及び債権の譲渡の対抗要件に関する民法の特例等に関する法律」が制定され、より広く「法人がする……債権の譲渡」につき、その対抗要件を簡素化して、債権譲渡登記による第三者対抗要件を認めた（4条）。

(3) **資産流動化法**　2002年に制定された「資産の流動化に関する法律」の特色は、特定目的会社（TMK）と特定目的信託（TMS）を規定し、かつ、TMKの発行証券とTMSの信託受益権とを証券取引上の有価証券とした点にある。ただし、債権譲渡の対抗要件については特に規定せず、民法および動産・債権譲渡特例法にこれを委ねている。

1-5　債権の取立て

債権譲渡は、債権の取立てを目的としてなされることもある。すなわち、債権者が自ら債権を取り立てる煩を避けるために、第三者に債権を譲渡してその取立てを依頼するのである。もっとも、同様の目的は、債権者が第三者に債権取立ての代理権を与えることによっても達しうる。しかし、債権譲渡によれば、代理権と異なり、第三者が自己の名で債権を取り立てることができる。

なお、かつての判例によれば、取立てのための債権譲渡には、単に取立権限を授与するために債権譲渡が用いられる場合と、当事者が債権の移転

を意図している信託的譲渡の場合の二つがあるとする。そのいずれであるかは，当事者の意思解釈によるが，当事者の意思が不明であるときは，取立権限の授与であるとされる（大判大15・7・20民集5-636）。

2　債権の譲渡性

2-1　466条の趣旨

　466条1項本文は，債権が原則として譲渡しうるものであることを明らかにする。これは，債権譲渡の自由を承認する近代民法典の傾向に従ったものであり，旧民法では当然のこととして規定されていなかった。

　しかし，①民法の起草当時のわが国の法制では，債権譲渡の自由は否定されていた（明治9年7月6日太政官布告99号）。しかも，②債権譲渡の自由を認めることに反対する学説も多かった。なぜなら，当時，債権譲渡を利用して悪らつな請求をする者がいたからである。そこで466条は，債権譲渡の自由を原則としつつ，わが国の沿革を考慮して，「当事者が反対の意思を表示した場合」（＝譲渡禁止特約）には，その譲渡性を奪うことができる（2項本文）とした。

　なお，466条1項但書では，債権の性質が譲渡を許さない場合があることを明らかにする。なぜなら，譲渡性を本質とする証券的債権と異なり，債権者の特定している指名債権では，その性質上譲渡性がない場合もあるからである。

2-2　債権の性質による譲渡制限（466条1項但書）

　債権関係は対人的な関係であるため，債権者の変更によりその目的を達することができない場合がある。466条1項但書はこのような場合を指す。もっとも，具体的に，ある債権がその性質上譲渡することができるか否かは，合意の趣旨およびその解釈に従って決すべきであり，一般的な基準を示すことは難しい。しかし，おおまかには，次の二つの観点からその基準を考えることができる。

　　①　債権の種類に応じた区別が可能である。すなわち，なす債務に対

応する債権は，債権者と債務者の間の個人的信頼関係を基礎にするものが多いため，その性質上譲渡が許されない。例えば，特定の人の肖像画を描く義務に対応する債権は，譲渡性がないとされる。これに対して，与える債務，とりわけ個性のない金銭債務に対応する債権は，原則として譲渡可能である。

　② 債権譲渡が債務者の利益を守るために否定される場合には，その債務者の承諾があれば譲渡性が認められることになる。例えば，賃貸借は，賃貸人と賃借人の個人的信頼関係を基礎とする継続的契約であるため，賃借人の交代は賃貸人の利益を損なうおそれがある。すなわち，人によって目的物の利用が異なる。そこで，賃借権の譲渡は賃貸人の承諾なしには認められない（612条1項）と説明される。しかし，厳密には，賃借権の譲渡は単なる債権譲渡ではなく，契約当事者の地位（賃借人の地位）の移転の問題であることに留意する必要がある。

　これに対して，債権者その他の利益を守るために譲渡が禁止されている場合には，たとえ債務者の承諾があっても，その譲渡性は認められない。例えば，債権者の生活保障のための扶養請求権は譲渡されえない（881条）。

2−3　将来債権の譲渡

　債権者は，将来発生するか否かが明確でない債権を譲渡することができるか。

　この問題につき，古い判例は，すでに将来債権の発生原因である法律関係（契約）が存在する場合に，その譲渡性を認めていた（例えば，将来の利益配当請求権につき大判明43・2・10民録16-84，将来の賃料請求権につき大判昭5・2・5新聞3093-9）。他方，学説では，このような法律関係が存在しなくとも，事実上の根拠があり，しかも，社会観念に従って債権の発生が確実であると認められる限り，将来債権の譲渡が有効であると主張されていた〔於保〕。

　しかし，最高裁は，債権発生の可能性ないし確実性を問題とすることなく，将来債権譲渡契約の有効性を認めることを明らかにしている。

> **判例　将来債権譲渡の有効性**（最判平11・1・29民集53-1-151）
>
> 　8年3か月の間に医師が支払いを受けるべき診療報酬債権の譲渡契約につき，「契約当事者は，譲渡の目的とされる債権の発生の基礎を成す事情をしんしゃくし，右事情の下における債権発生の可能性の程度を考慮した上，右債権が見込みどおり発生しなかった場合に譲受人に生ずる不利益については譲渡人の契約上の責任の追及により清算することとして，契約を締結するものと見るべきであるから，右契約の締結時において右債権発生の可能性が低かったことは，右契約の効力を当然に左右するものではないと解するのが相当である」と判示した。

　この判決は，将来債権譲渡契約の当事者が，債権不発生のリスクを考慮して契約を締結しているという実態を踏まえ，将来債権が発生する可能性の高低によっては，譲渡契約そのものの有効性が左右されるものではない，ということを明らかにした。

2-4　譲渡禁止特約（466条2項）

（1）意　義

　契約によって生じた債権については，両当事者が契約によってその譲渡性を奪うことができる。この466条2項は，前述のように，債権譲渡を否定するわが国の慣習および取立屋の跳梁を防ぐことを考慮して規定されたものである。そして今日においても，債権譲渡禁止特約は，銀行取引などで広く用いられている。もっとも，その目的は，次のような，主として金融機関の利益を図るものである。すなわち，①大量の債権者（預金債権者）を相手にする場合に，譲受人の確認を避けることにより事務の処理を容易にし，かつ，②債権者が変われば過誤払いが増えるため，そのような過誤払いを回避する。さらに，③預金担保貸付けを行い，譲渡人（預金債権者）との間の相殺を可能にしておくという利益がある。

　このような実務の傾向に対しては，債権の有する経済的価値の重要性を考慮し，その譲渡性を重視して，譲渡禁止特約の範囲を合理的に制限すべきである，との主張も有力に展開されている。

(2) 466条2項但書

(ア) **「善意の第三者」** 譲渡禁止特約の存在にもかかわらず債権者が債権を譲渡した場合には，特約の存在を知らないで債権を譲り受けた（または，これに質権を設定した（343条））者は，有効に債権を行使しうることになる（466条2項但書）。なぜなら，債権には原則として譲渡性がある（466条1項本文）ため，公示されない譲渡禁止特約が善意の第三者に対抗できるとすると，その者が不測の損害を被ることになるからである。

問題となるのは，第三者が善意であることに加えて，無過失であることを要するか否かである。この点につき，かつての通説は，条文の文言通りに善意のみを要求していた。しかし，この規定が，外観に対する信頼を保護して取引の安全を図る制度であることを理由に，無過失を要するという見解も存在した。

判例は，軽過失の有無については明らかではない。しかし，重過失については悪意と同視できることを理由に，譲受人が債権を取得するには善意・無重過失が要求されるとする（最判昭48・7・19民集27-7-823）。そして現在の通説も，この判例を支持している。その理由としては，次の2つが挙げられる。すなわち，①債権譲渡の自由の原則をできる限り尊重すべきであり，第三者に無過失まで要求すべきではない。また，②一般の外観法理では，信頼を保護すると真の権利者が権利を失うことになため，第三者に無過失を要求し，その保護要件を厳格にする必要がある。しかし，466条2項の場合には，譲渡禁止特約を無視したところで誰も権利を失うわけではなく，単に債権者を固定したいという債務者（金融機関）の利益が失われるにすぎない。

結論としては，悪意ないしそれと同視できる重過失のある譲受人のみを排除すればよいであろう。

(イ) **強制執行との関係** 債権に対する強制執行の一方法として，債権を差押債権者に移転する転付命令が認められている（民執159条1項）。この転付命令の実質は債権譲渡であるため，転付命令による債権の移転にも466条2項の適用があるか否かが問題となる。

この問題につき，最高裁は，譲渡禁止特約の効力が債権の任意譲渡のみ

を対象とするものであり，債権が差し押さえられ，かつ，転付命令によって移転される場合には，民法466条2項の適用ないし類推適用をなすべきではないとする（最判昭45・4・10民集24-4-240）。その理由は，①同条が債権の「譲渡」禁止特約に効力を認めたとの文理解釈に加え，②同条が転付命令にも適用されるとすれば，私人がその意思表示によって，債権から強制執行の客体となる性質を奪うことを認めることになり，債権者を害することが著しいという点にある。

　（3）　特約に反する債権譲渡の効力

　譲渡禁止特約に反してなされた債権譲渡の効力はどうか。通説は，債権譲渡を無効と解する**物権的効力説**に立つ。その理由は，民法466条2項の沿革，同条の文理解釈，および，すべての債権について画一的に流通性を認める必要はないことにある。これに対して，債権の自由譲渡性を重視する立場から，譲渡禁止特約に反しても債権譲渡そのものは有効であるが，債務者が悪意の譲受人に対して悪意の抗弁権を有し，弁済を拒絶することができる，とする**債権的効力説**も主張されている。

　判例は，物権的効力説に立脚している。すなわち，譲渡禁止特約は債務者の利益のためになされるものであるため，債務者が事前または事後に債権譲渡を承諾すれば，譲渡禁止が解消されうる（事前の承諾につき，最判昭28・5・29民集7-5-608）。そして，承諾が債権譲渡後になされた場合，債権的効力説によれば，債権譲渡は譲渡の時から有効であるためその遡及効は問題とならないのに対して，最高裁は，債権譲渡が「譲渡の時にさかのぼって有効となる」と解しているからである（最判昭52・3・17民集31-2-308，最判平9・6・5民集51-5-2053。ただし，「民法116条の法意に照らし，第三者の権利を害することはできない」とする）。

　証券的債権と異なり，民法の規定する指名債権について，その流通性をどこまで確保すべきかは，なお慎重な検討を要する問題である。そうだとすれば，立法論として債権的効力説を検討することはともかく，解釈論としては，物権的効力説に従う方が適切であろう。

2−5　集合債権譲渡担保

（1）　特定性

　将来債権の譲渡を認めることは，その包括的な譲渡によってなされる集合債権譲渡担保に途を開くことになる。もっとも，集合債権譲渡担保においては，将来発生すべき多数の債権のうち，どの債権が目的となっているかを識別すること（特定性）が必要となる。このような特定性（識別可能性）を判断する要素として，最高裁は，①債権の発生原因，②譲渡額，③発生ないし弁済期の始期と終期を明確にすること（前掲最判平11・1・29民集53-1-151）のほか，④債権者および債務者（第三債務者）の特定（最判平12・4・21民集54-4-1562）を挙げている。

（2）　包括的な集合債権譲渡担保の可否

　債務者が有する一切の将来債権を担保の目的とすることは可能か。この場合には，すべての債権が目的となるため，特定性の点では問題がない。しかし，このような包括担保を認めると，債務者の経済活動の自由を阻害するおそれがあるとともに，債務者の他の債権者の利益を著しく害するおそれがある。そこで，最高裁も，「契約締結時における譲渡人の資産状況，右当時における譲渡人の営業等の推移に関する見込み，契約内容，契約が締結された経緯等を総合的に考慮し，将来の一定期間内に発生すべき債権を目的とする債権譲渡契約について，右期間の長さ等の契約内容が譲渡人の営業活動等に対して社会通念に照らし相当とされる範囲を著しく逸脱する制限を加え，又は他の債権者に不当な不利益を与えるものであると見られるなどの特段の事情の認められる場合には，右契約は公序良俗に反するなどとして，その効力の全部又は一部が否定されることがあるものというべきである」とした（前掲最判平11・1・29）。

（3）　対抗要件（債権譲渡登記）

　集合債権譲渡担保のように多数の債権を一括して譲渡する場合にも，民法467条によれば，個々の債務者ごとに確定日付のある通知・承諾の手続をしなければならない。しかし，そのための手数および費用の負担は，債権の流動化にとって大きな障害となる。のみならず，債権譲渡の事実が知られると，譲渡人（与信先）の信用不安を惹起するおそれがあり，多くは

対抗要件を具備せずに債権譲渡が行われてきた。そこで，このようなサイレントの債権譲渡に第三者対抗要件を具備したいという実務の要望にも応えるために制定されたのが動産・債権譲渡特例法である。同法の内容は，次の三つにまとめられる。すなわち，①法人が金銭債権を譲渡した場合には，法務局の債権譲渡登記ファイルに譲渡の登記をすれば，第三者対抗要件を具備したものとみなされることになる（4条1項）。しかし，債権譲渡登記は債務者の知らないうちになされることも多い。それゆえ，登記によって債務者対抗要件も具備したことにすれば，債務者に二重弁済の危険や抗弁切断の不利益を課すことになる。そこで，②同法は，債務者対抗要件として，債権譲渡およびその登記がなされたことにつき，譲渡人もしくは譲受人が債務者に対して通知をするか，債務者が承諾することが必要であるとした（4条2項）。そして，③新しい債権譲渡登記制度に関する手続が定められている（5条以下）。

> **判例　債権譲渡登記の第三者対抗力**（最判平14・10・10民集56-8-1742）
>
> 　債権譲渡登記に，集合債権譲渡担保の対象となる債権の発行年月日の始期が記録されているものの，その終期が記録されていない事案において，その第三者対抗力につき次のように判示した。すなわち，債権の譲受人（譲渡担保権者）は，「その債権譲渡登記をもって，始期当日以外の日に発生した債権の譲受けを債務者以外の第三者に対抗することができない」とした。なぜなら，このような債権譲渡登記によっては，「第三者は始期当日以外の日に発生した債権が譲渡されたことを認識することができず，その公示があるものとみることができない」からである。

（4）　債権譲渡の予約による集合債権譲渡担保

　集合債権譲渡担保の対抗要件としては，上記のよう債権譲渡登記が有用であるが，当事者があえて467条を選択することも可能である。しかし，集合債権譲渡担保においては，譲渡人（担保権設定者）に信用上の不安が生じるまでは，この者が自己の債権を自由に使用しうるため，債務者に債権譲渡があったことを知らせる必要はない。しかし，譲渡人に信用上の不安が生じてからの対抗要件具備は，否認される可能性がある（破産164条1項，会社更生88条1項）。これを回避するために実務では，債権譲渡の予約をし，

譲渡人に債務不履行等があったときは譲受人が予約完結権を行使して，債権譲渡の本契約を成立させる方法が用いられている。

この場合において，判例は，債権譲渡の予約につき確定日付のある通知・承諾がなされても，その通知・承諾をもって，予約の完結による債権譲渡を第三者に対抗することはできないとした。なぜなら，当該通知によって債務者は，予約完結権が行使されて債権が譲渡される可能性を知るにとどまり，債権の帰属に変更が生じた事実を認識するものではないからである（ゴルフ会員権の譲渡につき，最判平13・11・27民集55-6-1090）。この結果，債権譲渡の予約による集合債権譲渡担保は，その有用性を失ったといえよう。

3 債権譲渡の対抗要件

3-1 467条の意義
（1）序　説

譲渡人と譲受人との契約でなされた指名債権譲渡を第三者に対抗するためには，物権変動（177条）におけると同様に，一定の対抗要件が必要とされる。ただし，債権譲渡においては「第三者」として，債権の二重譲受人や譲渡人の債権を差し押さえた者（177条と同じ）のほかに，債務者が存在する。そこで，467条は，債務者に対する対抗要件と，債務者以外の第三者に対するそれとを分けて規定している。

（2）債務者に対する対抗要件（1項）

債権の譲受人が債務者に対して債権を行使するには，譲渡人が債務者に譲渡を通知し，または，債務者が譲渡を承諾することを要する（467条1項）。その趣旨は，債務者が債権譲渡の事実を知らないと，譲渡人に弁済した後にさらに譲受人に対しても弁済する義務を負うという二重弁済の危険を負うため，債務者にこのような不測の損害を被らせないよう，譲受人が債務者に対して権利を行使するための要件を明らかにしたことにある。

ところで，ここにいう「通知」とは，債権譲渡の事実を債務者に知らせる行為であり，意思表示ではなく観念の通知である，と解されている。そ

して，通知は，文言上，必ず譲渡人がしなければならないとされている。この点につき，旧民法典では，譲受人が債権譲渡の通知をするとしていた（財産編347条1項）。しかしそうすると，真の譲受人でない者が，債務者に虚偽の通知をして弁済を受けるおそれがある。これに対して，譲渡によって債権を失う譲渡人からの通知であれば信頼性が高い。そこで，現行民法467条は旧民法典の規定を改めて，譲渡人が通知することにしたのである。したがって，譲渡人以外の者がした通知は無効であり，譲受人は譲渡人に代位（423条）して通知することもできない（大判昭5・10・10民集9-948）。しかし，この通知は，譲渡契約から生じる譲渡人の義務であるため，任意にこれを履行しない場合には譲受人は，譲渡人に対して，強制履行および損害賠償を請求することができる（大判昭19・4・28民集23-251）。なお，通知は口頭でも書面でもよい。

他方，「承諾」とは，債権譲渡の事実を知っていることを表示する債務者の行為である。これも，申込みに対する承諾（意思表示）と異なり，観念の通知であると解されている。

（3）　第三者に対する対抗要件（2項）

467条1項の通知または承諾は，債務者に対してのみならず，債務者以外の第三者に対する関係においても対抗要件となる（2項）。その趣旨を明らかにしたのが，次の最高裁判決である。

> **判例　債権譲渡の対抗要件**（最判昭49・3・7民集28-2-174）
>
> 「債権を譲り受けようとする第三者は，先ず債務者に対し債権の存否ないしはその帰属を確かめ」る。その場合に，「債務者は，当該債権が既に譲渡されていたとしても，譲渡の通知を受けないか又はその承諾をしていないかぎり，第三者に対し債権の帰属に変動のないことを表示するのが通常であり，第三者はかかる債務者の表示を信頼してその債権を譲り受けること」になる。

要するに，第三者に対する関係においては，債務者をいわばインフォメーション・センターとして，①まず債務者に債権譲渡の事実を認識させ，②ついで第三者からの問い合わせに対する債務者の回答を通じて，第三者も譲渡の事実を認識できる，という公示機能を果たすために，通知または

承諾が対抗要件とされるのである。

ただし，債権譲渡を債務者以外の第三者に対抗しうるには，1項の通知または承諾が「確定日付のある証書」によってなされることが必要である（2項）。この「確定日付のある証書」とは，民法施行法5条に列挙されている証書である。そして実際によく利用されるのは，公正証書（1号）と郵便局の内容証明郵便（6号）である。

民法がこのような確定日付のある証書を要求した趣旨は，次の点にある。すなわち，譲渡人が債務者と通謀して譲渡の通知・承諾のあった日時を遡らせ，第三者の権利を害することを防止するために，通知・承諾の日付を公的な手続で確定することにある（前掲最判昭49・3・7）。

したがって，第三者に対しては，「確定日付のある証書」による通知・承諾が対抗要件となる。

3-2 債権の二重譲渡

(1) 対抗関係が生じる場合

同一債権につき二重譲渡がなされた場合には，対抗要件の具備によってその優劣を決することになる。もっとも，「対抗」関係が生じるためには，債権の存在することが前提となる。例えば，第1の債権譲渡につき確定日付のない通知がなされ，債務者がその第1譲受人に弁済することにより債権が消滅した後に第2の譲渡が行われ，確定日付のある証書による通知がなされたとしても対抗関係は生じない。なぜなら，第2譲渡は，すでに消滅した債権の譲渡として無効だからである（大判昭7・12・6民集11-2414）。

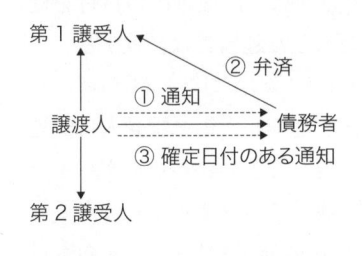

ところで，不動産物権変動においては，登記官の関与により，登記が重複するということはほとんどない。これに対して，債務者が登記所の役割を果たす債権譲渡においては，債務者に対する通知または債務者の承諾が重複してなされることがある。つまり，対抗要件を備えた複数の譲受人間でその優劣を決定しなければならない，という複雑な事態が生じ

ることになる。具体的には，次の三つの場合が問題となる。

① 二重譲渡の一方についてのみ確定日付のある通知・承諾がなされた場合。例えば，債権の二重譲渡がなされ，第1譲渡につき確定日付のない通知がなされ，第2譲渡がこれを備えたものであるときは，第2譲受人が優先する。そして，債務者に対する関係においても，第2譲受人が唯一の債権者となり，債務者はこの者に対してのみ弁済する義務を負い，第1譲受人からの弁済請求を拒むことができる（大判昭7・6・28民集11-1247）。

② 二重譲渡の双方に確定日付のない通知・承諾がなされた場合。この場合については，判例がない。通説は，いずれの譲受人も第三者対抗要件を具備していないため，相互に優先しえず，債務者がいずれに対しても弁済を拒絶でき，どちらか一方に弁済すれば免責されるとする。しかし，債務者は弁済義務を負っているのであるから，いずれの譲受人からの請求に対しても弁済を拒絶できず，一方に弁済すれば免責される，と解すべきである。

③ 二重譲渡の双方につき確定日付のある通知・承諾がなされた場合。実際に問題となるのはこの場合であり，以下ではこれを検討する。

（2） 通知の到達時による決定

同一債権につき二重譲渡がなされた場合には，対抗要件の具備によってその優劣が決せられる。問題となるのは，その双方につき確定日付のある証書による通知または承諾がなされた場合に，譲受人間の優劣をどう決すべきかである。

この問題につき，かつての通説は，確定日付のある証書の日付の先後によって決するとしていた（**確定日付説**）。この見解は，債権譲渡の日付を遡らせることを防止する，という確定日付を要求した趣旨には合致する。しかし，通知書に確定日付さえ得ておけば（例えば，公正証書を作成しておく），いかに遅れて発信しても，債務者に先に譲渡を通知した第2譲受人に優先する結果となる。これでは，債務者が誰に弁済してよいかわからず，また，債務者に情報を集めるという対抗要件制度の趣旨にも反することになる。

そこで最高裁は，譲受人間の優劣を確定日付の先後ではなく，「確定日付のある通知が債務者に到達した日時又は確定日付のある債務者の承諾の

日時の先後によって決すべき」であるとした*（**到達時説**＝前掲最判昭49・3・7）。学説も，現在では，この判例を支持するものが多数である。到達時説は，467条2項の趣旨に合致し，かつ，債務者にとっても先に通知が到達した者を債権者とすればよいから，優劣が明確であると解される（なお，到達時説はあくまで通知に関するものであり，債権譲渡について債務者の確定日付のある承諾が複数存在する場合の優劣は，その確定日付の日時の先後による）。

* **到達時説の難点** 到達時説は，対抗要件制度の趣旨に合致するが，債務者と譲受人との通謀によって到達時を変えることが可能であり，これを防止しようとした確定日付の意味が失われるという難点はある。そこで，467条2項の趣旨を徹底させると，通知の到達があったことを確定日付で証明することが望ましい。そして，かつての大審院判決もそのように解していた（到達時確定日付説＝大判明36・3・30民録9-361）。

では，通知の到達時を確定日付によって証明するにはどうしたらよいか。この点につき，民法の起草者は，フランスの制度にならって，執行官に通知してもらい，その執行官が通知がいつ到達したかを公正証書で証明する，という方法を考えていた。しかし，債権譲渡に際して，いちいち執行官に通知を送達してもらい，公正証書を作成するというのでは不便である。そこで，大審院もかつての判例を変更し，通知・承諾が確定日付のある証書によってなされればよく，その到達を証明することではないとした（大連判大3・12・22民録20-1146）。現行の制度を前提にすると，到達時説が妥当であると解さざるをえないであろう。

(3) 確定日付のある通知の同時到達

(ア) 二つの問題点 到達時説を採用すると，次に，複数の確定日付のある通知が債務者に同時に到達した場合に，どのように処理すべきかが問題となる。これは，債務超過に陥っている債務者が，債権者の要求に応じて自己の債権を何重にも譲渡してしまうため，現実に問題となることが多い。なお，判例は，通知の到達の先後関係が不明な場合も同時に到達したものとして扱う（最判平5・3・30民集47-4-3334。ただし，供託実務においては，同時到達の場合には，債務者による債権者の不確知を原因とする供託（494条後段）は受理されないが，到達の先後不明の場合には供託ができる〔法務省平成5・5・18民四第3841号民事局第四課長通知（金法1361-28）〕という違いがある）。

ところで，同時到達の場合には，次の二つの問題を区別する必要がある。すなわち，第1に，債務者に対する関係では，各譲受人がいかなる範囲で

弁済の請求をすることができるかが問題となり，第2に，仮に複数の債権者のうちの一人が全額の弁済を受けた場合に，他の譲受人の清算請求を認めるか否かという譲受人相互の関係が問題となる。

　㈡　**債務者に対する関係**　　この問題については，次の最高裁判決がある。

> **判例　債権譲渡通知の同時到達**（最判昭55・1・11民集34-1-42）
>
> 　Aに対して債権を有していたXは，昭和49年3月4日に，その弁済に代えて，AのYに対する債権を譲り受けた。そしてAは，同日付の内容証明郵便でその旨をYに通知し，その郵便は3月6日の正午から夕方6時までの間にYに到達した。ところがAは，3月5日に同一債権をBおよびCに重ねて譲渡し，同日付の内容証明郵便でYに通知し，この2つの郵便も3月6日正午から夕方6時までの間にYに到達した。また，D社会保険事務所は，3月6日にAの健康保険料の滞納金を徴収するために，同じ債権を差押え，その通知書も3月6日の同じ時間帯にYに到達した。XがYに対して債権の弁済を請求した。第1審・第2審ともにX敗訴。その理由は，Xへの譲渡通知がB・C・Dのそれより先にYに到達したと証明できない以上，Yに対し弁済を求めることはできない，ということにある。X上告。
>
> （図：B，C，D（保険事務所），X，A，Y　差押え　3月6日正午〜夕方6時）
>
> 　最高裁は，原判決を破棄し，次のように判示した。すなわち，同時到達の場合にも，「各譲受人は，第三債務者（Y）に対しそれぞれの譲受債権についてその全額の弁済を請求することができ，譲受人の一人から弁済の請求を受けた第三債務者は，他の譲受人に対する弁済その他の債務消滅事由がない限り，単に同順位の譲受人が他に存在することを理由として弁済の責めを免れることはできない」。

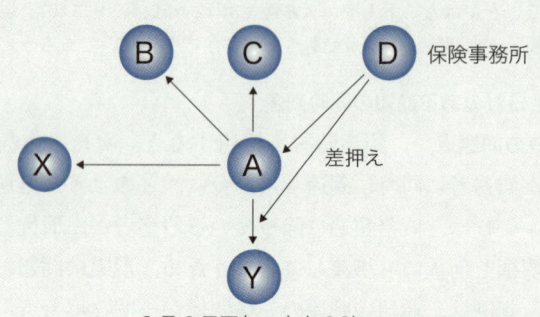

この判決からは，次の3点が導かれる。すなわち，①各譲受人は，債務者に対して，それぞれ譲受債権全額の弁済を請求することができる。②債務者は，譲受人の一人に対して弁済することによって免責される。そして，③債務者は，②などで債務が消滅しない限り，譲受人の一人からの請求であっても弁済を拒むことはできない。

　しかし，この判決では，以上の結論を導くための理論的根拠が示されていない。そこで，学説の中には，①を否定し，分割債権の原則（427条）を適用して，各譲受人の債権を分割債権とすべきであるとの見解もある。しかし，各譲受人は債権の全部を譲り受けたにもかかわらず，通知の同時到達という偶然の事情によって債権が分割される，というのは適切ではない。そこで，現在の多数説は，判例の結論を肯定するが，その理論構成については見解が分かれている（連帯債権とする見解，不真正連帯債権とする見解などがある）。

　(ウ) **譲受人相互の関係**　この問題を考えるに際しては，さらに二つの問題を区別する必要がある。すなわち，①債務者が譲受人の一人に全額弁済した場合に，他の譲受人がその分配を請求できるか，および，②債務者が債権者不確知を理由に供託した場合に，各譲受人の供託金還付請求権の有無およびその割合をどう解するかである。

　このうち，②については，次の最高裁判決がある。

> **判例　同順位の債権譲受人間における供託金還付請求**
> 　　　　　　　　　　　　　　　（最判平5・3・30民集47-4-3334）
>
> 　X（国）は，A会社に対する租税債権を徴収するために，A会社が第三債務者B組合に対して有する運送代金債権を差押え，その債権差押通知が昭和60年9月24日にB組合に送達された。他方，A会社は，同一債権をYに譲渡し，その旨の確定日付のある通知が同日にB組合に到達した。それゆえB組合は，債権者の不確知を理由に62万円を供託した。そこでXがYを相手に，供託金62万円の還付請求権を有することの確認を求めて訴えを提起した。
> 　最高裁は，通知の先後が不明であるために，第三債務者が債権者を確知することができないことを理由に供託した場合に，「被差押債権額と譲受債権額との合計額が右供託金額を超過するときは，差押債権者と債権譲受人は，公平の原則に照らし，被差押債権額と譲受債権額に応じて供託金額を案分した額の供託金還付

請求権をそれぞれ分割取得するものと解するのが相当である」と判示した。

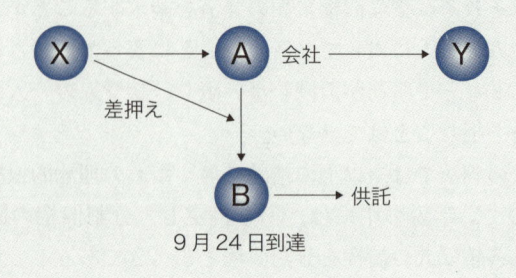

```
     X ────→ A  会社 ────→ Y
      差押え  │
           ↓
           B ──→ 供託
        9月24日到達
```

　この判決によれば，各譲受人はその譲受債権額に応じて供託金還付請求権を分割取得することになる（判決の事案では，被差押債権と譲受債権は同一であるため，1：1の割合で分割される）。しかし，その根拠としては「公平の原則」が挙げられるのみで，必ずしも明確ではない。けれども，判決の結論は妥当であると解される。というのも，債権者平等の原則は債権額に応じた平等であり，譲受債権者の数（頭割り）で決めるより妥当であるからである。

　ところで，この平成5年判決は昭和55年判決を前提とするものであるため，債務者が供託していない場合には，各譲受人は債務者に対して譲受債権の全額を請求することができる。そして，それに応じて一人の債権者に全額の弁済がなされた場合に，①の問題，すなわち他の譲受人が清算・分配請求をなしうるか否かが問題となる。この問題については，判例が存在しない。学説は，肯定説が多数である。しかし，その法的根拠（不当利得返還請求権か否か）および分配の割合（頭割りか，譲受債権額での按分か）については，見解が分かれている。

　(エ)　**まとめ**　判例の分析からは，次の5点が導かれよう。まず，①同一債権について複数の譲渡通知が重複しその到達の先後が不明である場合には，債務者としては，債権者不確知を理由に供託するのが最も安全である。そして，②供託がなされた場合には，公平の原則に基づき，各譲受人はその債権額に応じて供託金還付請求権を分割取得することになる。他方，③債務者が供託しない場合または供託できない場合（同時到達）には，

各譲受人は，債務者に対して，それぞれ譲受債権全額の弁済を請求することができる。そして，④債務者は，譲受人の一人に対して弁済すれば免責される。ただし，⑤その場合に，他の譲受人が配当を請求できるか否かについては判例がない。しかし，それを肯定するのが多数説である。

（4）　劣後譲受人に対する弁済

以上のように，債権の二重譲渡がなされた場合の優劣は，債権譲渡につき確定日付のある通知が債務者に到達した順序（承諾の場合には確定日付の日時の先後）による。しかし，対抗要件を後れて備えた譲受人（劣後譲受人）に債務者が弁済してしまった場合に，478条の適用が認められるか否かが問題となる。

この問題につき，有力な見解は，債権者の優劣が467条によって明らかであり，劣後譲受人には債権者らしい外観がないため，478条を安易に適用すべきでないとする。しかし判例は，一般論としては478条の適用を認めたうえで，劣後譲受人に対する弁済に債務者の過失がなかったというためには，「優先譲受人の債権譲受行為又は対抗要件に瑕疵があるためその効力を生じないと誤信してもやむを得ない事情があるなど劣後譲受人を真の債権者であると信ずるにつき相当な理由があることが必要である」とした（最判昭和61・4・11民集40-3-558。事案の解決としては，善意・無過失の点で債務者の保護が否定された）。両見解の差異は，実際には大きくないと思われる。しかし，467条による債権者の優劣の決定と債権者でない者に対する弁済の効力（478条）とは別の問題であると考えれば，判例が妥当であると解される。そして，このように解しても，対抗要件を先に備えた譲受人は，弁済を受けた劣後譲受人に対して不当利得返還請求権を行使しうるので，467条は無意味とはならないであろう（→Ⅶ②5－2（2）も参照）。

4　異議なき承諾（468条）

4-1　468条の意義

　民法468条2項は，債務者が債権者に主張しえた抗弁（相殺，同時履行の抗弁権，取消権，解除権など）を譲受人に対しても主張できる旨を明らかにする。その理由は，①債権は，債権譲渡によって，その同一性を変えることなく譲渡人から譲受人に移転する。それゆえ，その債権に付着していた瑕疵や抗弁事由も，そのまま譲受人に承継されることになる。また，②債務者の側からみれば，債権譲渡は債務者の意思に関係なく，譲渡人と譲受人との契約によってなされるため，これにより債務者が不利益を被ることは承認しがたい。

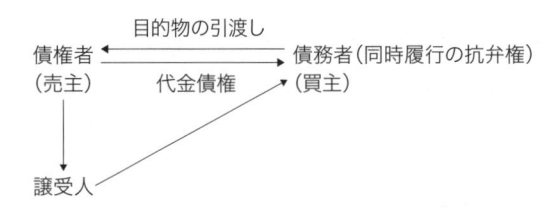

```
              目的物の引渡し
    債権者 ←――――――――――→ 債務者（同時履行の抗弁権）
    （売主）    代金債権      （買主）
       ↓
     譲受人
```

　しかし，民法は，このような債務者の抗弁につき重大な制限を加えている。すなわち，債務者がその債権譲渡に「異議をとどめないで」した承諾（**異議なき承諾**）をすれば，譲渡人に対して主張しえた一切の抗弁を譲受人に対抗しえなくなるのである（468条1項本文）。

　この規定は，沿革的には，ボワソナードがフランスの少数説に依拠して挿入したものであり，わが民法に特有の制度である。それゆえ，その趣旨が譲受人の保護にあることは疑いないが，異議なき承諾の法的性質については学説が分かれている。

　なお，債務者が異議を留めた承諾をした場合については規定がない。しかし，その場合に債務者が，譲受人に抗弁を主張できることには異論がない（468条1項の反対解釈）。

4-2 法的性質

(1) 問題の所在

異議なき承諾には，抗弁の切断という強力な効力が認められている。ところで，理論的には，債権譲渡に対する債務者の「承諾」には，二つのものが認められる。すなわち，一つは，債権譲渡の事実の承認であり，その性質は観念の通知である。もう一つは，債権譲渡の結果として，譲受人に対して債務を負担していることの承認であり，その性質は意思表示である。このうち，468条1項の「承諾」は，「前条の承諾」とあるため，文理解釈上は467条の「承諾」と同じく，観念の通知であると解される。そうだとすれば，なぜ単なる観念の通知に，抗弁の切断という強力な効力が認められるのかが問題となる。

(2) 通説とその問題点

この問題につき，かつての学説は，468条1項の「承諾」を467条のそれとは異なる，債務者が譲受人に対して新しい債務を負担する旨の意思表示である，と解していた（債務承認説）。そして，古い大審院判決にも，これを抗弁の放棄であると解するものがあった（大判大5・8・18民録22-1657）。しかし，このように解すると，①468条1項の「前条の承諾」という文言に反することになる。また，②債務の承認であれば，その効果として抗弁がなくなるのは当然であり，規定するまでもないこととなろう。

そこで，現在の通説は，468条が債務者の異議なき承諾に公信力を与えて譲受人を保護し，債権譲渡の安全を図るものであるとする（**公信力説**）。すなわち，異議なき承諾も観念の通知であって，それを信頼して抗弁がないと判断した善意・無過失の譲受人を保護する制度である，と主張する。最高裁も，基本的にはこの見解に依拠している（最判昭42・10・27民集21-8-2161。ただし，最高裁は，「公信力」という用語は使わず，また，譲受人の善意を要件とするが，無過失を要件とすることは明言していない）。

この公信力説に対しては，次のような批判が可能である。①「公信力」は，例えば虚偽の登記を信頼した者に，積極的に権利を与える効果を有するものである。しかし，468条の場合には，消極的に抗弁の切断が認められるにすぎず，譲受人に権利を付与するものではない。また，②異議なき

承諾は，債権譲渡の後になされることもある。その場合には，譲渡の時点で譲受人が「異議なき承諾」を信頼するということはありえず，公信力の問題は生じない（ただし，実務では，債務者との間で，異議なき承諾書をあらかじめ作成することも多いと思われる）。

(3) 法定効果説とその評価

近時の有力説は，異議なき承諾を，観念の通知でも意思表示でもない，債務者の意思的行為であるとする。そして，債務者は譲受人に対して，抗弁が存在するにもかかわらず，それに反した意思的行為をなしたことのサンクション（禁反言）として抗弁を主張することができなくなるのであり，468条1項本文はかかる効果を法定したものであると主張する。

この見解は，従来の通説が譲受人の保護と債権取引の安全を重視していたのに対して，異議なき承諾をする債務者の行為に焦点をあてた点で評価される。しかし，具体的帰結においては，通説とそれほど大きな差異がない。そうだとすれば，基本的には通説と同様に解しつつ，「公信力」を援用しない説明が適切であろう。すなわち，異議なき承諾は観念の通知であるが，468条1項は，それを信頼した善意・無過失の譲受人を保護し，かつ，そのような信頼を与えた債務者の抗弁の主張を信義則により制限する規定である，と解すべきである。

4-3 効 力

(1) 「対抗することができた事由」

(ア) 概説　債務者が異議なき承諾をすれば，譲渡人に対抗できた事由を譲受人に対抗することができなくなる。例えば，債権者が債務者に代金債権を有し，目的物引渡債務を負っている場合に，債務者は同時履行の抗弁権を主張できる。しかし，債権者が代金債権を譲渡し，債務者が異議なき承諾をすれば，債務者は譲受人に対して右抗弁権を主張できず，すぐに代金を支払わなければならなくなる。

このような事由としては，同時履行の抗弁権に限らず，無効，取消，解除，相殺などによる債権消滅の抗弁をはじめ，様々なものがある。ただし，最高裁は，賭博の負け金7,000万円の支払いを目的とする債権が譲渡さ

た場合に，債務者が異議なき承諾をしても，「債務者は，右債権の譲受人に対して右債権の発生に係る契約の公序良俗違反による無効を主張してその履行を拒むことができる」とした。なぜなら，賭博行為は著しく公序良俗に反し，これを「禁止すべきことは法の強い要請であって，この要請は」468条1項による「債権譲受人の利益保護の要請を上回る」からである（最判平9・11・11民集51-10-4077）。

このほかにも，以下の二つが問題となる。

　(イ)　**債権の帰属**　　例えば，債権の二重譲渡がなされ，債務者が第2譲受人に対して異議なき承諾をした場合に，その第2譲受人からの請求に対して債務者は，すでに債権が第1譲受人に譲渡されていることを理由にこれを拒むことができるか。

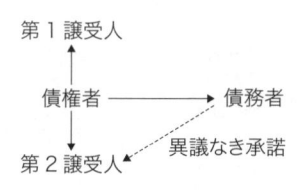

異議なき承諾をした以上は，債務者はこのような主張ができないようにも考えられる。しかし，二重譲受人間での債権の帰属は，確定日付のある証書によって決するのが民法の立場である（467条2項）から，この場合には，第2譲受人が対抗要件を備えない限り，債務者は支払いを拒絶できると解されている。つまり，468条1項の「事由」には，債権の帰属は含まれない。

　(ウ)　**解除権**　　債務者の異議なき承諾の時点ですでに解除原因（債務不履行）が生じまたは解除がなされていたときは，債務者がその解除を善意の譲受人に対して主張できないことは争いがない。問題となるのは，異議なき承諾後に債務不履行が生じた場合に，債務者がその債務不履行を理由とする解除を譲受人に対抗しうるか否かである。

この問題につき，多数説は，承諾の時点で債務者が主張しえた抗弁事由のみが468条1項によって切断されるとする。そうだとすれば，異議なき承諾後に解除権が発生した場合には，債務者はその解除権を善意の譲受人に対抗できる，ということになる。しかし，判例は，この場合にも解除の抗弁は切断される（債務者は解除を主張しえない）とする。

> **判例　異議なき承諾と契約の解除**（最判昭42・10・27民集21-8-2161）
>
> 　Aは注文者であるYから建物の建築工事を請け負い，請負代金の一部を受領するとともに，工事が完成したときに残金80万円の支払いを受ける旨を約束した。そして，Aは，その80万円の請負報酬債権をXに譲渡し，Yはこれを異議なく承諾した。なお，Xは，この債権が未完成部分の請負報酬債権であることを知っていた。その後，Aが倒産し，工事が中止されたので，YはやむなくAとの請負契約を解除した。ところが，XはYに対して，右債権の支払いを求めて訴を提起した。原審は，Xが未完成部分の工事代金債権であることを知って譲り受けた者であるから保護に値しない，との理由でその請求を棄却した。そこでXは，Yが異議なき承諾をしたのであるから，もはや解除を主張しえないとして上告した。
>
> ```
>         ③ 解除
>   請負人 A --------→ 注文者 Y
>        請負報酬債権
>         ①↓          ② 異議なき承諾
>           X
> ```
>
> 　最高裁は，一般論として，債務者が解除を譲受人に主張することはできないとした。その理由は，請負人Aの有する報酬請求権が仕事完成義務の不履行を事由とする請負契約の解除により消滅するものであり，「債権譲渡前すでに反対給付義務が発生している以上，債権譲渡時すでに契約解除を生ずるに至るべき原因が存在していた」ことにある。しかし，事案の解決としては，譲受人の悪意を認定し，債務者は譲受人に対して解除を対抗しうるとして，Xの上告を棄却した。

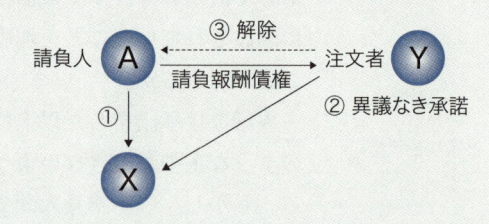

　この判決の結論は，妥当であろう。なぜなら，双務契約ではつねに解除の可能性があり，債務者の異議なき承諾を信頼した善意・無過失の譲受人が，後になされた解除によってその権利を覆されるのは妥当でないからである。

（2）　抵当権の復活

　(ア)　問題の所在　　債権が弁済により消滅した場合には，その債権を担保する抵当権も附従性によって消滅する。にもかかわらず，抵当権登記が抹消されずにいたところ，債権者がその債権を譲渡し，債務者も異議なき承諾をした場合には，債務者が譲受人に対して債権の消滅を主張できず，

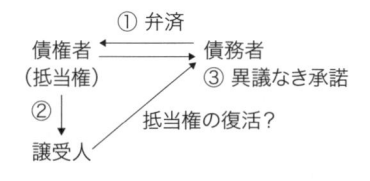

```
債権者      ① 弁済
（抵当権）  ──→  債務者
   │         ③ 異議なき承諾
   ② ↓    抵当権の復活？
   譲受人
```

一度消滅した債権が復活するのと同じ結果となる。問題となるのは、この場合に抵当権も復活するか否かである。

ところで、債務者が自らの不動産に抵当権を設定している場合には、抵当権の復活を肯定する点では判例（大決昭8・8・18民集12-2105）学説ともに異論がない。その理由は、①異議なき承諾をした債務者が、それによる不利益を被ることはやむをえず、また、②譲受人は、抵当権の登記を信頼して債権を譲り受けているため、抵当権の復活を認めないと不測の損害を被る（無担保債権の経済的価値は低い）ことにある。

問題は、物上保証人や抵当不動産の第三取得者などの利害関係のある第三者に対する関係で、債務者のなした異議なき承諾の効力が及ぶか否かである。なぜなら、仮に債務者との関係で抵当権が復活し、譲受人がそれを第三者に対しても主張できるとすれば、抵当権の消滅により利益を受けたであろうこれらの第三者が不測の損害を被ることになるからである。

(イ) **判例の見解**　この問題につき、判例は必ずしも明確ではない。しかし、次の最高裁判決は、抵当不動産の第三取得者につき一つの基準を示したと考えられる。

> **判例　異議なき承諾と抵当権の効力**（最判平4・11・6判時1454-85）
>
> 　Aはその債権者Bのために、自己の所有する土地に抵当権を設定した。その後、Aからその土地を買い受けたXは、AおよびBと話し合い、土地の売買代金をAの債務に代わってBに弁済することにし、その額を支払った。ところが、その翌日、Bは右債権をYに譲渡し、Aが異議なき承諾をしてYが抵当権移転の付記登記をした。そこで、XがYに対して、抵当権登記の抹消を求めた。第1審・第2審ともにX勝訴。Y上告。
>
> 　最高裁は、Aが異議なき承諾をしても、「これによってAがYに対し本件貸付債権の消滅を主張し得なくなるのは格別、抵当不動産の第三取得者であるXに対する関係において、その被担保債権の弁済によって消滅した本件抵当権の効力が復活することはないと解するのが相当である」と判示して、Yの上告を棄却した。

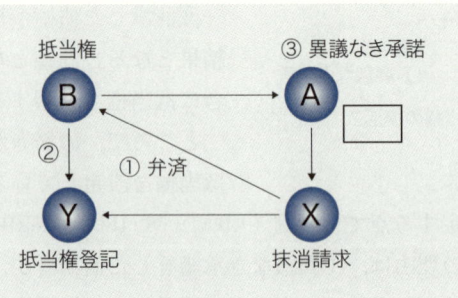

```
          抵当権              ③ 異議なき承諾
           B    ──────→    A   ┌──┐
                                └──┘
         ②│  ①弁済          │
           ↓                  ↓
           Y  ←──────────── X
         抵当権登記          抹消請求
```

　この判決は妥当であると考える。なぜなら，抵当権の消滅によって受けるXの利益を，債務者Aの意思のみによって奪うのは妥当でなく，また，本件のXは，自ら代位弁済をして抵当権を消滅させているため，抵当権の復活を認めると，不測の損害を被ることが著しいからである。

(3) 結　論

　学説は，第三者が債務者の異議なき承諾の前と後のいずれに利害関係を有するに至ったか応じて，次のように解している。

　① 債務者の異議なき承諾前に利害関係を有するに至った第三者，とりわけ後順位抵当権者（先順位の抵当権が消滅すると順位が上昇する），抵当不動産の第三取得者および差押債権者は，譲受人に対して抵当権の消滅を主張できる。なぜなら，抵当権の消滅によって受けるこれらの者の利益を，債務者の意思のみで奪うことは許されないからである。

　② 異議なき承諾後に利害関係を取得した第三者は，抵当権の消滅を主張できない。なぜなら，抵当権登記が残っているため，抵当権の存在を覚悟しなければならない第三者よりも，善意・無過失の譲受人を保護すべきだからである。この場合には，一度は消滅した抵当権の（無効）登記の流用を認め，債権の譲受人は対抗要件を具備しているものとして扱うべきである。

　なお，物上保証人および保証人との関係でも，抵当権ないし保証債務は復活しない，と解するのが判例・通説である。これらの者は異議なき承諾前の第三者であるため，妥当であると考える。

4-4 債務者と譲渡人との利益調整（468条1項後段）

債務者は，異議なき承諾により，譲渡人に主張しえた抗弁を譲受人に対抗できなくなったことによる不利益を，譲渡人との間で決済することができる。例えば，債務者は，弁済として給付したものを譲渡人から取り戻すことができる。しかし，これは，468条1項後段がなくとも，不当利得法理により当然に導かれるものである。

3 債務引受

1 総　説

1-1 意　義

債務引受とは，広義においては文字通り，ある債務者の債務を他の者（引受人）が引き受けることをいう。民法に規定はないが，これを認めることには判例・学説ともに異論がない。この債務引受には，次の三つの類型が認められている。

①
債権者 → 債務者
　　　 ↘ 引受人

① **免責的債務引受**　債務がその同一性を変えることなく，従前の債務者から新しい債務者（引受人）に移転することをいう。これは債権譲渡に対応し，三つの債務引受の中で唯一，債務の特定承継をもたらすものである。それゆえ，これを狭義の債務引受と呼び，単に債務引受といえば，それは免責的債務引受を意味することになる。

②
債権者 → 債務者
　　　 ↘ 引受人

② **併存的（重畳的）債務引受**　第三者が既存の債務関係に加入して新たに債務者となり，従前の債務者は債務を免れることなく，その債務と同一内容の債務を負担するものである。

③
債権者 ⟶ 債務者
　弁済 ⇢ 引受人

③ **履行の引受け**　引受人が債権者に対して履行すべき義務を負わず，債務者に対してのみ，その者の負担する特定の債務を履行する義務を負う旨の契約である。

このうち，併存的債務引受および履行の引受けは，債務の移転を生じるものではないため，正確には債務引受ではない。しかも，両者は，免責的債務引受とは，その機能を異にすることにも注意を要する。

1-2　機　　能

(1)　免責的債務引受

免責的債務引受の主な機能は，それが債務の簡易な決済手段であることにある。すなわち，債務は，債権と異なり経済的にはマイナスであるから，それだけを譲渡することに価値がない。しかし，債務引受を認めると，次の2点で便利である。すなわち第1に，引受人が債務者の債務を肩代わりすることにより，その債務者との間の債務を決済することが可能になる。また第2に，第1の機能とも重なるが，抵当不動産の譲受人が，その代金の支払いに代えて債務者（抵当不動産の譲渡人）の債務を引き受ける場合には，抵当権の実行を回避しうるとともに，債務関係が簡易に決済されることになる。

このような免責的債務引受の機能は，債権譲渡の機能と共通し，両制度が法律的にはもちろん（債権・債務の特定承継），経済的にも表裏をなすことを示すものである。

ところで，債務引受は，それのみを取り上げると上記の機能を果たすにすぎない。しかし，よりグローバルな観点からは，それが「契約当事者の地位の移転」において重要な作用を営むことに注意を要する。すなわち，債務の移転は，多くの場合に，それ自身に意義があるのではなく，その債務を含む契約当事者の地位または企業の譲渡において意義を有する。そして，ヨーロッパにおいても，沿革的には，契約当事者の地位の移転を可能にするための法理論として，債務引受が発達してきた，という経緯がある。

そうだとすれば，債務引受の制度が確立した今日においては，「契約当

事者の地位の移転」の解明が重要な課題であると思われる。
(2) 併存的（重畳的）債務引受
　併存的債務引受の機能は，債権の担保にある。すなわち，引受人と従前の債務者とが併存して債務を負担する併存的債務引受は，債権者からすれば，自己の債権のための責任財産の増加を意味する。それゆえ，併存的債務引受は，債権の人的担保として，保証債務や連帯債務と同様の機能を有する。しかも，併存的債務引受においては，債務者と引受人の債務は相互に独立したものであるため，保証債務・連帯債務とは次の2点で異なり，より強力な人的担保となっている。まず第1に，併存的債務引受では，保証債務におけるような付従性や補充性（452条・453条）が認められない。第2に，連帯債務では，債務者の一人について生じた事由が他の債務者に影響を及ぼすこと（絶対的効力事由――434条～439条）がある。しかし，併存的債務引受では，そのような絶対的効力事由は認められない。
(3) 履行の引受け
　引受人が債権者に対して直接に義務を負わない履行の引受けは，債務者と引受人との内部関係にとどまる。しかし，債務者と引受人との間で，特に債権者に直接の権利を取得させる旨の契約（第三者のためにする契約――537条）がなされれば，併存的債務引受となる。その意味では，履行の引受けは，併存的債務引受の前段階としての機能を有することになる。

2　免責的債務引受

2-1　要　件
　従前の債務者が債務関係から離脱する免責的債務引受においては，債権者の意思的関与が不可欠である。なぜなら，債権の効力は債務者の資力（責任財産）にかかわるものであるため，債権者の意思を無視して資力の充分でない者を引受人とすると，債権者に不測の損害を与えることになるからである。問題となるのは，その意思的関与の程度である。すなわち，免責的債務引受の要件としては，債権者が引受契約の当事者となるか否かが争われる。

まず，免責的債務引受を，三当事者の契約で行うことはもちろん，債権者と引受人との契約で行うことについては異論がない。なぜなら，免責的債務引受は，債務者に利益を与えるだけであり，その不利益とはならないからである。これに対して，債務者と引受人との契約による場合には，債権者の承諾を要するとするのが判例・通説である（大判大14・12・15民集4-710，最判昭30・9・29民集9-10-1472。ただし，いずれの事案も，契約当事者の地位の移転に関するものである）。

2-2　効　　果
(1) 債務の移転
　免責的債務引受の効果は，債務者の債務が同一性を失わずに引受人に移転すること（特定承継）である。ただし，その範囲が問題となり，具体的には，抗弁権および担保権の移転が争われる。

　(ｱ)　**抗弁権の移転**　　債務者がその債務に関して有していた抗弁権および従たる債務は，すべて引受人に移転する。抗弁権の例としては，債務の不成立，全部または一部の弁済および取消し・解除などによる債務の消滅，同時履行の抗弁（533条）などがあげられる。これに対して，取消権および解除権は，契約当事者が有すべきものであるため，単なる債務引受によっては移転しない（前掲大判大正14・12・15）。

　また，債務の引受人は，債務者が債権者に対して有していた反対債権で相殺することはできない。なぜなら，これを認めると，他人の権利を処分したことになるからである。

　従たる債務の例としては，利息債務，違約金債務などがあげられる。ただし，すでに具体的に発生している利息債務は独立性を有するから，特約がないかぎり移転しない。

　(ｲ)　**担保権の移転**
　(a)　**保証債務**　　判例は，特に保証人が債務引受に同意しまたは引受人のために保証人となることを承諾した場合のほかは，免責的債務引受の成立によって保証債務が消滅するとする（大判大11・3・1民集1-80）。この点については，学説も異論がない。その理由は，①債務者の変更はその責

任財産の変更をもたらすものであるため，保証人の弁済の必要性や求償権に影響を及ぼすこと，および，②保証人は特定の債務者との人的関係に基づいて保証していることにある。

(b) **担保物権**　法定担保物権（留置権・先取特権）は，特定の債権を保全するために法律が認めたものであるから，債務引受によっては影響を受けない。これに対して，質権や抵当権などの約定担保物権については，設定者による区別が必要である。

まず，債務者のために第三者の設定した担保物権は，保証債務と同じく，設定者の同意がない限り引受人の債務を担保しない，と解されている（旧根抵当権つき，最判昭37・7・20民集16-8-1605）。

これに対して，債務者が自ら設定した担保物権については見解が分かれている。すなわち，①引受人の債務を担保するとする見解，②債務者の同意がないかぎり消滅するとする見解，および，③債務引受が債権者と引受人の契約による場合には消滅し，債務者と引受人の契約による場合には存続するとする見解がある。債務者の意思を無視して担保権を存続させることは妥当でない，との理由から③が有力である。しかし，この場合には，第三者が担保権を設定した場合と異なり，設定者（＝債務者）が責任財産の変更によって不利益を受けるおそれはない。また，引受人が弁済した場合には，債務者は引受人の求償を覚悟しなければならない立場にあるため，その求償権を担保するとしてもやむをえない。そうだとすれば，①が妥当であると解される。

(2)　**引受人の債務者に対する求償権**

債務者と引受人との契約で免責的債務引受がなされる場合[*]には，両者間の内部関係（対価の支払い・求償権の有無）は引受契約の際に約定されるのが通常である。これに対して，債務引受が債権者と引受人との契約でなされる場合には，次の二つを区別する必要がある。

まず，債務引受が債務者の委託に基づく場合には，引受人は，弁済後に債務者に対して求償権を取得するのはもちろん，事前の求償も可能である，と解されている（根拠条文としては，460条（我妻）ないし649条（奥田）が挙げられる。反対，大判明36・10・3民録9-1046）。また，債務引受が債務者の委託に

よらない場合にも，引受人の債務者に対する求償権は認められる。

なお，免責的債務引受に際して，引受人がすでに債務者から引受の対価を取得している場合には，引受人が債務を弁済しても，特別の事情のない限り求償権を取得しない（大判昭15・11・9法学10-415）。

* **免責的債務引受と履行の引受け**　債務者と引受人とが免責的債務引受契約をした場合には，原則として履行の引受けを含み，引受人は債務者に対してもこれを免責させる義務を負う，と解すべきである。なぜなら，このような債務引受契約には，引受人が債務者を免責させるという趣旨を含む，と考えられるからである。そうだとすれば，免責的債務引受に債権者の承諾が得られなかった場合にも，引受人は，現実の弁済をして債務者の債務を免れさせる義務を負うことになる。

3　併存的債務引受

3-1　要　件

併存的債務引受は，三当事者の契約でなしうることはもちろん，債権者と引受人との契約で行われることにも異論がない。その理由は，併存的債務引受の機能が債権の担保にあり，実質的には保証と異ならないという点にある*。すなわち，462条2項の「精神」から，債務者の意思に反しても併存的債務引受を行うことができる，と解されている（大判大15・3・25民集5-219）。

また，債務者と引受人との契約によって，引受人が債務者の債務を支払うべき旨を定めただけでは，その効力は当事者間に及ぶにすぎず，「履行の引受け」が存在するのみである。しかし，債務者と引受人とが債権者を第三者とする「第三者のためにする契約」（537条1項）をなすことにより，併存的債務引受を認めることができる。すなわち，債務者と引受人との契約では，第三者のためにする契約を介して，併存的債務引受を行うことが可能である**。

* **併存的債務引受と（連帯）保証との区別**　債権の担保機能を有し，債務者の債務との間に補充性のない併存的債務引受は，保証の中でもとりわけ連帯保証と類似する。ただし前述のように，①効果の点では，併存的債務引受には付従性がないため，連帯保証と異なる。また，②要件の点では，保証契約は債権者と保証

人との契約によってのみなされるのに対し，併存的債務引受は債務者と引受人との契約によってもなされうる，という違いがある。もっとも，②は，実際上は大きな差異ではない。なぜなら，保証契約においては，債務者が保証人の代理人として債権者と契約することも多いからである。そうだとすれば，ある契約が保証と併存的債務引受のいずれであるかは，当事者が意欲した法律効果を探求する，という契約の解釈の問題であるということになる。

**　**免責的債務引受と併存的債務引受**

(1)　**両者の区別**　ある債務引受が免責的か併存的かは，引受契約の解釈の問題である。しかし，契約の解釈によっても当事者の意思を確定できない場合には，その債務引受を併存的債務引受と推定すべきである，とするのが学説および裁判例（大阪地判昭30・11・15訟月2-2-57）の傾向である。免責的債務引受の方が債権者にとって不利であるから，これを認定するのは慎重でなければならない，というのがその理由である。

(2)　**併存的債務引受への転換**　上記の問題と区別されるべき問題として，免責的債務引受から併存的債務引受への転換の可否がある。すなわち，債務者と引受人との契約によって免責的債務引受が意図されたが，債権者の承諾が得られないために免責的債務引受が認められない場合に，これを「無効行為の転換」の一つとして併存的債務引受への転換を認めることができるか，という問題である。有力な見解はこれを肯定する（四宮・椿）。その理由は，両債務引受ともに，①当事者間の契約の効果を第三者に帰属させる点において同一であり，かつ，②引受人が債務者と同じ債務を負担するという結果においても差異がない，ということにある。もっとも，これらの見解は，契約当事者の地位の移転にこの議論を応用し，併存的債務引受を認めることによって，相手方（債権者）の承諾を不要とすることにその意図がある（契約加入論）。

ところで，無効行為の転換が認められるためには，二つの法律行為の効果が社会的ないし経済的目的を同じくすることが必要である。しかし，免責的債務引受（＝債務の簡易な決済）と併存的債務引受（＝債権の担保）とはその経済的機能を異にし，当事者の利益状況からは，免責的債務引受が無効であると知っていれば併存的債務引受の効果を欲した，と認めることは難しい。なぜなら，引受人との債務関係を簡易に決済するために免責的債務引受に合意した債務者からすれば，併存的債務引受と認められると，引受人が債権者に任意に弁済しない場合にはその目的を達することができない（かえって引受人と間の法律関係が錯綜するおそれもある）からである。そうだとすれば，免責的債務引受から併存的債務引受への転換は否定に解すべきであろう。

3−2 効　果
（1）概　説
　併存的債務引受がなされると，引受人は債権者に対して債務者と同一内容の債務を負担し，かつ，債務者も債務を免れることなく従前の債務関係が存続する。この場合の引受人の債務は債務者の債務と同一のものであるため，免責的債務引受におけると同じく，債務者の有する抗弁権もすべて引受人が主張することができる。また，従前の債務関係がそのまま存続するため，担保には何ら影響がない。

（2）併存する債務の関係
　併存的債務引受においては，債務者の債務と引受人の債務とが併存し，一方の債務が弁済されれば，他方の債務も消滅するという点では異論がない。問題となるのは，この両債務の関係をどのように説明するかである。
　この問題につき，判例は，民法432条以下の連帯債務関係が成立すると解している（大判昭11・4・15民集15-781，大判昭14・8・24新聞4467-9，最判昭41・12・20民集20-10-2139）。
　しかし，併存的債務引受が常に連帯債務を生ぜしめるとすると，債務者が増加したことによる債権者の通常の期待に反するおそれがある。例えば，債権者は，引受人が債務を引き受けたので安心し，あるいは，引受人の履行期を延期することがある。この場合に，債務者について消滅時効が完成すると，引受人の債務も債務者の負担部分につき消滅し（439条），債権者は不測の損害を被ることになる。そこで学説は，判例に反対し，債務者と引受人との間に主観的共同関係のある場合（併存的債務引受が債務者と引受人との契約でなされた場合や債務者と引受人との間に履行の引受がある場合）には連帯債務が生ずるが，そのような関係のない場合（債務者の委託を受けないで債権者と引受人との契約によって債務引受が行われた場合）には，絶対的効力事由の規定の適用がない不真正連帯債務関係が成立する，と解している。

（3）引受人の債務者に対する求償権
　債務者と引受人との契約で併存的債務引受がなされる場合には，両者間の内部関係（対価の支払い・求償権の有無）は引受契約の際に約定されるのが通常である。他方，併存的債務引受が債権者と引受人との契約でなされる

場合には，判例のように両者の債務関係を連帯債務であるとすると，連帯債務の求償関係の規定（442条以下）が適用されることになる。しかし，学説のように，両債務が連帯債務になる場合と不真正連帯債務になる場合とを区別すると，後者の場合には，連帯債務におけると異なる求償関係が生じることになる。すなわち，不真正連帯債務の場合には，連帯債務におけるように共同免責のための出捐の分担による求償ではなく，それらの債務者間に存在する個別の法律関係に基づき求償されることになる。

4　履行の引受け

　履行の引受けがなされれば，引受人は，第三者として弁済すべき義務を債務者に対して負担する。それゆえ，引受人が履行しない場合には，債務者は，引受人に対して債権者に弁済すべきことを請求することができる。また，債務者が自ら履行した場合には，引受人は債務不履行に基づく損害賠償責任を負うことになる。

4　契約当事者の地位の移転（契約譲渡・契約引受）

1　意　義

　契約当事者の地位の移転とは，個々の債権債務のみならず，解除権等の形成権をも含めた契約当事者の地位を第三者（譲受人）に移転する制度である。この契約当事者の地位の移転についても，債務引受と同じく，わが民法には規定がない。しかし，これを認めることでは，判例および学説はほぼ一致している。しかし，その要件・効果については見解が一致せず，その前提として，なぜこの制度

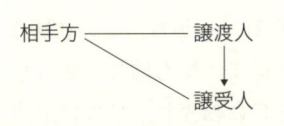

相手方————譲渡人
　　　　　　　↓
　　　　　　譲受人

が必要なのか，という点についても理解が分かれている。

2　制度の必要性に関する従来の学説

　従来の通説（我妻）は，契約当事者の地位の移転のメリットを，個別の債権譲渡と債務引受によっては移転しえない取消権や解除権を移転しうることに求めている。しかし，①取消権や解除権の移転は，実際には，具体的な当事者の利害や形成権の制度趣旨を考慮して解決すべきである。例えば，取消権は，詐欺を受けた者にのみ認めればよく，その者から目的物を買ったにすぎない特定承継人に認める必要はない（120条の「承継人」は包括承継人を意味し，特定承継人は含まれない）。つまり，取消権の移転を認める必要性は必ずしもないと考えられる。また，②取消権や解除権は，契約のノーマルな状態ではない，いわば病理現象に際して生じるものである。そうだとすれば，形成権の移転は，契約当事者の地位の移転を認めるための積極的なメリットにはなりえない。

　これに対して，契約当事者の地位を，債権と同様に一つの経済的価値を有する財産としてとらえ，その譲渡を促進させようとする見解（椿）も有力に主張されてきた。その説明によれば，次の【設例】のような場合に，自己資金なしに取引に参加するための制度として，契約当事者の地位の移転を理解する。

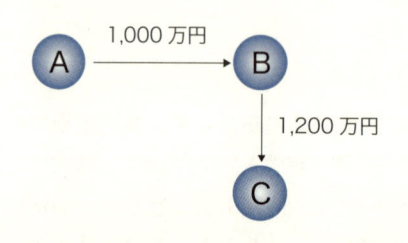

【設例】　BがAからその所有する絵画を1,000万円で買う旨を契約し，その代金を支払う前に，その買主の地位をCに1200万円で転売する。

　この見解によれば，債権譲渡と同じく，契約当事者の地位の移転の要件も，できる限り簡略化すべきであると主張される。しかし，この【設例】は，所有権の転売に債務引受を組み合わせることによっても同じ結論になる。すなわち，Bは代金を支払う前にその絵画をCに転売し，Cに代金債

務を引き受けさせればよい（差額の200万円はＢが受け取る）。そうだとすれば，【設例】は目的物の転売の事例であり，契約当事者の地位の移転の本来の領域ではないと解される。

したがって，契約当事者の地位の移転の機能に関する従来の学説の説明は，必ずしも説得的ではない。

3 要件・効果に関する従来の学説

3−1 要　件

契約当事者の地位の移転の要件・効果については，従来どのように考えられてきたか。

要件に関して従来の通説は，それが免責的債務引受を含むとの理由で，相手方の承諾が必要である，と解している。しかし，この論法によれば，契約当事者の地位の移転には債権譲渡も含まれるため，その対抗要件としての通知・承諾（467条）も要求されることになる。しかし，両者を要求すると，結局，契約当事者の地位の移転は，債権譲渡と債務引受とを合わせて行った場合と，少なくとも要件の点では同じことになり，独自の制度としての存在意義が問われることになろう。

3−2 効　果

効果に関しては，次の二つが問題となる。

(ア) **移転される債権債務の範囲**　契約当事者の地位の移転によって，将来生じる債権債務が譲受人に移転することには異論がない。しかし，既発生の債権債務も移転するのか否かが，従来の学説においては明確ではない。

(イ) **譲渡人の免責の有無**　従来の通説は，相手方の承諾を要件とするため，譲渡人の免責を認めることになる。これに対して，契約当事者の地位の自由な移転を認める有力説は，譲渡人の免責を認めずに，相手方の承諾を不要であると主張する。すなわち，この場合に相手方の承諾が要求されるのは，契約当事者が交代することにより，その責任財産が減少し，

相手方に不測の損害を与えることを防ぐためである。そうだとすれば，譲渡人の免責を認めずに，譲受人との併存的責任を認めれば，相手方には不測の損害はなく，その承諾も不要となるとする。そこで，有力説は，相手方の承諾を不要とし，譲渡人と譲受人の併存的責任を，併存的債務引受であると構成する。しかし，この有力説に対しては，次のような批判が可能である。すなわち，免責的債務引受および契約当事者の地位の移転では，債務の特定承継が認められるのに対して，併存的債務引受は新たな債務の負担行為であり，両者は全くその法的性質を異にする。それゆえ，併存的債務引受を認めることは，「経済的」には契約当事者の地位の移転を実現するが，「法律的」には，あくまで地位の「移転」と区別されなければならない。

いずれにせよ，この二つの問題は，契約当事者の地位の移転の機能をどのように解するか，換言すれば，契約当事者の地位の自由な譲渡を認めるべきか否かにかかわる。それゆえ，現実に契約当事者の地位の移転が問題となる場面を検討する必要があるであろう。

4 具体例の検討

現実の裁判例において，契約当事者の地位の移転が最も争われるのは，賃貸借契約における当事者の地位の移転である。ここでは，以下の二つの類型を区別する必要がある。

4-1 特定の財産の譲渡に伴う場合

ヨーロッパやわが国において古くから問題とされた類型として，ある特定の財産の譲渡に伴い，一定の契約関係が譲渡される場合がある。具体的には，①目的不動産が譲渡された場合の賃貸人の地位の移転 (605条)，②目的物の譲渡に伴う損害保険契約の移転 (商650条)，および，③企業の譲渡に伴う従業員の労働契約の移転 (規定なし) が問題となる。

ところで，これらの場合はいずれも，契約当事者の地位の移転の対象となる契約が継続的契約である。そして，目的物が譲渡されると，本来的に

は，契約そのものが無意味となって終了することが予定されている。しかし，そうすると，当事者に不利益が生じる。そこで，契約当事者の地位の移転を認めて，当事者の交代にもかかわらず契約関係の存続を図るものであると解される。

では，要件は何か。ここでは，賃貸人の地位の移転を考えてみよう。民法605条に関しては，賃借権に対抗要件（登記または借地借家法10条・31条）があれば，賃貸人が代わっても賃借権が存続することに異論がない。問題となるのは，このような対抗要件がない場合である。この場合に，最高裁は，新旧両所有者の合意によって賃貸人の地位が移転し，相手方（賃借人）の承諾は不要であるとして，賃貸人の地位の移転を容易に認める傾向にある（最判昭46・4・23民集25-3-388）。その理由は，①賃貸人の義務が，不動産の所有者であれば果たせるものであり，その所有者が交代しても賃借人の不利益はないこと，および，②賃借人にとっても，賃貸借契約の存続を認める方が有利であることに存する。

なお，賃貸人の地位の移転の対抗要件につき，判例は一貫して民法177条を適用し（大判昭8・5・9民集12-1123，最判昭49・3・19民集28-2-325），債権譲渡の対抗要件（467条）の適用を否定している。

4-2　合意に基づく場合

譲渡人と譲受人の合意に基づいて契約関係が譲渡される場合である。実際の裁判例では，単なる売買契約ではなく，継続的契約関係における当事者の地位の譲渡が争われる。とりわけ，わが国では，賃借人の地位の譲渡（賃借権の譲渡＝612条））が問題となり，この場合には，相手方の承諾が要件となる（612条1項）。

4-3　類型化の根拠

以上の二つの類型化の根拠は何か。まず，契約当事者の地位の移転で現実に問題となるのは，継続的（双務）契約であることに留意する必要がある。もっとも，単発的な売買契約に関しても，契約当事者の地位の移転を観念しえないわけではない。しかし，その場合は，むしろ目的物の「転

売」として構成するのが適切であろう。

　ところで，継続的契約を当事者が締結する場合には，その目的物に着目する場合と，その相手方の人的要素に着目する場合とがある。

　(ア) **目的物に着目する場合**　例えば，不動産を賃借する場合には，その所有者（賃貸人）の人的要素ではなく，物件（立地環境・日照・間取り等）に着目して賃借するのが通常である。そうだとすれば，物件の所有者が交代しても，賃貸借契約そのものは新所有者に承継されると解するのが，賃借人にとって望ましい。それゆえ，この場合には賃借人（相手方）の承諾は不要であると解される。

　(イ) **相手方の人的要素に着目する場合**　不動産の所有者がその不動産を賃貸する場合には，賃借人が誰であるかはその目的不動産の利用形態に大きく影響することになる。そうだとすれば，賃借人の交代には，賃貸人（相手方）の承諾が必要である（612条参照）。

　上記の二つの類型は，この(ア)と(イ)とに対応する。すなわち，(ア)特定の財産の譲渡に伴う契約当事者の地位の移転には相手方の承諾は不要であり，また，(イ)合意に基づく契約当事者の地位の移転には相手方の承諾が要件となると解される。

5　近時の見解

5-1　類型に応じた要件・効果

　近時は，上記の二つの類型に応じて，契約当事者の地位の移転の要件・効果を異にする見解が主張されている〔野澤〕。この見解によれば，それぞれの要件・効果は，以下のようにまとめられよう。

(1)　特定の財産の譲渡に伴う契約当事者の地位の移転

(ア)　**要　件**

(a)　**契約当事者**　目的となる特定の財産（例えば，賃貸不動産や保険目的物）の譲渡についての譲渡人と譲受人の合意があれば契約当事者の地位が移転し，これに対する相手方（賃借人・保険者）の個別的な承諾は不要である。そして，このように契約当事者の地位が目的物の譲渡に伴い譲受人

に移転する根拠は，当事者の意思の推定に求められる。それゆえ，譲渡当事者が明確に地位の移転を拒否する場合には，この推定は破られることになる。ただし，賃貸人の地位の移転に関しては，民法（605条）および借地借家法の規定（10条・31条）により，賃借人の権利がより保護されている。すなわち，賃借人が賃借権につき対抗要件を備えている場合には，特段の事情がない限り，賃貸不動産の譲受人の意思に反しても，法定の効果（対抗力）によって賃貸人の地位の移転が強制されることになる。

　(b)　**対抗要件**　　契約当事者の地位の譲受人が相手方に対してその地位を主張するためには，いかなる要件が必要か。より具体的には，債権譲渡の対抗要件（467条）の適否が問題となる。一般に契約当事者の地位の移転においては，相手方が契約当事者の交代の事実を知ることに利益を有していると解される。しかし，特定の財産の譲渡に伴う類型においては，契約当事者の地位の移転が目的物の譲渡に随伴するものであるため，目的物の所有権が確定的に誰に帰属したかが重要であり，それによって当事者の交代が自ずと明らかになると考えられる。そうだとすれば，目的物の所有権の帰属が明確になる公示手段の有無が重要であり，467条は不要であると解される。その意味では，賃貸人の地位の移転に関して，177条を適用する判例の立場が支持されよう。

　(イ)　**効　　果**

　(a)　**一般的効果**　　契約当事者の地位の移転の効果としては，将来生ずべき債権債務および解除権・取消権などの形成権が譲受人に移転することには争いがない（ただし，取消権の移転は，教科書設例にすぎず，現実の裁判例では問題とならない）。しかし，譲渡人のもとですでに発生している債権債務等については，学説は明確でない。この点につき，判例は，個別の債権譲渡または債務引受がなされない限り，既発生の債権債務は譲受人に移転しない，と解している（最判平3・10・1判時1404-79参照）。契約当事者の地位の移転に固有の領域が継続的契約であることを前提に，その移転の時を基準として効果が生ずる（効果の時的配分）と考えれば，既発生の債権債務の移転には，個別の債権譲渡・債務引受が必要であると解される。

　(b)　**譲渡人の免責**　　目的物の譲渡に伴い契約当事者の地位が譲受人

に移転した場合に，譲渡人が当然に免責されるか否かについては，学説が分かれている。しかし，賃貸人の地位の移転に関して多数説は，賃貸人の債務の主なものが修繕義務であって，賃借人に及ぼす影響が少ないことを理由に，譲渡人が賃貸借契約から離脱すると解している。

(2) 合意に基づく契約当事者の地位の移転

(ア) 要　件

(a) **契約の譲渡可能性**　契約当事者の地位の移転の対象となる（継続的）契約は，譲渡可能でなければならない。すなわち，ある契約が当事者の合意により，または，その性質上譲渡を禁じられている場合（466条参照）には，原則として相手方の承諾がない限り，契約当事者の地位の移転の対象とはならない。問題となるのは，契約が原則として譲渡可能かどうかである。契約当事者の地位も一つの財産権であると捉えれば，他の財産権と同じく，原則として譲渡可能であることになる。しかし，契約当事者の地位の移転の対象となる継続的契約においては，その締結に際して，相手方当事者の資質を調査しこれを選択するのが一般的である。そうだとすれば，契約当事者の地位は原則として自由に譲渡されうるものではなく，契約当事者の交代には相手方の承諾が必要である，と解される（実務でも，フランチャイズ契約や特約店契約においては，このような趣旨から，契約当事者の地位の移転には相手方（フランチャイザー等）の承諾が必要である旨が定められている）。

(b) **免責的債務引受に対する「相手方の承諾」**　(a)の譲渡禁止を解除する趣旨の「相手方の承諾」とは別に，免責的債務引受に対する「相手方（債権者）の承諾」，すなわち，譲渡人の免責を認めるための意思表示の要否が問題となる。まず一般論として，債務者は，自己の意思のみによっては当然に債務を免れることはできない。それゆえ，譲渡人と譲受人の合意に基づき契約当事者の地位が譲受人に移転した場合にも，譲渡人は，譲受人の債務につき併存的責任を負うことになる。そうだとすれば，譲渡人の免責には相手方の意思表示（相手方の承諾）が必要であると解される。

このように，(a)と(b)の「相手方の承諾」は，論理的には明確に区別されねばならない。もっとも，現実には，一つの相手方の承諾が，(a)契約の移転の禁止を解除し，かつ，(b)譲渡人の免責を認める，という二つの趣旨を

含むことを認定しても差し支えない。なぜなら，(a)を許容する相手方が同時に(b)の意思を有する場合も充分にありうるからである。しかし，譲渡を認める旨の承諾が事前になされている場合や，契約がその性質上譲渡可能である場合には，譲渡人を免責する旨の相手方の承諾のみが問題となるであろう。

(c) **対抗要件の要否**　債権譲渡の対抗要件（467条）の適否はどうか。学説は分かれている。しかし，判例には，賃借権の譲渡（転貸人の地位の譲渡の事案）に467条の適用を認めたものがあり（最判昭51・6・21判時835-67），また，ゴルフ会員権の譲渡についても，後述のように，467条の準用を認めている*（→*ゴルフ会員権の譲渡）。したがって，判例は，合意に基づく契約当事者の地位の移転に，民法467条の適用ないし準用を認める趣旨であると解される。相手方が契約当事者の交代を知ることにつき利益を有していることを考えると，その手段として467条の手続は有効であり，判例は妥当であると考えられる。

(イ) **効　　果**　譲渡人の免責の可否が問題となる。すなわち，従来の通説のように，契約当事者の地位の移転から免責的債務引受を抽出して，これに対する相手方の承諾が必要であるとすれば，譲渡人は常に免責されるため，何ら問題は生じない。しかし，(a)契約の譲渡可能性に対する「相手方の承諾」と(b)譲渡人の免責に対する「相手方の承諾」とを区別すれば，仮に契約当事者の地位が移転されても，(b)の承諾がない限り，譲渡人はその債務を免れず，爾後譲受人のもとに生ずべき債務についても併存的責任を負うべきことになる。この場合の併存的責任の法的性質につき，立法論としては，一定期間内，譲渡人は一種の保証人として保証責任を負うとすることが望ましい。しかし，解釈論としても，当事者の意思および利害を考慮して，このような二次的・補充的責任をなるべく認定すべきであると考える。

　　*　**ゴルフ会員権の譲渡**　ゴルフ会員権は，単なる債権ではなく，施設の優先的利用権，年会費納入義務および預託金返還請求権等を包括する「契約上の地位」である，と解されている（最判昭50・7・25民集29-6-1147）。すなわち，ゴルフ会員権の譲渡は，合意に基づく契約当事者の地位の移転の一場合であると考えられ

る。それゆえ、その譲渡には、理事会の承認（承諾）が必要（定款で定められることが多い）とされ、また、第三者対抗要件としては、民法467条2項が適用（ないし類推適用）されることになる（最判平8・7・12民集50-7-1918）。

　問題となるのは、理事会の承認のない会員権譲渡の効力であり、判例は、譲渡禁止特約に反した債権譲渡の場合と異なり、ゴルフ会員権が「譲渡の当事者間においては、…有効に移転する」とした（前掲最判平8・7・12）。そこで学説の中には、最高裁が債権的効力説的な見解を採ったとの評価も存する。しかし、指名債権と異なり、ゴルフ会員権については市場が存在し、その取引が頻繁に行われるため、会員権の流通性が指名債権よりも確保されなければならない。そうだとすれば、譲渡制限に反した株式譲渡の効力（会社137条）と同じく、理事会の承認なしに会員権が譲渡された場合にも、譲受人は会社に対してその権利を主張しえないが、譲渡当事者間においては有効に権利が移転されると考えられる。

5－2　「契約当事者の地位の移転」の必要性

　契約当事者の地位の移転の機能は何か。近時の見解は、この制度が民法の中で唯一、契約当事者が交代しても契約関係の存続を認めるものであることに着目する。すなわち、継続的契約において、当事者の一方が何らかの事情により（例えば、目的物や営業の譲渡および債務超過など）その契約関係を維持しえなくなった場合に、従前の契約関係を維持しつつ、当事者の交代を認めることにある。これを一言で表せば、契約当事者の地位の移転の機能は、継続的契約による安定性を維持する（経済的機能）ために、契約当事者の一方の変更にも拘わらず将来に向かって契約の効力を存続させること（法律的機能）にある、と解される。

VII 債権の消滅

1 はじめに

　債権が消滅する原因は，①その内容が実現して目的を達した場合，②その内容実現が不能となり目的不到達が確定した場合，③その内容を実現させる必要がなくなった場合，④権利一般の消滅原因による場合，に大別される。

　まず，債権の内容が実現して目的を達した場合に該当するのは，**弁済**（474条以下），**代物弁済**（482条），**供託**（494条以下）である。担保権の実行や強制執行の結果，債権が満足を得て消滅する場合も，ここに含めることができる。

　これと逆に，債権の本来的内容の実現が不能となった場合にも，債権は消滅せざるを得ない。双務契約上の債務が，債務者の責めに帰すべき事由によらずに不能となったときは，危険負担（534条以下）の問題となる。また，債務者の責めに帰すべき事由による不能は，債務不履行の一態様としての履行不能（415条後段）であり，本来の債権は消滅するものの，損害賠償債権に転化して存続することになる。

　さらに，債権の内容を実現させる必要がなくなる場合がある。**相殺**（505条以下），**更改**（513条以下），**免除**（519条以下）および**混同**（520条）が，それである。

　最後に，債権は，権利一般の消滅原因によって消滅する。債権について消滅時効が完成した場合，債権発生の原因関係（例えば契約）について取消しや解除がなされた場合，また，債権の消滅を目的とする契約が結ばれた場合（解除契約）などが，これにあたる。

　民法は，債権総則の第5節，「債権の消滅」において，弁済，代物弁済，供託，相殺，更改，免除および混同の7種の債権消滅原因を定めている。このうち，後に触れるとおり，代物弁済および相殺は，単に債権の消滅原

因という意味を超えて，一定の担保的機能を果たす場面があることに留意する必要がある。

2 弁　済

1　弁済の意義と性質

1-1　弁済の意義

　弁済とは，債務の内容たる給付を実現させる行為である。弁済の結果，債権は目的を達して消滅する。「弁済」と「履行」とは同じ意味を持つことばであるが，「弁済」とは，債権の消滅という角度からみた観念であるのに対して，「履行」は，債権を消滅させる行為自体，または債権の効力（例：履行の請求）という観点から用いられる概念である*。

　　＊　**弁済・履行・給付**　弁済，履行とともに，「給付」という概念も，類似の場面で用いられることがある。「給付」も，債権の目的である債務者の行為を指すので，「弁済」と同義であるが，行為それ自体に着目する弁済と異なり，給付は，これを1個の財産的価値物ととらえるニュアンスで使われることがある（例えば，406条を参照）。

　弁済に関する規定は，①誰が弁済すべきか（弁済の主体），②誰に対して弁済すべきか（弁済の相手方），③何を（弁済の目的）・どのようにして（弁済の態様）弁済すべきか，④弁済の効果は何か，といった角度から整理し，理解することができる。なお，2005年4月1日施行の民法現代語化に伴い，民法第3編「債権」，第5節「債権の消滅」，第3款「弁済」は，第1目「総則」（474条〜493条），第2目「弁済の目的物の供託」（494条〜498条），第3目「弁済による代位」（499条〜504条）という見出しの下に整理されるに至った。

1-2　弁済の法律的性質

　弁済は，金銭の支払い，建物の引渡し，注文品の製作などの作為による

事実行為，夜9時以降はピアノを弾かないといった不作為による事実行為，委任契約に従って第三者と契約を締結するという法律行為等々，さまざまな行為により行われる。

このとき，弁済者に「弁済意思」が必要とされるかが，かつて争われた。もしも弁済意思が必要だとすれば，弁済の法律的性質を法律行為と解することになり，弁済により債権が消滅するのは，「弁済意思」に基づくことになる。

しかし，現在では，弁済により債権は目的を達したという事実により消滅するのであって，弁済意思の効果により消滅するのではないという考え方が，ほぼ異論なく受け入れられている。すなわち，弁済は，法律行為でなく，準法律行為であると解するのが通説である＊。

＊ **法律行為・準法律行為**　法律行為は，意思表示を要素（法律事実）とする法律要件であって，私法上の権利・義務を生じさせる。そこでは，表意者がその意思により望んだがゆえに，その意思どおりの法律効果の発生が認められる（契約・単独行為・合同行為）。これに対して，表意者の意思とは無関係に法律の効力により効果が発生するものを，準法律行為という。そこには，意思の通知（例：履行の請求），観念の通知（例：株主総会の招集通知）といった一定の意識内容の表現と，無主物先占，事務管理といった行為そのものが含まれる（例えば，履行の請求は，請求者の意思により請求どおりの法律効果が生じるようにみえるが，そこで実際に生じるのは，債務者が遅滞に陥ったり（412条），解除の要件が充足されたりする（541条）という法定の効果であって，請求者が履行結果を獲得するという意思どおりの効果が発生するのとは異なる）。

2　弁済の提供

2-1　弁済の提供の意義

弁済の提供とは，債務者が給付の実現に必要な準備を完了して債権者の受領を求めることである。弁済が完了するためには，程度の差はあっても，債権者の協力を必要とすることが多い。例えば，金銭の支払債務を負う債務者にとっても，自己が提供した金銭を債権者が受領してくれなければ弁済したことにならず，たとえ銀行振込みにより支払うことになっていたとしても，債権者が口座を開設してくれなければ振込みはできない。これで

は弁済は完了せず，債務者は，債務から解放されないという不都合が生じる。

そこで，債務者として自己がなすべきことを尽くし，あとは債権者が受領するのを待つ段階に至れば，債務者のいっさいの責任を免れさせることが妥当である（492条）。それが，弁済の準備→弁済の提供→債権者の受領という過程のうち，弁済の提供という段階に債務者を免責させる効果を与えた理由である。

2-2 弁済の提供の基準

(1) 概　要

債務者がどのようなことを行えば弁済の提供を行ったといえるかについて，民法は，提供の程度につき一般的な基準を定めるとともに（493条），特定物の現状による引渡し，弁済の場所および費用につき補充的かつ具体的な基準を置いている（483条～485条）。

一般的な基準としては，弁済は，債務の本旨に従って現実に提供することを原則とし（493条本文），例外的に口頭の提供で足りる場合が定められている（同条但書）。

(2) 一般的な基準

(ア) **現実の提供（原則）**　弁済の提供は，債務の本旨に従って現実に行うことを原則とする（493条本文）。「債務の本旨」とは，契約により発生した債務についていえば，その契約本来の趣旨を指し，弁済の時・場所・方法ないし態様のすべての点について，契約本来の趣旨に適ったものでなければならない。最終的には，「現実」の提供の有無とともに，信義則（1条2項）に基づき判断される。金銭債務の場合と，金銭以外の物を目的とする債務に分けて，判例を中心とした整理を示すと次のとおりである。

金銭債務の場合，債務者は，自己が負う債務の全額を準備した上で，履行期に，債権者の現在の住所まで持参しなければならない（持参債務の原則につき484条を参照）。提供する金額は，債務の全額であることを原則とするが，わずかな不足があっても信義則上有効な提供と認めるべき場合はあり得る（最判昭35・12・15民集14-14-3060）。債権者の面前に金銭を呈示する必

要はないし，債権者が不在であったり，約定の場所に現れなかったりしても，現実の提供となる場合が多いといえよう。

一方，金銭債務の弁済にあたり，債務者が，金銭に代わるもので現実の提供をすることができるか，問題となることがある。郵便振替の送付（大判大8・7・15民録25-1331），振替貯金払出証書の送付（大判大9・2・28民集26-158）は，支払いの確実性に照らして，現実の提供として認められている。それに対して，小切手は，不渡りの可能性があるので，特約または慣習がない限り現実の提供とならないが，銀行の自己宛振出小切手の送付は，原則的に提供となることが認められた（最判昭37・9・21民集16-9-2041）。

* **自己宛小切手**　振出人が自己を支払人として振り出した小切手であり（小切手6条3項），支払いの確実性という意味において，単なる個人振出しの小切手との間に格段の差異がある。すなわち，自己宛小切手は，取引上，金銭と同一視されており，債務者がこれを提供することは現実の提供と認めるべきことが，多くの学説により指摘されていた（我妻，於保など）。

金銭債務以外の物を目的とする債務の場合も，履行期に，目的物を債権者の現在の住所まで持参することが原則である。不特定物を一定の数量交付すべき場合には，定められた数量を提供すべきである。わずかな不足があった際の取扱いについては，金銭の場合と同じである。不動産の引渡しについては，いわゆる登記所において代金を授受すべき約定の場合につき，売主が履行期日に登記所へ出頭すれば，債務の本旨に従った弁済の提供をしたことになると述べた判例がある（大判大7・8・14民録24-1650）。ただし，特約等により，登記の移転だけでなく引渡しを要する場合もあろう。

目的物に代わるもので現実の提供をすることができるかにつき，判例は，貨物引換証の交付については肯定し（大判大13・7・18民集3-399），荷為替の交付については否定する（大判大9・3・29民録26-411）。後者については，判例に反対する学説が多い（我妻，川井）。

* **貨物引換証，荷為替**　陸上物品運送契約において，運送人が運送品を受け取ったことを証し，かつ，これを権利者に引き渡すことを約束した有価証券を，貨物引換証という。運送中の貨物の売却・質入れのために利用され，運送品の処分に関しては，証券の引渡しが運送品の引渡しと同一の効力を持つとされている

（商575条）。一方，荷為替とは，隔地者間の売買において，売主が代金を回収するために，運送証券（貨物引換証，船荷証券等）を担保として銀行から融資を受ける取引であり，ここで買主を支払人として振り出される為替手形も，荷為替と呼ばれる。

(イ) **口頭の提供** 債権者があらかじめ弁済の受領を拒んでいるとき，または債務の履行について債権者の行為を要するときは，弁済者は，弁済の準備をしたことを通知して，その受領を催告すれば足りる（口頭の提供：493条但書）。これは，現実の提供が徒労に終わるか，債権者の行為がなければ現実の提供ができない場合に，弁済者の負担を軽減したものである。

(a) **債権者の受領拒絶** 直接的な受領拒絶だけでなく，債権者の態度を総合的に観察した結果，弁済者による受領を拒む趣旨であると判断されるときも，これに該当するとみるべきである。例えば，債権者が契約の存在そのものを否定する場合や，理由なく契約解除を求め，自分の負担する反対給付の履行を拒む場合などが，それである（我妻）。

こうした場合，弁済者は，弁済の準備をして債権者に通知し，受領を催告すればよい。すなわち，弁済者が弁済の準備をすることは必要である。ここでの準備は，債権者が態度を翻して受領しようとすれば，相当な期間内に現実の提供ができる程度でよい。

なお，法文によれば，準備をしたことの通知を要するとされるが，この通知が常に必要か，問題とされることがある。判例には，不動産の賃貸借において，賃貸人の賃料受領拒絶が強固なものであり，たとえ言語上の提供をしても無意味であることが明らかな場合には，通知も不要と判示したものがある（最判昭23・12・14民集2-13-438。その後，最大判昭32・6・5民集11-6-915も，債権者が契約の存在を否定する等，弁済を受領しない意思が明確と認められるときは，債務者は，言語上の提供をしなくても，債務不履行の責めを免れるものとした）。

(b) **債務の履行につき債権者の行為を要する場合** 具体的には，①取立債務の場合，②請負契約において債務者（請負人）が仕事をするために債権者（注文者）の指示その他の行為を前提とする場合，③債権者の指定する期日または場所で目的物を交付すべき債務の場合，などが，これにあ

たる。

　いずれの場合も，弁済者は，債権者の協力があればこれに応じて直ちに現実に提供できる程度の準備を整え，債権者に通知することにより，弁済の提供を行ったことになる。ただし，通知の要否については，場面を分けて考察することが妥当である。例えば，売主が目的物の引渡場所を指定する約定の場合において，売主が指定しないゆえに買主が契約を解除するときは，買主は，自己が弁済の準備を整えていることを通知する必要がある。これに対して，同じケースで買主が単に不履行の責めを免れるためには（これが492条本来の効果である），買主は，代金支払いの準備を整えていれば，その旨の通知をする必要がないものと解すべきであろう。これと同じことは，取立債務の場合にもあてはまるといえよう（我妻）。

　こうした引渡場所や期日の指定方法との関係において，指定の内容が不明確な場合が問題となることがある。判例には，一方当事者による指定の内容が不明確な場合には，相手方は，信義則に基づき，その内容を自分から進んで探究しなければならないと説いたものがある。次の「深川渡事件」判決が，それである。

> **判例　深川渡事件（大判大14・12・3民集4-685）**
>
> 　売主をA，買主をBとし，物品の引渡場所を「深川渡し」として大豆粕の売買契約が結ばれた事案。Aは，期日に深川丸三倉庫に引渡しの準備を整えた上，物品と引換えに代金を支払うようBに請求したが，Bがこれに応じないので契約を解除した（大豆粕の価格が下落したので，Bが引取りを渋った模様である）。AがBに対し損害賠償を請求したところ，Bは，具体的な引渡場所の通知がなかったことを理由として解除の無効を主張した。大審院は，仮にBが具体的な引渡場所を知らなかったとしても，「Bにおいて誠実に取引するの意思あらば，相手方に対する一片の問合せにより直に之を知ることを得べかりしもの」であって，「信義の原則に依り，Bは，右問合せを為すことを要」すると判示した。

（3）補充的・具体的基準

　民法は，特定物の引渡しを目的とする債務および物の所有権を移転すべき債務について，弁済に関する補充的規定を置き，また，弁済の場所および弁済費用の負担につき補充的・具体的基準を定めている。

㋐　**特定物引渡債務における現状引渡し**　債権の目的が特定物の引渡しであるときは，弁済者は，その引渡しをすべき時の現状でその物を引き渡さなければならない（483条）。

　この規定は，弁済者に過失がない場合を想定したものである（梅）。すなわち，特定物引渡しが債権の目的であるときは，債務者は，引渡しまでの間，その保存につき善管注意義務を負う（400条）。債務者が，この義務を尽くしたにもかかわらず，履行期までに目的物が損傷したり劣化したりしたときは，そのままの状態で引き渡せばよいというのが，この条の趣旨である。なお，このように，483条にいう「引渡しをすべき時」とは，履行期を指すものと解すべきである（川井）。

　㋑　**物の所有権を移転すべき債務に関する補充的規定**　①弁済者が弁済として他人の物を引き渡したときは，その弁済者は，さらに有効な弁済をしなければ，その物を取り戻すことができない（475条）。②また，譲渡につき行為能力の制限を受けた所有者が弁済として物の引渡しをした場合において，その弁済を取り消したときは，その所有者は，さらに有効な弁済をしなければ，その物を取り戻すことができない（476条）。①②のいずれも，「さらに有効な弁済」ができることを想定した規定であるから，不特定物の引渡しに限って適用される。

　これらの場合において，弁済者が有効な弁済をするためには，弁済者は，その物について正当な処分権限を有し，かつ，これを譲渡する能力を持つことが必要である。したがって，他人の物を引き渡したり，制限行為能力者が弁済として自己の所有物を引き渡したりしても，弁済の効力は生じないのが当然である。しかし，これを受領した債権者の利益のために，民法は，その返還請求を制限したものである。

　なお，①の場合において，物の引渡しを受けた債権者に即時取得（192条）が認められるときは，再度の弁済という問題は生じない（これに対して，即時取得は，行為能力制限を補完するものではないので，②において即時取得は成立しない）。

　①②いずれの場合においても，債権者が弁済として受領した物を善意で消費したり，譲り渡したりしたときは，その弁済は有効とされる（477条

本文)。これは，善意の債権者を保護するための規定である。その反面，弁済者も，さらに有効な弁済をする必要はなくなるが，①のケースにおいて，債権者が第三者から賠償の請求を受けたときは，弁済者に対して求償することが認められる (477条後段)。

　(ウ) **弁済の場所**　弁済の場所は，当事者の合意や取引慣行により定まることが多いが，民法は，補充的基準として，①特定物の引渡しは債権発生の時にその物が存在した場所において，②その他の弁済は債権者の現在の住所において，それぞれ行うべきものとした (484条)。

　ただし，契約各則の中に幾つかの特則がある。売買の目的物の引渡しと同時に代金を支払うべきときは，債務者 (買主) は，債権者 (売主) の現在の住所でなく，その引渡しの場所において支払わなければならない (574条)。また，寄託物の返還は，その保管をすべき場所ですることが原則とされている (664条本文)。

　484条にいう債権者の「現在」の住所とは，弁済者が「現に履行をする時」を意味し，債権発生時や履行期を指すものではない。債権者の住所の移転や債権の譲渡により弁済費用が増加したときは，増加額を債権者の負担とすることで解決される (485条但書)。

　(エ) **弁済の費用**　弁済の費用も，当事者の合意や取引慣行により定まることが多い。民法は，弁済の費用は債務者の負担とすること，債権者が住所の移転その他の行為によって弁済の費用を増加させたときは，その増加額は債権者の負担とすることを，補充的基準として定めた (485条)。

　弁済の費用とは，例えば，持参債務における交通費，宿泊費，運送費，郵便料金，登録免許税などである (川井)。この弁済の費用は，契約に関する費用とは異なる。契約に関する費用とは，目的物の測量・鑑定費用，印紙代，公正証書作成の手数料などの契約締結に要する費用をいい，民法は，これを当事者双方が等しい割合で負担するものとしている (売買における558条が定め，559条により他の有償契約に準用される)。

　なお，債権者の行為によって弁済の費用が増加するとき，弁済者は，自己の負担で弁済した上で，その後に債権者に求償すべきであり，増加費用の支払いがあるまで自己の弁済を拒むことができるわけではない。ただし，

弁済者の負う債務が金銭債務の場合には，増加費用との相殺が可能である。

2-3 弁済の提供の効果
(1) 債務者の免責
債務者は，弁済の提供の時から，債務の不履行によって生ずべき一切の責任を免れる（492条）。具体的には，次のような効果が認められる。

① 債務者は，債務不履行を理由とする損害賠償を請求されたり，契約を解除されたり，また，違約金の請求を受けたりすることがない。さらに，債権者は，担保権の実行をすることができなくなる。
② 債務者は，弁済の提供の時から，遅延利息の支払義務を免れる。
③ 弁済の提供により，債権者は，同時履行の抗弁権を失う。
④ 債務者は，供託ができるようになる（494条）。
⑤ 弁済の提供により，債務者の注意義務が軽減され，それまでの善良な管理者の注意義務は，自己の財産に対するのと同一の注意義務に軽減される。
⑥ 弁済の提供後の目的物の保存・管理等につき増加費用が生じたときは，債権者が負担する（485条但書）。
⑦ 目的物の滅失・損傷に関する危険は，弁済の提供の時から，債権者に移転する。

以上のうち，①〜③は，債務者が不履行の責めを免れるという492条の本体的効果である一方，⑤〜⑦は，より積極的な負担を債権者に転嫁する要素を持つといえよう。また，④は，一般に弁済の提供の効果に数えられるが，供託は弁済を提供しなくてもできる場合があるので，これを弁済の提供の効果としない考え方もある（我妻）。

(2) 受領遅滞（債権者遅滞）（413条）との関係
413条によれば，債権者が債務の履行を受けることを拒み，または受けることができないときは，その債権者は，履行の提供があった時から遅滞の責任を負う（受領遅滞〔債権者遅滞〕）。ここにいう「履行の提供」とは，弁済の提供を意味するので，弁済の提供は，論理的に受領遅滞に先行することになる。したがって，弁済の提供の効果と受領遅滞の効果との関係が

問題となる。

　受領遅滞の法的性質につき通説である法定責任説に立つと，弁済の提供の効果として掲げられた前記(1)①〜⑦は，すべて受領遅滞の効果でもあることになり，その反面，受領遅滞の規定は固有の意味をほとんど失うことになる。一方，債権者の帰責事由を要件として債権者の不履行と解する債務不履行責任説によると，弁済の提供の効果は，上記(1)のうち①〜③の消極的なものに限られ，⑤〜⑦は，受領遅滞の効果とみるべきであり，これに加えて，損害賠償請求と解除の可否が問われることになる。

3　第三者の弁済

3-1　基本的な考え方

　弁済とは，債務の内容たる給付を実現させ，債権を消滅させる行為である。したがって，弁済を行うべき者は，まず債務者である（債権者と債務者との関係は，権利義務関係を生じさせる法的な「鎖」ともいえる）。しかし，第三者が弁済することができる場合もある。

　民法は，債務の弁済は，第三者もすることができることを前提としつつ（474条1項本文），債務の性質がこれを許さないとき，または当事者が反対の意思を表示したときは，この限りでないものと定めた（同項但書）。さらに，利害関係を有しない第三者は，債務者の意思に反して弁済をすることができないと定められている（474条2項）。

3-2　第三者の弁済ができる場合

　民法は，債務の弁済は，第三者もすることができるのを原則としている。とりわけ，金銭の支払いや種類物たる動産の引渡しは，弁済に債務者の個性が反映されるものではないから，債権者としても，自己の債権の目的を達しさえすれば，第三者により弁済がなされても差し支えない。他方において，第三者の側からみても，債務者に代わって弁済すべき事情，例えば，債務者に資金援助をするとか，肩代わりをするとか，債務者に対する自分の債務を清算するとか，自分に優先する他の債権を消滅させるといった，

諸々の理由があるはずである。こうした場合には，民法が明文で不許とする例外的場面を除いて，第三者の弁済を認めてもよいといえよう。

しかし，そこには以下のとおり三つの例外が定められている。

3-3　第三者の弁済が許されない場合
（1）　債務の性質が許さないとき（474条1項但書前段）

債務者が自分で給付をしなければ，その債権の目的たる給付とみることができない場合には，第三者の弁済は許されない。例えば，著名な画家に自画像を描いてもらう契約（請負契約）において，その画家が画を描く債務が，これにあたる。

ただし，債務者自身が給付しなければならないが，債権者の同意があれば第三者による弁済が許される場合もある。例えば，雇用契約において，労働者は，自分自身で労働に従事しなければならないが，使用者の承諾を得た場合には，債務者に代わって第三者が労働に従事することができる（625条2項。なお，寄託における658条1項をも参照）。

なお，画家が画を描く債務のように，債務が特定の主体に専属し，他人に移転することのできない場合，これを「一身専属」の性質を持つ債務という*。

> ＊　**一身専属**　一身専属という性質は，権利と義務の両側面から観察される。権利のうちで，その帰属主体（権利者）との間に特別に緊密な関係があるものを，「一身専属権」という。これは，さらに，その権利主体だけが享有できるもの（帰属上の一身専属権）と，その主体だけが行使できるもの（行使上の一身専属権）とに分かれる。帰属上の一身専属権とは，譲渡または相続につき制限を受ける権利であって，親権，夫婦間の諸権利，譲渡禁止特約付き債権などが，その例である。また，行使上の一身専属権は，債権者代位権の目的となることができないものであって（423条1項但書），慰謝料請求権は，その例と考えられている。
>
> 　一方，ある人の一身に専属し，他人に移転することができない義務を，「一身専属義務」という。民法は，相続の効力を定めるにあたり，相続人は，相続開始の時から，被相続人の財産に属した一切の権利義務を承継することを原則とするが，被相続人の一身に専属したものは，この限りでないと定めている（896条）。扶養義務など，親族・身分関係と密接に結びついているものは，一身専属義務にあたる。

(2) 当事者が反対の意思を表示したとき（474条1項但書後段）

契約により生じる債権は契約（特約）によって、また、単独行為により生じる債権は単独行為によって、第三者の弁済を禁じることができる（同条にいう「当事者」とは、文脈により、契約の両当事者または単独行為者を指すことになる）。

債権者が、債務者以外の者から金銭を受け取ることを望まない場合、また、債務者が、他人により弁済されることを潔しとしない場合などが、これに該当する。

この「反対の意思」は、債権の発生と同時に表示される必要はないが、第三者の弁済前に表示されなければならない。また、「反対の意思」が表示されると、474条2項にかかわらず、利害関係のある第三者も弁済できなくなると解されており、他に例をみない立法であるとして疑問視されている（我妻、奥田）。

(3) 利害関係を有しない第三者による弁済が債務者の意思に反するとき（474条2項）

(ア) **規定の趣旨**　債務者と何ら面識のない者や、債務者が恩義を感じることを望まない者により弁済されることが、債務者の意思に反するときは、その第三者は弁済することができない。債務者がこうした第三者による弁済を潔しとしない場合もあろうし、弁済後、第三者が本来の債権者よりも過酷な求償権を行使してくる恐れがあることを考慮した規定であり、起草者以来、日本の「武士気質」を示すものと説明されている（梅、我妻、奥田など）。

この規定は、債務者の交替による更改は、更改前の債務者の意思に反することができないと定める514条と趣旨を同じくするものである。しかし、他方において、民法は、債務免除を単独行為として債務者の意思を考慮しておらず（519条）、また、債務者の意思に反する保証契約を認めており（462条2項参照）、必ずしも一貫した姿勢を示しているわけではない。例えば、債務者が利害関係を有しない第三者の弁済を拒んだとき、その第三者は、債権者との間で保証契約を結び、その後に弁済すれば、債務者としては、これを阻止することができない。したがって、474条2項の規定は、

立法論としても疑問視され，解釈論としても調整の余地があり得ると指摘されている（於保）。

　(イ) **利害関係を有する（有しない）者**　利害関係を有する者とは，物上保証人，担保不動産の第三取得者，同一不動産の後順位抵当権者，そのほか同一債務者に対する債権者であって弁済する利益を有する者など，弁済をすることにつき法律上の利害関係を有する者を指す。したがって，これらの者は，債務者の意思に反しても第三者弁済をすることができる。

　これに該当しない者，例えば，単に債務者と親族関係にある者などは，債務者の意思に反して弁済することができない。したがって，親が子の借金を肩代わりして返済してやろうとしても，子がこれを拒む場合には，親は子に代わって弁済することができない。

　(ウ) **債務者の意思**　第三者の弁済を拒む債務者の意思は，必ずしも表示されることを要せず，諸般の事情から認定されればよい。ただし，第三者の弁済が債務者の意思に反するのは異例のことであって，「意思に反した」ことを主張する者が，その立証責任を負担すると解されている*（我妻）。

　　＊　**「債務者の意思」に関する考え方**　この点について，民法起草者の一人が説くところは，以下のとおりである。すなわち，立法にあたっては，日本のいわゆる「武士気質」を考慮し，従来の慣習上，474条2項を設けたが，「債務者が何等の意思をも表示せざるときは」第三者の弁済ができるものとし，「債務者が明らかに反対の意思を表示した」場合に限って，この規定を適用すべきだという（梅）。経済取引関係における第三者の弁済を広く認めるべき姿勢が，起草段階でも現れていたものといえよう。

3-4　第三者の弁済の効果

　第三者が自己の名において，第三者の債務として弁済を行い，その弁済が許されるときは，債務者自身による弁済と同様の効果を生じ，債権は消滅する。すなわち，第三者による弁済の提供があったにもかかわらず，債権者がこれを受領することを拒めば，受領遅滞（413条）となり，また，弁済者は，受取証書の交付請求（486条）や債権証書の返還請求（487条）ができる。

他方において，弁済者は，他人の債務を弁済した者として，弁済者が債務者に贈与する意思であったような場合は別論として，債務者に対し求償権を取得することが多いといえよう。この求償権の有無および範囲は，次のように第三者が弁済を行った理由により異なる。

第三者が債務者の委任を受けて弁済したときは，委任事務処理費用の償還請求権が求償権の根拠と内容となる（643条・650条）。また，第三者が債務者の委任を受けずに弁済したときは，事務管理となり（697条以下），事務管理者が本人に対して取得する費用償還請求権（702条）が，求償権の根拠と内容となる。

なお，弁済した第三者の求償権を確保するためには，弁済による代位が認められる（499条以下）。

4　弁済の受領者

4-1　弁済の受領者の意義

弁済による債権の消滅という効果を生じさせるためには，弁済は，正当な弁済受領権限を持つ者に対してなされなければならない。弁済の受領権者は，原則として，債権者である。しかし，そのほかにも，債権者の代理人や取立受任者，不在者の管理人（28条），債権質権者（367条），債権者代位権を行使する債権者（423条）など，債権者または法律により受領権限を与えられた者も，弁済の正当な受領権限を持つ。

一方，債権者であっても，弁済を受領する権限を持たないことがあり（以下4-2），また，債権者以外の者に対する弁済が特に有効とされ，債権が消滅する場合がある（→5-2，5-3）ことに注意が必要である。

4-2　債権者が弁済を受領する権限を持たない場合

（1）制限行為能力者

弁済の受領は，債権という財産の法的処分である*。したがって，制限行為能力者（未成年者，成年被後見人，被保佐人および被補助人）は，債権の受領権限を制限されることがあり，この制限に反する弁済の受領は取消しの

対象となり得る（5条2項・9条本文・13条4項・17条4項）。

＊ **財産の処分**　財産を消費したり廃棄したりする事実的処分と，財産権の設定・変更・消滅を生じさせる法的処分がある。債権の譲渡，弁済の受領，相殺，和解などは，後者に含まれることになる。

(2) 債権を差し押さえられた債権者

債権を差し押さえられた債権者は，その債権を処分する権限を失うので，弁済を受領することができなくなる（481条）。例えば，AがBに対する債権を有する場合において，この債権をCが差し押さえたときは，Aは，Bからの弁済を受領する権限を失う。もしも，BがAに弁済したときは，Bは，この弁済による債権の消滅をCに対抗することができず（相対的無効），Cは，自己が損害を受けた限度において，さらに弁済するようBに請求することができる（481条1項）。その結果，BがAとCとに二重弁済したときは，Bは，Aに対して求償権を行使することができる（481条2項）。

(3) 債権の上に質権を設定した債権者

民法は，債権の上に質権を設定することを認めている（362条・363条参照）。そして，債権の上に質権が設定されたときは，債権者は，その債権を処分する権限を失うので，弁済を受領することができなくなる。したがって，481条1項を類推適用し，債権の上に質権を設定した債権者への弁済による債権の消滅は，質権者に対抗できないと解されている。

(4) 破産した債権者

債権者について破産手続開始の決定があった場合には，破産財団に属する財産の管理および処分をする権利は，破産管財人に専属し，債権者自身は処分権限を失う（破産78条1項）。ただし，債権者につき破産手続が開始された後に，その事実を知らないで債務者が行った弁済は，破産手続の関係においても，その効力を主張することができる（破産50条1項）。

5　弁済を受領する権限がない者に対する弁済

5-1　はじめに

弁済は，債権者その他の正当な弁済の受領権限を持つ者に対して行われ

ることによって，債権の消滅という効果を生じさせる。すなわち，弁済を受領する権限を持たない者に対してした弁済は無効であって，弁済者は，真に受領権限を持つ者に対して改めて弁済しなければならない。

ただし，弁済を受領する権限を持たない者に対する弁済によって，債権者が利益を受けることがあれば，その限度においてのみ弁済の効力が認められる（479条）。例えば，債権者の無権代理人や事務管理者（697条1項）が，債務者から弁済として受け取ったものを債権者に引き渡した場合がこれにあたる。また，AがBに対して債権を持っていたところ，受領権限を持たないCがBから弁済として受け取ったもので，AがDに対して負っていた債務を弁済したような場合も，ここに含まれると解されている。このように，479条が適用されるためには，無権限者が弁済として受領したことと債権者の利益との間に因果関係があればよいことになる。したがって，同条は，弁済者が悪意であっても適用される。

これ以外に，本来は弁済を受領する権限がない者であるにもかかわらず，この者に対してなされた弁済が有効になる場合が二つある。**債権の準占有者に対する弁済**（478条）と，**受取証書の持参人に対する弁済**（480条）がそれである。この二つは，表見的弁済受領権者への弁済として括られ，いわゆる**権利外観理論**によって基礎付けられるという共通性を持つと理解されている[*]。

> [*] **478条から480条までの配列に関する考え方**　上に述べたとおり，478条と480条は，権利外観理論に基づく弁済者保護の規定として説明されるので，この間に479条が挟まる民法の規定の配列には，少々違和感があるかもしれない。しかし，民法の起草者は，弁済の受領権限のない者に対する弁済は無効であることを原則としつつ，これが有効となる第一の例外として478条を，そして，第二の例外として479条を置く意図であった（梅・478条および479条注釈）。一方，480条は，その文理から判明するとおり，受領権限のない者に対する弁済でなく，受領権限ありとみなされる場合である。したがって，478条および479条では弁済が「効力を有する」とされ，480条では「弁済を受領する権限がある」ものとみなされる違いは，本来は，有意なものと考えられていたといえよう。

5-2　債権の準占有者に対する弁済

(1) 規定の趣旨

債権の準占有者に対してした弁済は，弁済者が善意・無過失であったときは，弁済としての効力を有するとされる (478条)。例えば，A銀行に預金口座を持つBの預金通帳と届出印を所持するCが，A銀行の窓口に現れて所定の手続により預金の払戻しを請求した場合において，Cが本当は弁済受領権限を持たなかったにもかかわらず，銀行側が善意・無過失でCに払戻しを行ったときは，その払戻しは弁済としての効力を生じる。

弁済を受領する権限を持たない者に対して弁済しても，その弁済は，原則として効力を生じない。しかし，いかにも債権者らしい外観を呈する者に善意・無過失で弁済した者は，保護される必要がある。すなわち，債務の弁済は，日常の取引において最も頻繁に行われるものであることに照らして，その安全・迅速を図ることが，この規定の趣旨である。

こうした趣旨に照らすと，この規定は，①いかにも権利者らしい外観の存在，②弁済者の外観信頼（善意・無過失），③外観作出に対する真の権利者（債権者）の帰責性，を要件として，債権者を犠牲にして弁済者を保護するという権利外観理論の一場面であると理解される。ただし，以下の(2)で説明されるとおり，現在の判例および通説は，③の要件を不要と解しているため，弁済者の外観信頼が強く保護される結果となっている。

(2) 要　件

債権の準占有者に対する弁済が弁済としての効力を有するための要件は，㋐債権の準占有者であること，㋑任意の弁済であること，㋒弁済者が善意・無過失であること，である。

　㋐　**債権の準占有者であること**　債権の準占有者とは，真の債権者ではないが，債権を事実上行使することにより，債権者らしい外観を呈する者である。(1)に掲げた，預金通帳と届出印を所持して銀行の窓口で預金の払戻しを求める者は，その一例である。そのほか，表見相続人（大判昭15・5・29民集19-903），指名債権が譲渡され，それが無効であった場合の事実上の譲受人（大判大7・12・7民録24-2310）などが，判例に現れている。

なお，指名債権が二重譲渡された場合において対抗要件を後れて具備し

た譲受人が，債権の準占有者にあたるかが争われたケースがある。

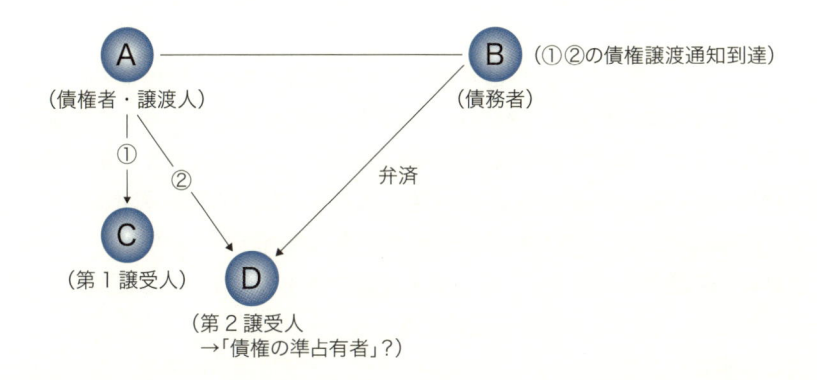

```
A ─────────────── B  (①②の債権譲渡通知到達)
(債権者・譲渡人)         (債務者)
 │①
 │ ②      弁済
 ↓   ↘   ↙
 C       D
(第1譲受人)  (第2譲受人
           →「債権の準占有者」?)
```

　すなわち，AがBに対して有する指名債権を，CとDとに二重譲渡した場合におけるCD間の優劣は，確定日付ある証書による通知・承諾が債務者Bの許へ到達した先後による（467条2項。最判昭49・3・7民集28-2-174）。それでは，こうした場合において，債務者Bが，CDのうち本来は劣後する譲受人（これは債権の準占有者ということになる）に対して，善意・無過失で弁済してしまったときは，478条が適用されて，この弁済が有効となる余地はあるか。これを認めてしまうと，債権の譲渡における対抗要件の趣旨を没却する恐れがあるのではないかが問われていた。この問題を扱った判例の概要は，次のとおりである（→Ⅳ②3-2(4)も参照）。

> **判例　債権の二重譲渡と478条**（最判昭61・4・11民集40-3-558）
> 　最高裁は，民法467条2項は，劣後譲受人に対する債務者の弁済の効力までを定めているものではなく，当該弁済の効力は，債権の消滅に関する民法の規定により決すべきものであるとし，債務者が当該弁済をするについて，「劣後譲受人の債権者としての外観を信頼し，右譲受人を真の債権者と信じ，かつ，そのように信ずるにつき過失のないときは，債務者の右信頼を保護し，取引の安全を図る必要がある」として，478条の適用される余地を認めた。ただし，債務者が，劣後譲受人が真正の債権者であると信じてした弁済につき無過失だったというためには，「優先譲受人の債権譲受行為又は対抗要件に瑕疵があるためその効力を生

じないと誤信してもやむを得ない事情があるなど劣後譲受人を真の債権者であると信ずるにつき相当な理由があることが必要」という絞りをかけている。

　次に，「準占有」とは，自己のためにする意思をもって財産権の行使をすることである（205条）。民法は，自己のためにする意思をもって物を所持することにより占有権の成立を認め（180条），占有者に種々の法的効果を付与している。準占有者についても，これらの法的効果が準用されている（205条）。ただし，債権の準占有者に対する弁済という制度は，準占有者自身を保護するのでなく，準占有者を真の債権者自身であると誤信した取引相手方（弁済者）の信頼を保護するものである。

　この規定が適用されるのは，準占有者が，自分自身が債権者であるとして弁済を受領する場合に限るか，または準占有者が債権者の代理人であると称して（詐称代理人）受領する場合も含まれるであろうか。準占有の要件である「自己のためにする意思」を厳格に解すれば，詐称代理人は，本人のためにすることを示して行為するのだから，「準占有者」ではないことになる。しかし，占有においては，本人Ａがある物をＢに占有させる場合，占有代理人であるＢも，自己のためにする意思を持つことが認められている。したがって，債権の準占有についても同様に考えることができ，詐称代理人も自己のためにする意思を持つのであって，この者に対する弁済は，478条の適用を受けるものと考えるべきである（最判昭37・8・21民集16-9-1809）。

　(イ)　**弁済が任意に行われたこと**　　478条の趣旨が，債権者らしい外観を信じた弁済者の保護であるとすれば，ここでの「弁済」とは，任意に行われたものだけを指し，転付命令（民執159条）により弁済とみなされる場合などは含まれない。判例には，転付命令によって弁済とみなされる場合にも478条の適用を認めるものがあり（大判昭15・5・29民集19-903），学説の批判を受けている（我妻）。

　(ウ)　**弁済者の善意・無過失**　　債権の準占有者に対する弁済が有効となるのは，弁済者が善意・無過失の場合である。平成16年改正前の478条の法文では，弁済者の善意のみが要件として明示されていた。しかし，債

権の準占有者に対する弁済の規定は，いわゆる権利外観法理の一環であり，そこでの取引保護の原則的要件は相手方の善意・無過失であること，478条と同趣旨の規定である480条には善意・無過失が要件として掲げられていること，などを理由として，無過失をも要件とするのが通説となっており，最高裁も，これに沿った解釈を示すに至った（最判昭37・8・21民集16-9-1809）。そのため，平成16年改正の趣旨の一つである「判例・学説において解釈が確立している事項であり，それが条文の文理と抵触するものを明文の規定に盛り込む」という方針に従って，法文が改められたものである。

478条は，近時，銀行預金の不正払戻しのケースで問題となることが多いが，そこでは，払戻しにあたっての金融機関の過失の有無が結論を左右する例がしばしば見られる＊。

＊ **銀行預金の不正払戻しと478条**　金融機関と預金者との間で締結される預金契約の本質には，消費寄託（666条）があり，預金者は金融機関に金員を預け，金融機関は預金者からの請求に応じて預金を払い戻す債務を負うという関係になる。つまり，預金払戻しの場面では，預金者が債権者であり，金融機関が弁済者となる。キャッシュカードの盗用により銀行預金が引き出された場合には，478条と同趣旨の免責約款により，銀行は免責される。最判平5・7・19判時1489-111は，「支払機によりカードを確認し，支払い機械操作の際，使用された暗証と届出の暗証との一致を確認のうえ預金を払い戻しました場合には，カードの偽造，変造，盗用その他の事故があっても，そのために生じた損害については，当行および提携行は責任を負いません」というカード規定による銀行の免責を認めた。ただし，その免責は，①銀行が預金者に交付していた真正なキャッシュカードが使用されていたこと，②正しい暗証番号が入力されていたこと，③銀行による暗証番号の管理が不十分であったなど特段の事情がないこと，といった要件が充足された場合に限って認められることを明らかにしていた。このように，カード規定による免責においても，銀行による暗証番号管理の不備等の過失が考慮されることは，478条と同様である。

近時，銀行のATM（現金自動入出機）を通じた預金の不正払戻しにおいて，478条の適用の有無が問題とされた判例が現れた（最判平15・4・8民集57-4-337）。最高裁は，「無権限者のした機械払の方法による預金の払戻しについても，民法478条の適用があるものと解すべきであり，これが非対面

のものであることをもって同条の適用を否定すべきではない」と述べた。ただし，こうしたケースでは，何をもって銀行の過失の有無を判断するかが問題となろう。確かに，預金通帳と届出印を預金者から盗取した者が，これを所持して窓口に現れ，預金の払戻しを請求した場合には，銀行側が，その者（債権の準占有者）が真の債権者であると信じ，かつ，そのように信じることにつき過失がなかったかどうかを吟味するという判断構造になじむ。しかし，ATMを利用した預金払戻しにおいては，別の要素が考慮される必要がある。最高裁は，次のように判示している。

> **判例　ATMによる銀行預金払戻しと478条（最判平15・4・8民集57-4-337）**
>
> 　Xは，Y銀行との間で預金契約を締結し，通帳とキャッシュカードの交付を受けていた。Xは，この通帳の盗難にあい，その後，何者かがY銀行支店に設置されたATMから，暗証番号を入力して通帳機械払の方法によりXの預金を引き出してしまった（Xは，暗証番号をマイカーの自動車登録番号4ケタの数字と同じにしており，通帳は，マイカーごと盗まれたものである）。そのため，Xは，Yに対し，預金の返還，または不正に払い戻されたのと同額の損害賠償を請求した。
>
> 　最高裁は，無権限者のした機械払の方法による預金の払戻しについても，民法478条の適用があると解すべきであると述べた上で，同条により銀行が免責されるための「無過失」の意義について，次のように説いた。
>
> 　478条において銀行が無過失であるというためには，「払戻しの際に機械が正しく作動したということだけでなく，銀行において，預金者による暗証番号等の管理に遺漏がないようにさせるため当該機械払の方法により預金の払戻しが受けられる旨を預金者に明示すること等を含め，機械払システムの設置管理の全体について，可能な限度で無権限者による払戻しを排除し得るよう注意義務を尽くしていたことを要する」。

すなわち，こうしたケースにおける銀行の過失の有無は，当該払戻しにおいて債権の準占有者を真の預金者と誤認したことについて判断されるにとどまらず，機械払システムの設置管理の全体について，人的（暗証番号管理・事故届の処理・約款の整備など）・物的（カード等のゼロ化・機械の性能など）両側面から判断されることになる。

　　＊　**偽造・盗難カード預貯金者保護法**　「偽造カード等を用いて行われる不正払戻し等からの預貯金者の保護等に関する法律」（平成17年法律第94号）が，2006

年2月10日から施行されている。この法律では，偽造カードについては，預金者に重過失がない限り不正に払い戻された全額が預金者に補償され，盗難カードについては，預金者に重過失があれば補償をゼロとし，軽過失があれば補償を75％にとどめる以外は，全額が預金者に補償される。そして，預金者の過失の立証責任を全面的に銀行側に負わせたため，その立証は難しく，「原則として全額補償」になるであろうと予測されている。ただし，この法律の適用範囲は，偽造・盗難カード等が使用された場合に限られ，紛失したカードが使用された場合や，通帳と届出印を利用した窓口での不正払戻しについては，依然として，約款と民法の一般原則に委ねられたままである。

(エ) **債権者の帰責事由は478条の要件か**　478条がいわゆる権利外観法理の一場面だとすれば，取引の相手方（弁済者）を保護するためには，真の権利者（債権者）を犠牲にしてもやむを得ない事情が存在しなければならないのではないか。しかし，478条の文理上，こうした要件はないし，判例および通説は，こうした債権者側の事情は考慮する必要がないものと解している。その意味において，債権の準占有者に対する弁済の規定は，徹底した取引安全保護の思想に支えられていると評される（我妻）。ただし，ゆきすぎた弁済者保護に疑問を呈し，債権証書等の偽造や盗難につき債権者に過失あることを478条の要件とする少数説にも注意が必要であろう（星野）。

（3）　弁済以外の場面に対する478条の適用

478条は，直接には「弁済」に関する規定である。しかし，弁済以外の債権消滅原因についても，この規定が適用ないし類推適用されるかが問われる場面がある。

(ア) **定期預金の期限前払戻し**　定期預金は，銀行が期限を決めて金員の預入れを受け，預金者にとっては利率が有利な反面，銀行は，原則として期限までの払戻しをしないかたちの預金契約である。したがって，定期預金の期限前払戻しは，単なる弁済でなく，合意解約等の法律行為がこれに先行することになる。したがって，期限前払戻しにおいて478条が適用されるか問題となるが，判例は，定期預金契約の締結に際し，当該預金の期限前払戻しの場合における弁済の具体的内容が契約当事者の合意により確定されているときは，478条が適用されることを認めている（最判昭41・

10・4民集20-8-1565)。

＊　**全体的考察による弁済行為の認定**　上記判例は，定期預金の期限前払戻しにつき478条が適用されるためには，契約締結時に期限前払戻しの場合における弁済の具体的内容が合意されていることを要するかのような説示を行っている。したがって，こうした合意のない場合における478条の適用の有無が問題となるが，この判例の真意は，定期預金の期限前払戻しは，「大量かつ定型的になされる銀行取引の実情から全体としてみれば弁済行為の一態様であって」，「債権の準占有者に対する弁済の概念を拡張して解釈すべきであるとする基本的態度を表明している」ところにあると理解されている（最判解説昭和41年度民事篇419頁（424頁）〔栗山忍〕）。こうした取引の全体的考察を通じた弁済行為の認定は，478条の適用範囲を広げる機能を果たすことになる。

(イ)　**預金担保貸付における相殺への適用ないし類推適用**　A銀行が融資を行う際，借主Bに自行定期預金をさせ，これを担保に融資をする取引を，預金担保貸付という。Bが返済しない場合には，Aは，自己が持つ貸付金返還債権を自働債権とし，Bが持つ預金払戻債権を受働債権として相殺することにより，貸付金の回収が確実にできるという長所がある。

問題となるのは，定期預金を拠出──しばしば「出捐」という表現が用いられる──したのが，実はBでなく，Cであったときにも相殺が許されるかどうかである＊。

＊　**預金者の認定**　この問題を考える前提として，上記のように預金名義人はB，出捐者はCというとき，B，Cのどちらを預金者とみるかを確定しておく必要がある。判例は，実際の出捐者であるCが預金者であって，預金の名義や主観的事情を考慮しないという立場をとっている（**客観説**：最判昭32・12・19民集11-13-2278)。

こうした事例において，A銀行に対して預金払戻債権を持つのは，出捐者のCである。しかし，Bは，いかにも債権者らしい外観を呈する者，すなわち債権の準占有者といえるので，A銀行がBを相手に相殺を行ったとき，これが債権の準占有者に対する弁済として有効となるかが問われる。これを肯定すれば，相殺による債権回収というA銀行の期待が保護される反面，真の預金者Cの権利が犠牲にされることになる。

この問題を考えるための要点は，二つある。その一つは，「弁済」に関

する478条が,「相殺」という債権消滅事由に適用ないし類推適用されるかであり,もう一つは,それが肯定される場合,銀行の善意・無過失をどの時点を基準に判断するかである。判例は,以下のとおり,こうした事例に民法478条が類推適用されること,また,銀行の善意・無過失は,貸付契約の時点を基準として判断すべきことを明らかにしている。

> **判例　相殺に対する478条の類推適用**（最判昭59・2・23民集38-3-445）
>
> 「金融機関が,自行の記名式定期預金の預金者名義人であると称する第三者から,その定期預金を担保とする金銭貸付の申込みを受け,右定期預金についての預金通帳及び届出印と同一の印影の呈示を受けたため,同人を右預金者本人と誤信してこれに応じ,右定期預金に担保権の設定を受けてその第三者に金銭を貸し付け,その後,担保権実行の趣旨で右貸付債権を自働債権とし右預金債権を受働債権として相殺をした場合には,少なくともその相殺の効力に関する限りは,これを実質的に定期預金の期限前解約による払戻と同視することができ,また,そうするのが相当であるから,右金融機関が,当該貸付等の契約締結にあたり,右第三者を預金者本人と認定するにつき,かかる場合に金融機関として負担すべき相当の注意義務を尽くしたと認められるときには,民法478条の規定を類推適用し,右第三者に対する貸金債権と担保に供された定期預金債権との相殺をもって真実の預金者に対抗することができるものと解するのが相当である（なお,この場合,当該金融機関が相殺の意思表示をする時点においては右第三者が真実の預金者と同一人でないことを知っていたとしても,これによって上記結論に影響はない）。」

この判例は,預金担保貸付における担保権実行の趣旨における相殺は,「少なくともその相殺の効力に関する限りは」,「実質的に定期預金の期限前解約による払戻と同視することができ」るとしている。そして,預金担保貸付とその後の相殺という一連の行為全体が,弁済に類似しているものとし,ここに478条を類推適用することを認めたものである。このように,この判決は,前掲最判昭41・10・4の延長線上に現れたものと理解されよう。

また,A銀行の善意・無過失を判断すべき時期についての説示も重要である。すなわち,A銀行は,Bに定期預金をさせ,これを担保にBに融資する際は,Bが真の預金者であると信じているはずである（そうでなければ

融資をしない)。しかし，Bが貸金を返済せず，これと定期預金との相殺によりAが債権を回収しようとする時点では，Aは，実際の出捐者はBでないことに気付いていることが多い。したがって，相殺時を基準としてAの善意・無過失の判断を行うとすると，相殺は有効とならず，銀行の期待は保護されない。しかし，判例は，相殺を予定して貸付をした銀行の信頼保護を問題とするのだから，貸付時の主観要件を基準とすれば足り，相殺時の善意・無過失までは要件とされないという立場を明らかにしたものである（最判解説民事篇昭和59年度86頁（94頁以下）〔松岡靖光〕）。

なお，近時，広く行われている総合口座方式の取引（1冊の通帳で普通預金と定期預金ができ，普通預金の残高がマイナスになっても，一定額までは定期預金から普通預金へ入金されるシステム）においても，最高裁は，478条の類推適用を認めている（最判昭63・10・13判時1295-57）。

(ウ) **保険会社による契約者貸付と478条の適用ないし類推適用**　生命保険契約において，銀行による預金担保貸付と類似の手続により，解約返戻金の一定の範囲内で契約者に貸付を行う制度がある。こうしたケースにおいても，判例は，貸付が「その経済的実質において，保険金又は解約返戻金の前払」と同視できるものとし，478条の類推適用を認めている（最判平9・4・24民集51-4-1991）。

(4) 効　果

債権の準占有者に対する弁済は，弁済としての効力を有する。例えば，債務者Aが，真の債権者Bでなく，債権の準占有者であるCに対して行った弁済が有効とされることにより，BがAに対して有していた債権は消滅する。その結果，Bは，Cの不当利得を追及して，自己の不利益を解消することになる（大判大7・12・7民録24-2310）。また，事情によっては，Bに対するCの不法行為が成立することもあろう。

なお，この債権消滅の効果は，絶対的・確定的なものなのか，または相対的なものにとどまるのであろうか。この問題は，具体的には，債務者（弁済者）Aが，Cに受領物の返還を請求することができるか，というかたちで提起される。478条による債権消滅の効果が絶対的・確定的なものであるとすれば，こうした返還請求は否定される。一方，478条は，善意・

無過失の弁済者を保護する規定であって，無権限受領者を保護することを目的とするものではないことを強調すれば，返還請求を肯定する方向も考えられよう。学説では，善意・無過失の弁済者が真の債権者に弁済するつもりで受領者に返還請求する場合には，これを認めるべきだと解する立場が有力である（淡路）。

5-3 受取証書の持参人に対する弁済
(1) 規定の趣旨
受取証書とは，弁済の受領を証明する文書である（486条参照）。受取証書を持参して弁済を請求する者は，真に弁済を受領する権限を持つ可能性がきわめて高い。したがって，受取証書の持参人は，弁済を受領する権限があるものとみなし，ただ，弁済者が，受取証書持参人は弁済受領権限を持たないことを知っており，または過失によってこれを知らなかったとき，その適用を排除することとした（480条）。478条と並んで，弁済の安全を確保するための規定である（他方において，受取証書の持参人も，自己に弁済受領権限があると証明することはできない場合が多いであろうから，かかる受取証書持参人の事情を慮った規定でもある）。

(2) 要　件
(ア) **受取証書の持参人であること**　「受取証書」の様式には特段の制限がない。ただし，480条の適用を受けるためには，受取証書が真正のものであることを要すると解されている（大判明41・1・23新聞479-8）。なぜなら，480条は，債権者でない者が真正な受取証書を持参したために，当該持参人は債権者から弁済を受けるべき委任を受け，または正当な代理人であると信頼した弁済者を保護する規定だからである。したがって，受取証書が偽造であったときは，480条の適用はない。ただし，偽造の受取証書を持参した者が，他の事情とあいまって，いかにも債権者らしい外観を呈していたときは，478条が適用されて弁済が有効とされる余地がある。

(イ) **弁済者の善意・無過失**　弁済者が，受取証書持参人は弁済受領権限を持たないことを知っているとき，または過失によってこれを知らなかったときは，弁済受領の権限ある者への弁済とならない。この悪意・有

過失の証明責任は、債務者が免責されないことを主張する債権者が負う。

　(ｳ) **効　果**　弁済者が受取証書持参人に善意・無過失で弁済した場合には、正当な弁済受領権限のある者に対する弁済と同様に有効となり、その債権は消滅する。その後における真の債権者と弁済受領者との関係は、478条の場合と同じである（→5-2(4)を参照）。

6　弁済の充当

6-1　弁済の充当の意義

　488条から491条までは、「弁済の充当」について定めている。弁済の充当とは、債務者が同一の債権者に対して同種の給付を目的とする数個の債務を負担する場合において、弁済者が、その債務すべてを消滅させるには足りない給付をしたとき、どの債務が消滅すべきか、という問題である。例えば、AがBに対して100万円の貸金債務と50万円の売掛代金債務を負っているところ、Aが30万円を弁済したときは、どの債務の弁済に充てられるか、という問題である（488条・489条）。

　また、これと同じ問題は、1個の債務の弁済として数個の給付をすべき場合において、弁済者がその債務の全部を消滅させるのに足りない給付をしたときにも生じる。例えば、1個の売買代金債務を分割して弁済するような場合が、これにあたる（490条により488条および489条が準用される）。

　弁済の充当につき当事者間で協議が整えば、それによりいかようにでも充当を行うことができる。しかし、合意がない場合について、民法は、①弁済者の充当権（488条1項・3項）、②債権者の充当権（488条2項・3項）、③法定充当（489条）という順序で、これを定めた。

6-2　弁済者による充当の指定

　弁済者は第一次的指定権を持ち、給付の時に、その弁済を充当すべき債務を指定することができる（488条1項）。この指定は、相手方に対する一方的意思表示により行うことができるので（488条3項）、弁済者は、自己に最も有利なかたちで、その弁済を充当すべき債務を指定してよい。例え

ば，弁済者は，利息の高い債務，担保付きの債務などを優先して消滅させるよう弁済の充当ができる。ただし，費用，利息，元本の関係については，491条の制限に従わなければならない。

6-3 弁済受領者による充当の指定

弁済者が指定をしないときは，弁済受領者は，その受領の時に，その弁済を充当すべき債務を指定することができる（488条2項本文）。この指定も，相手方に対する意思表示により行う（488条3項）。弁済者が指定をしなければ，それは充当権の放棄とみるべきであるから，この規定は，弁済受領者を第二次的指定権者として認めたものである。

ここで受領の「時」といっても，厳格に受領と同時である必要はなく，「受領後遅滞なく」の意味であると解されている（我妻）。

なお，この規定に基づく受領者の充当指定に対し，弁済者が直ちに異議を述べたときは，受領者による指定は効力を失い，489条に定める法定充当が行われる。

6-4 法定充当

当事者が弁済の充当の指定をしないときは，以下のとおり，489条に定めるところに従い弁済を充当する（法定充当：489条）。

　① 債務の中に弁済期にあるものと弁済期にないものとがあるときは，弁済期にあるものに先に充当する（1号）。

　② すべての債務が弁済期にあるとき，または弁済期にないときは，債務者のために弁済の利益が多いものに先に充当する（2号）。例えば，利息付きの債務と無利息の債務がいずれも弁済期にあるときは，前者から先に充当する。また，違約金の定めのある債務とない債務とがあるときは，前者から先に充当する。488条1項に定めるとおり，第一次的な弁済の充当の指定権者は弁済者であって，弁済者の意思が考慮されていたことと平仄を合わせるかたちで，法定充当においても弁済者の意思を推定したものと理解することができる。

　③ 債務者のために弁済の利益が相等しいときは，弁済期が先に到来

したもの，または先に到来すべきものに先に充当する（3号）。

④　2号においてすべての債務の弁済の利益が等しいとき，3号においてすべての債務の弁済期の到来が同じであるときは，各債務の額に応じて充当する（4号）。

6-5　元本，利息および費用を支払うべき場合の充当

債務者が1個または数個の債務について元本のほか利息および費用を支払うべき場合において，弁済者がその債務の全部を消滅させるのに足りない給付をしたときは，これを順次に，費用，利息および元本に充当しなければならない（491条1項）。これは，6-2および6-3で説明された当事者による充当指定を制限する規定であって，弁済者も弁済受領者も，491条に反する指定をすることはできない。

例えば，AがBに対する100万円の債務を負い，これにつき費用10万円，利息15万円が生じていた場合において，Aが50万円の弁済をしたときは，その50万円は，費用の10万円，利息の15万円に順次充当された上，残り25万円が元本に充当されて，75万円の元本が残ることになる。これに反する弁済者または受領者の指定は無効である。ただし，合意による弁済充当は，491条にかかわらず認められる。

なお，489条に定める法定充当の規定は，491条1項に定める場合について準用される（491条2項）。すなわち，費用相互間，利息相互間および元本相互間のそれぞれについて，489条に定める法定充当の規定が適用される。

7　弁済による代位

7-1　弁済による代位の意義

「弁済による代位」とは，債務者以外の者が弁済したときに，この弁済者が債務者に対する求償権を確保するために必要な範囲において，債権者が債務者に対して有していた権利が弁済者に移転することである（499条〜504条）。

弁済は，原則として，第三者もすることができる（474条）。このとき，弁済者が保証人の場合には，保証債務の規定に基づく求償権があり（459条・462条など），保証人ではなくとも債務者の委託を受けて弁済した者は，委任契約上の費用償還請求権を有する（650条など）。また，債務者の委託を受けずに弁済した第三者も，事務管理上の費用償還請求権を持つ（702条）。こうした求償権の実効性を確保するために認められるのが，弁済による代位である。

例えば，Aに対して1,000万円の債務を負っているBに代わって，CがAに弁済した場合において，Aの債権を担保するために保証人Dがいたときは，Cは，Aに代位して，Dに対し，保証債務の履行を求めることができる。また，同じ例で，B所有の不動産にAのため抵当権が設定されていたときは，Cは，この抵当権を実行することができる。

弁済による代位には，**任意代位**（499条）と**法定代位**（500条）がある。まず，債務者のために弁済した者は，その弁済と同時に債権者の承諾を得て，債権者に代位することができる。これが任意代位であり（499条），弁済による代位の原則的形態である。一方，弁済をするについて正当な利益を有する者は，弁済によって当然に債権者に代位する。これが法定代位であり（500条），弁済につき正当な利益を有する者については，債権者の承諾を要することなく法律上当然に代位を認める趣旨である。

7-2　弁済による代位の要件

弁済による代位の要件は，(i)弁済などにより債権者が満足を得たこと，(ii)弁済者が求償権を有すること，(iii)債権者の承諾（任意代位）または弁済者が弁済につき正当な利益を持つこと（法定代位）である。(i)および(ii)は，任意代位と法定代位に共通の要件である。

　(i)　**弁済などにより債権者が満足を得たこと**　「弁済」に限らず，代物弁済，供託，相殺といった債権の消滅原因であっても，第三者が債権を消滅させることにより債務者に対して求償権を取得することがあれば，弁済による代位が認められる。連帯債務者のうちの一人または連帯保証人と債権者との間に混同が生じたときも，同様と解されている（大判昭6・10・6民

集10-889，大判昭11・8・7民集15-1661）。

　争いがあったのは，弁済が任意のものに限るか，債権者が強制執行により満足を得た場合も含むかである。弁済による代位は，任意弁済者の求償権確保を目的とする制度とみれば，これを否定的に解することになる（大判大10・11・18民録27-1966は，この立場）。しかし，その後の判例には，物上保証人が抵当権を実行された場合において，この物上保証人が，満足を得た債権者に対して法定代位することを認めたものがある（大判昭4・1・30新聞2945-12）。「弁済」とは，任意のものだけを指すわけではないし，弁済を促進し求償権を確実にするという趣旨からすれば，債権者が執行により満足を得たときも，弁済者の代位は認められるべきであろう（我妻，川井）。

　(ii)　**弁済者が求償権を有すること**　弁済による代位の目的は求償権の確保にあるから，求償権の発生が要件となる。求償権の根拠は，保証人，物上保証人，連帯債務者の場合など，民法に規定されているものもある（459条以下・351条・442条以下）。また，受任者から委任者に対する委任事務処理費用の償還請求（650条），事務管理における管理者から本人に対する費用償還請求（702条）など，弁済者と債務者との関係から求償権が生じることもある。

　ただし，弁済が常に求償権を発生させるわけではない。例えば，第三者が債務者に贈与するつもりで弁済したときは，求償権は発生しない。また，親が子の借金を肩代わりして支払ってやる場合など（第三者弁済の要件を充たす場合），実質的には求償権が放棄されているとみるべきであろう。これらの場合には，弁済による代位は認められない。

　(iii)　**債権者の承諾（任意代位）または弁済者が弁済につき正当な利益を有すること（法定代位）**

　　①債権者の承諾（任意代位）　弁済をするについて正当な利益を有しない者は，債権者の承諾を得ることを要件として，債権者に代位することができる（499条1項・500条参照）。ここで債権者の承諾を得ることが要件とされているのは，債権者の意思を尊重するためである。承諾を得る時期は，弁済と同時または弁済の前でなければならず，弁済後に承諾を得ても法定代位は認められない。なぜなら，弁済によって，本来，債権は消滅

すべきところ，それを弁済者に移転させるという効果を発生させるためには，無条件に弁済してから事後的に承諾を得ることでは足りないためである。

なお，「正当な利益を有しない者」の範囲は，500条の反対解釈から導かれる（→次項②を参照）。

任意代位においては，指名債権の譲渡の対抗要件について定める467条の規定が準用される。すなわち，債務者に代わって債権者に弁済した者が，債権者の承諾を得て代位したときは，債権者の有していた権利が弁済者に移転することになる。これは，債権者から弁済者への債権譲渡に類似した関係であるといえる。したがって，債務者その他の第三者に対する公示のために，指名債権譲渡の対抗要件の規定を準用することとしたのである。

②弁済者が弁済をするについて正当な利益を有すること（法定代位）
法定代位が生じるためには，弁済者が弁済をするについて正当な利益を有することが要件となる。正当な利益を有する者とは，自己が弁済しないと債権者から執行を受ける地位にある者（保証人・物上保証人・担保目的物の第三取得者・連帯債務者など）のほか，弁済しないと債務者の対する自己の権利が価値を失う地位にある者（同一の債務者に対する後順位担保権者，債務者の財産が他の債権者の執行によって価値を失う場合の一般債権者など）を指す。

法定代位を認める範囲については，弁済による代位という制度が利益をもたらすことはあっても特段の不都合を生じさせるものではないという認識の下（梅・500条注釈），広く解される傾向にある。

法定代位は，当然の代位であるから，債権者から弁済者への債権の移転につき対抗要件の具備を必要としない。債務者その他の第三者としても，代位の生じ得ることを予期すべきだからである。

7-3 弁済による代位の効果

弁済による代位の効果は，(1)代位者・債務者間，(2)代位者相互間，(3)代位者・債権者間，に分けて考察することができる。

(1) 代位者・債務者間

(ア) **債務者に対する代位者の権利行使**　　債権者をA，債務者をB，Bに代わってAに弁済した者（代位者）をCとすると，Cは，自己の権利に基づいて求償をすることができる範囲内において，Bに対し，債権の効力および担保としてAが有していた一切の権利を行使することができる（501条本文）。すなわち，Aが有していた債権が担保権とともにCに移転し，Cは，Bに対する求償権確保のために，従来からの債権者であるかのようにBに対する権利を行使できるようになる。

「債権」がCに移転する結果，Cは，Bに対し，履行請求権および損害賠償請求権を行使することができる。債権者代位権や詐害行為取消権も，同じくCが行使できるようになる。また，Aが債務名義（民執22条参照）を有するときは，Cは，承継執行文の付与を受けて（民執27条2項），この債務名義をそのまま利用することができる。これは，代位により原債権そのものがAからCに移転すると構成することにより説明できる結果である。

ただし，Cの弁済によりAからCに移転するのは「債権」であって，契約当事者たる地位が移転するわけではない。したがって，Cは，契約当事者としてのAの地位に伴う諸権利，例えば契約解除権や取消権を行使することはできない。

「担保権」も，Cに移転する。したがって，原債権を担保していた抵当権や仮登記担保権があるときは，Cがこれを実行することができる。また，Aのために保証人Dが付いていたときは，Cは，Dに対して保証債務の履行を請求することができる。

(イ) **一部代位の取扱い**　　AがBに対して有していた1,000万円の債権のうち500万円だけをCが弁済したときは，Cは，その弁済をした価額に応じて，債権者とともにその権利を行使することができる（**一部代位**：502条1項）。

本来，一部の弁済は，債務の本旨に従った履行ではない。したがって，Aは，その受領を拒むこともでき，また，これを拒まないとしてもCによる代位を拒否したり，Aが全部の弁済を受けた後でなければCの代位を認めないとの特約を結んだりすることもできるはずである（梅・502条注釈）。

しかし，Aを害さない範囲において，Cの求償権を保護するという見地からは，一部代位が肯定されるであろう。この場合，Aの債権も存続する以上は，Aの権利がCに全面的に移転してしまうのでなく，Cが，弁済した価額に応じて，Aとともに権利を行使することになる。

その結果，問題となるのは，Aの債権を担保するために抵当権が設定されていた場合である。上の例で，Aが有していた抵当権は，弁済した500万円の限度でCに帰属し，Cは，抵当権実行の申立てができる。すなわち，502条1項に定める「債権者とともに」とは，権利の共同行使を意味するのでなく，AとCが抵当権を独立して行使できるのであって，ただ，各自の債権の割合に応じて，配当を案分比例により受けられることを意味することになる。判例は，この立場と解される（大判昭6・4・7民集10-535）。

しかし，こうした帰結については，学説の強い反対がある。Aは，自己の意に反して抵当不動産の処分を強制される結果となり，また，担保物権の不可分性からも疑問がある。この立場からは，債権者を害してまで弁済者の求償権を保護することは，その目的を逸脱するものであると説かれる。そして，「債権者とともにその権利を行使する」とは，債権者と共同してでなければ権利を行使できない趣旨であり，その効力も，債権者の有する担保物権の不可分性を害し得ないものであると主張される（我妻）。なお，金融取引実務では，保証人や物上保証人と銀行との特約により，一部弁済によっては代位しない旨が取り決められていることが多い。

判例も，近時は，やや債権者を優先する立場を示すようになり，債権の一部につき代位弁済がされた場合，同債権を被担保債権とする抵当権の実行による競落代金の配当については，代位弁済者は債権者に劣後すると説いたものがある（最判昭60・5・23民集39-4-940。なお，最判昭62・4・23金法1169-29をも参照）。

なお，一部の弁済により代位が生じた場合，債務の不履行による契約の解除は，債権者のみがすることができる（502条2項前段）。しかし，(ｱ)でみたとおり，解除権は契約当事者たる地位に基づくものであって，そもそも代位弁済者は解除権を持たないはずである。したがって，通説によれば，502条2項前段は，本来，不要な規定である。

また，こうして契約が解除された場合，債権者は，代位者に対し，その弁済をした価額およびその利息を償還しなければならない（同項後段）。例えば，AがBに対して有していた1,000万円の債権のうち500万円を，CがBに代わって弁済した後に，AがBとの契約を，Bの債務不履行を理由として解除したときは，契約が遡及的に消滅する結果（直接効果説），Aが受領した500万円は法律上の原因を失い，Cに返還することを要する。その範囲は，不当利得の一般原則によれば，現存利益にとどまるはずであるが（703条），502条2項後段は，債権者は弁済の価額プラス利息を償還すべきものとした。502条2項は，こうして特則を定めた後段部分に意義があると解されている。

（2）代位者相互間

弁済をするについて正当な利益を有する者が複数いるときに備えて，民法は，その相互間の優劣につき以下のとおり定めている。

⑺　**保証人と担保不動産の第三取得者との間**　債権者をA，債務者をBとして，B所有の甲不動産にAのための抵当権が設定されるとともに，保証人Cが付いていたとする。その後，Dが甲不動産をBから譲り受けた場合において，CまたはDがBに代わってAに弁済すると，いずれも法定代位を生ずる。このとき，CとDの優劣はどうなるであろうか。

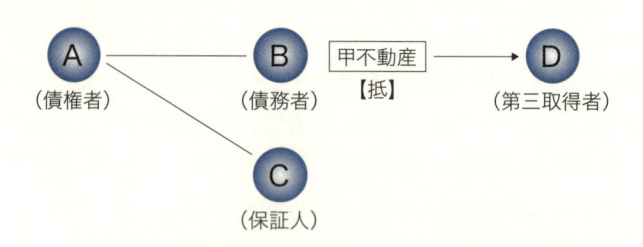

もしも，甲不動産がB所有のままであれば，Cは法定代位により抵当権を実行できる。しかし，甲不動産がDに譲渡されている場合には，Dが不測の損害を被ることを避けなければならない。そこで，民法は，保証人は，あらかじめ抵当権の登記にその代位を付記しなければ（**代位の付記登記**：不

登84条)，抵当不動産の第三取得者に対して債権者に代位することができないと定めた（501条後段1号）。このことは，先取特権や不動産質権の対象となっている不動産についてもあてはまる。これとは逆に，第三取得者は，保証人に対して債権者に代位しない（501号後段2号）。

　ここでは，「あらかじめ」の意味が問題となる。判例および通説は，①保証人の弁済前に出現した第三取得者に対しては，保証人は，代位の付記登記をしなくても代位することができる一方，②保証人の弁済後に出現した第三取得者に対しては，保証人は，代位の付記登記をしなければ代位することができないと解している。すなわち，501条1号に定める「あらかじめ」の付記登記とは，②の場合にのみ要求されることになる。

　①の場合に代位の付記登記を不要とする理由について，判例は，次のように説明している。すなわち，この登記は，抵当不動産を取得しようとする者が，すでに弁済した保証人が代位権を行使するかどうかを確知させるためのものであり，また，もしも①の場合にも代位の付記登記が必要と解するならば，保証人は，保証債務を履行する必要があるか否か明らかでないうちに，第三取得者の出現を予想して，あらかじめ代位の付記登記をしておくという困難を強いられる，ということである（最判昭41・11・18民集20-9-1861）。

　また，②の場合に代位の付記登記を必要とする理由も，上記の説示から説明がつく。すなわち，保証人の弁済後に出現する第三取得者に対して，保証人が，代位の付記登記をしなければ代位することができないのは，代位があり得ることを第三取得者に確知させる必要があるためである。したがって，ここでは「代位の付記登記」でなくとも，第三取得者が，抵当不動産につき権利を主張する者の存在を推測でき，これを警戒することができればよいといえる。判例は，この考え方に立って，保証人が，代位により抵当権を取得して抵当権者に対する抵当権処分禁止の仮処分の付記登記をした後に抵当権移転の付記登記を経由したときは，保証人は，この仮処分の付記登記後，抵当権移転の付記登記前に抵当物件を取得した第三者に対しても，代位弁済による抵当権の取得を対抗することができるとしている（最判昭48・10・30民集27-9-1304）。

(イ)　**第三取得者相互間**　債権者Aが債務者Bに対して3,000万円の債権を持ち，これを担保するために，B所有の甲不動産（価格4,000万円）と乙不動産（価格1,000万円）に共同抵当が設定された後，甲不動産がCに，乙不動産がDに譲渡されたとする。そこで，①CがAに3,000万円を弁済したとき，②DがAに3,000万円を弁済したとき，CまたはDは，Bに対する求償権を持ち，いずれもAに代位して抵当権を実行できることになるが，それがどのように行われるかがここでの問題である。

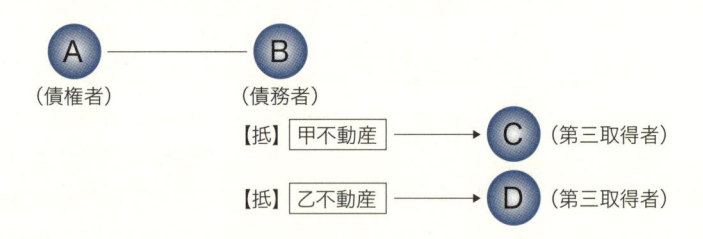

　　　Ⓐ――――Ⓑ
　（債権者）　（債務者）
　　　　　　　【抵】甲不動産　――→　Ⓒ（第三取得者）
　　　　　　　【抵】乙不動産　――→　Ⓓ（第三取得者）

　民法は，第三取得者の一人は，各不動産の価格に応じて，他の第三取得者に対して債権者に代位すると定める（501条後段3号）。これは，**不動産の価格に応じた割付主義**を採用したものである。その結果，上の例では，次のように処理される。

　①の場合，甲不動産と乙不動産の価格の比は4：1であるから，Cは，D所有の乙不動産につき，3,000万円×1／5の600万円の限度で抵当権を実行することができる。また，②の場合には，Dは，C所有の甲不動産につき，3,000万円×4／5の2,400万円の限度で抵当権を実行することができる。

　(ウ)　**物上保証人相互間**　上記(イ)の例で，もともと甲不動産がCの，乙不動産がDの所有であって，これに抵当権が設定された場合にも（CおよびDは物上保証人），同じく**不動産の価格に応じた割付主義**が採られる（501条後段4号。この規定ぶりから，趣旨は3号と同じである。民法が現代語化される前は，4号において，3号の規定が物上保証人に準用されると定められていた）。したがって，物上保証人CまたはDが弁済したときの処理は，第三取得者間におけ

る代位の場合と同じである。

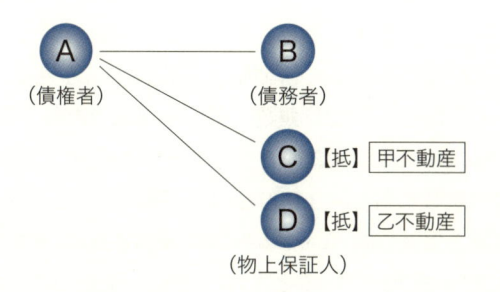

```
A ――― B
(債権者) (債務者)
  ＼
   C 【抵】 甲不動産
   D 【抵】 乙不動産
   (物上保証人)
```

(エ) **保証人と物上保証人との間**　債権者Aが債務者Bに対して3,000万円の債権を持ち，保証人Cが付くとともに物上保証人Dがいるとする。

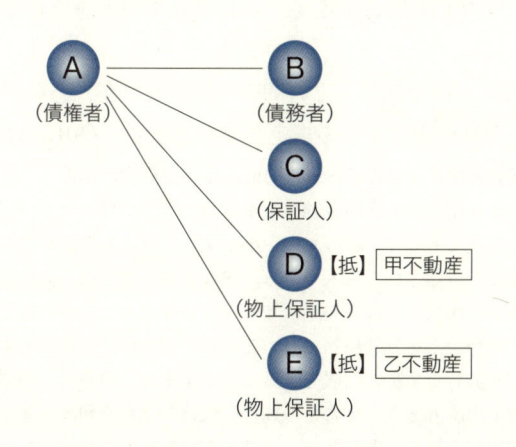

```
A ――― B
(債権者) (債務者)
  ＼
   C
   (保証人)
   D 【抵】 甲不動産
   (物上保証人)
   E 【抵】 乙不動産
   (物上保証人)
```

　CまたはDが弁済すると代位が生ずるが，保証人と物上保証人との間においては，その数に応じて，債権者に代位するとされている（501条後段5号本文）。保証は人的無限責任であり，物上保証は物的有限責任というちがいはあるが，代位の優劣を定めるにあたっては両者を同じ地位にあるとみて，**頭数（人数）に応じた代位**を認めたものである。したがって，上記の例では，CとDは，2分の1ずつの割合，すなわち1,500万円の範囲で代位

することができる。

　上記の例で，物上保証人がDのほかもう一人（E）いた場合はどうか。民法は，物上保証人が数人あるときは，保証人の負担部分を除いた残額について，各財産の価格に応じて，債権者に代位すると定めた（501条後段5号但書）。これも，保証人間では**頭数（人数）に応じた代位**，物上保証人間では**不動産の価格に応じた割付主義**，というルールの応用である。したがって，債権者Aが債務者Bに対して3,000万円の債権を持ち，保証人Cが付くとともに二人の物上保証人D（6,000万円の甲不動産を担保に提供）とE（4,000万円の乙不動産を担保に提供）がいるときは，まず，保証人Cの負担部分1/3である1,000万円を除いた残額2,000万円につき，甲不動産と乙不動産の価格の比は3：2であるから，Dは，E所有の乙不動産につき2,000万円×2/5の800万円の限度で，また，Eは，D所有の甲不動産につき2,000万円×3/5の1200万円の限度で，それぞれ抵当権を実行することができる。

　なお，保証人と物上保証人との間の代位において，その財産が不動産であるときは，501条後段1号の規定が準用される＊（501条後段6号）。

　　＊　**信用保証協会による保証——特約による代位規定の修正**　　信用保証協会とは，中小企業等が銀行その他の金融機関から貸付等を受けるについて，その貸付金等の債務を保証することによって，中小企業等に対する金融が円滑に行われることを目的として設立された法人である。すなわち，信用保証協会は，債務者との情誼的関係から保証人となる親族・知人等とは異なり，保証を業として行うものであって，債務者と身分関係等を有するわけではない。したがって，信用保証協会は，代位弁済した全額の回収を図ることを予定し，債務者との情誼的関係から保証人や物上保証人となった者との間で，代位の割合や利息・遅延損害金の支払いについて特約を行うことがある。こうした特約の効力について，最高裁は，保証人と物上保証人との間に民法501条後段5号所定の代位の割合と異なる特約がある場合には，代位弁済をした保証人は，物上保証人の後順位抵当権者等の利害関係人に対する関係において，その特約の割合に応じて債権者が物上保証人に対して有していた担保権を代位行使することができるとした。また，保証人と債務者との間に求償権について法定利息と異なる約定利息による遅延損害金を支払う旨の特約がある場合には，代位弁済をした保証人は，物上保証人および当該物件の後順位担保権者等の利害関係人に対する関係において，債権者の有していた債権

および担保権につき，特約に基づく遅延損害金を含む求償権の総額を上限として，これを行使することができるとされる（最判昭59・5・29民集38-7-885）。

　(オ)　**保証人が物上保証人を兼ねている場合**　　債権者Aが債務者Bに対して3,000万円の債権を持ち，Aの債権を担保するために保証人C，DおよびEがいて，Cは，自己所有の不動産に抵当権の設定をもしていた場合，Cは，保証人と物上保証人の資格を兼ねることになる。

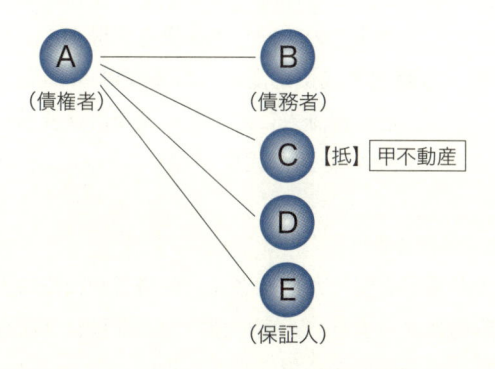

```
    A ─────── B
（債権者）　　（債務者）
    │
    ├─── C 【抵】 甲不動産
    │
    ├─── D
    │
    └─── E
       （保証人）
```

　代位との関係において，このCを一人と数えるか，二人と数えるかについては，明文の規定がない。判例は，「複数の保証人及び物上保証人の中に二重の資格をもつ者が含まれる場合における代位の割合は」，「二重の資格をもつ者も一人と扱い，全員の頭数に応じた平等の割合であると解するのが相当である」とし，その理由は，「民法501条但書（引用者注：現行501条後段）4号，5号の基本的な趣旨・目的である公平の理念」に基づくものであると述べた（最判昭61・11・27民集40-7-1205）。

　この判例は，保証人が物上保証人を兼ねている場合，代位との関係では一人と数えること，また，その際は，保証人としての資格により頭数で代位すること，を明らかにしたものである。

　(カ)　**連帯債務者相互間・保証人相互間**　　連帯債務者相互間および複数の保証人相互間で代位が生ずることがある。その範囲等につき501条に明文はないものの，連帯債務または保証債務の性質から次のように考えられる。

連帯債務者の一人が弁済すると，他の連帯債務者に対し，各自の負担部分につき求償権を取得する（442条1項）。したがって，この求償権を確保する範囲で代位が認められる（大決大3・4・6民録20-273）。

　また，数人の保証人がいる場合（共同保証）の保証人相互間では，分別の利益の有無により代位の範囲が異なる。共同保証人間に分別の利益がある場合において，一人の保証人が自己の負担部分を超える弁済をしたときは，その超過部分につき，他の保証人に対して，委託を受けない保証人が主たる債務者に対して有するのと同じ求償権を取得する。したがって，その求償権を確保する範囲で代位が認められる（465条2項）。一方，分別の利益がない場合には，他の保証人に対して，連帯債務者相互間と同様の求償権を取得するので，その範囲で代位が認められることになる（465条1項）。

(3) 代位者・債権者間

　代位弁済により満足を受けた債権者は，弁済者が代位により求償権を確保することが容易になるよう，一定の協力をしなければならない。民法は，これを具体的に二つの側面から規定している。

　㋐　**債権者による債権証書の交付等**　代位弁済によって全部の弁済を受けた債権者は，債権に関する証書および自己の占有する担保物を代位者に交付しなければならない（503条1項）。全部の弁済を受けた債権者にとって，債権証書や担保物は不要である一方，弁済者にとっては代位のために不可欠であることから置かれた規定である。

　しかし，債権の一部についてのみ代位弁済がなされた場合には，残債権を行使する必要上，債権者が債権証書や担保物を弁済者に交付することはできない。そこで，こうした場合には，債権者は，債権に関する証書にその代位を記入し，かつ，自己の占有する担保物の保存を代位者に監督させなければならないものとされている（503条2項）。

　そのほか，債権者は，代位の付記登記（501条後段1号・6号）に協力する義務を負い（大判大8・12・5民録25-2208，大判昭2・10・10民集6-554），また，任意代位の場合に代位を債務者に通知することも，債権者に課された義務といえる（499条2項参照）。

(イ) **債権者の担保保存義務**　法定代位をすることができる者がある場合において，債権者が故意または過失によって担保を喪失したり，減少させたりしたときは，その代位をすることができる者は，その喪失または減少によって償還を受けることができなくなった限度において，その責任を免れる（504条）。

債権者は，保証人その他の法定代位者から弁済を受けることが確実である場合，あまり担保の必要性を感じないために，担保を放棄したり，担保の保存に注意を払うのを怠ったりすることがあり得る。しかし，こうした担保の喪失や減少があると，債権者に弁済した法定代位者が求償権を確保する上で支障が生じるので，この規定は，法定代位をすることができる者を保護するために，公平の見地から置かれたものである（梅・504条注釈）。

例えば，AがBに対して5,000万円の債権を持ち，B所有の時価3,000万円の不動産に抵当権を設定するとともに，保証人Cが付けられていた場合，Cが5,000万円を弁済すれば，Cは，Aに法定代位して抵当権を実行し，3,000万円を確実に回収することができるはずである。しかし，Aが，Cの財産が十分であることに安心して抵当権を放棄し，それからCに弁済を求めた場合，これに応じて弁済したCは，確実な求償が脅かされることになる。したがって，Cは，Aが抵当権を放棄することにより求償することができなくなった3,000万円の限度で，Aに対する責任を免れる。

近時，債務者所有の甲，乙二つの共同抵当不動産のうち，乙不動産が第三者Aに譲渡された後，債権者が残りの甲不動産に対する抵当権を放棄した場合，乙不動産をAから譲り受けたBは，債権者に対し，乙不動産につき，民法504条に定める免責の効果を主張することができるか，争われた事案がある。最高裁は，以下のように判示している。

> **判例**　共同抵当権の一部が放棄された後，残った不動産を譲り受けた者と504条の免責（最判平3・9・3民集45-7-1121）
>
> 「抵当不動産の第三取得者は，債権者に対し，同人が抵当権をもって把握した右不動産の交換価値の限度において責任を負担するものにすぎないから，債権者が故意又は懈怠により担保を喪失又は減少したときは，同条（引用者注：民504条）の規定により，右担保の喪失又は減少によって償還を受けることができなく

なった限度において抵当不動産によって負担すべき右責任の全部又は一部は当然に消滅するものである。そして，その後更に右不動産が第三者に譲渡された場合においても，右責任消滅の効果は影響を受けるものではない。」

なお，銀行による融資において，銀行は，保証人，物上保証人などとの間で，銀行が他の担保や保証を解除・変更しても異議がない旨の特約を結んでおくことがある。すなわち，銀行の担保保存義務を免除する特約である。こうした特約が有効か，また，銀行と物上保証人との特約が有効である場合，この特約は，物上保証人から担保不動産の譲渡を受けた第三取得者に対しても効力を有するか（免責特約の第三者効），問題となる。判例においては，こうした特約が信義則違反ないし権利濫用にあたらず有効であること，その場合，物上保証人との関係で免責の効果が生じなかったのであるから，担保不動産の第三取得者も免責の効果が生じていない不動産を取得したのであって，同じく民法504条による免責の効果を主張することはできない，と判示されている。その概要は，以下のとおりである。

判例　担保保存義務免除特約と担保不動産の第三取得者
（最判平7・6・23民集49-6-1737）

　Bは，Aの実姉であって，Y信用金庫がAに対して取得する求償金債権を担保するために，Bの所有する本件不動産に根抵当権を設定した。その設定契約には，民法504条に規定する債権者の担保保存義務を免除する旨の特約が付されていた。Yは，その後，Aに追加融資をするのに伴い，上記根抵当権の共同担保として，Aからその所有する不動産に根抵当権（本件追加担保）の設定を受けた。Yは，Bの死亡後に，Aから追加融資分の残元利金全額の弁済を受けるに伴い，本件追加担保を放棄した。Bの子であるXは，この放棄の後，遺産分割または他の相続人からの買受けにより本件不動産を取得し，Yに対し，民法504条による免責の効果を主張して，根抵当権設定登記の抹消登記手続を求めた。最高裁は，次のように判示した。

　保証人等が，「債権者との間で，あらかじめ民法504条に規定する債権者の担保保存義務を免除し，同条による免責の利益を放棄する旨を定める特約は，原則として有効であるが…，債権者がこの特約の効力を主張することが信義則に反し，又は権利の濫用に当たるものとして許されない場合のあり得ることはいうまでもない。しかしながら，当該保証等の契約及び特約が締結されたときの事情，その

> 後の債権者と債務者との取引の経緯，債権者が担保を喪失し，又は減少させる行為をしたときの状況等を総合して，債権者の右行為が，金融取引上の通念から見て合理性を有し，保証人等が特約の文言にかかわらず正当に有し，又は有し得べき代位の期待を奪うものとはいえないときは，他に特段の事情がない限り，債権者が右特約の効力を主張することは，信義則に反するものではなく，また，権利の濫用に当たるものでもない」。
>
> 　本件事実関係からすると，「YがBの相続人らに対し本件特約の効力を主張することは，信義則に反するものではなく，また，権利の濫用に当たるものでもないというべきであり，したがって，右放棄によっては民法504条による免責の効果は生じなかったというべきである」。

3 代物弁済

1　代物弁済の意義

　代物弁済とは，債務者が，債権者の承諾を得て，その負担した給付に代えて他の給付をすることである。代物弁済は，弁済と同一の効力を有する（482条）。すなわち，代物弁済は，当事者の合意により，債務者から債務の目的以外の給付をすることにより債権を消滅させるという，特別な債権の消滅原因である。例えば，AがBに対して100万円の貸金債権を有する場合において，BがAの承諾を得て，100万円の返済に代えてB所有の骨董品の壺1個を引き渡したときは，Aの債権は消滅する。

2　代物弁済の要件

　代物弁済の要件は，①債権が存在すること，②債権者の承諾があること，③弁済に代えてなされること，④本来の給付と異なる給付をすること，である。

2-1　債権が存在すること

　代物弁済は，本来の債権が存在することを前提とする。債権が存在しないのに債務者が代物弁済をした場合は，非債弁済（705条）として，債務者は原則として返還請求できるが，債務の弁済として給付した者がその当時，債務の存在しないことを知っていたときは，返還請求できないと解するのが多数説である（川井）。ただし，代物弁済は，特に債権の消滅を内容とする契約であることに着目し，債権が存在しなかったときは，原則として目的物移転の効果を生じないとする説もある（我妻）。

2-2　債権者の承諾があること

　債務者が一方的に給付を変更する権限はないので，代物弁済には債権者の承諾が必要である。すなわち，債務者の代物弁済意思と，債権者の代物弁済受領意思とが合致することが必要であって，代物弁済とは債務者・債権者間の契約を意味することになる。代物弁済を行う当事者は，通常，債務者であるが，弁済をなし得る第三者は，代物弁済もすることができる（474条参照）。

2-3　弁済に代えてなされること

　代物弁済は，本来の給付に代えてなされる必要がある。更改（513条以下）においては，本来の債務の内容が変更されて他の新たな債務が発生するが，代物弁済においては，本来の債務が完全に消滅する*。

　　*　**弁済のための手形・小切手の交付**　　弁済のために手形や小切手が交付される場合，それが代物弁済なのか，更改なのかが争われていた。平成16年改正前の民法は，債務の履行に代えて為替手形を発行することは更改にあたると定めていた（改正前の513条2項後段）。しかし，これを更改とみる場合，手形の発行により既存の債権は消滅し，新たに発生した手形上の債権だけが残ることになる。このとき手形が不渡りになっても，旧債権が消滅している以上，債権者は，既存債権を行使することができない。これは当事者の意思に反するので，学説は，改正前の513条2項後段を無視するよう提唱しており，改正法は，この部分を削除した。

　　　しかし，弁済のための手形の振出しを代物弁済とみてよいわけではない。代物弁済だとしても，旧債権が消滅していることは更改とみる場合と同じであり，不

都合である。
　むしろ，こうした場合の手形は，「弁済のために（弁済の手段として）」発行されたとみるべきであって，債権者は，第一次的には手形上の権利を行使するべきであるが，そこから債権回収できないときは，本来の債権を行使することができるものと解すべきである。
　なお，例外的に弁済に「代えて」手形が発行される場合には，更改でなく代物弁済とみるべきであろう。

2−4　本来の給付と異なる給付をすること

　本来の給付と異なりさえすれば，給付の種類を問うものではない。なされる給付が本来の給付と同価値である必要もない。動産・不動産の所有権の移転が多く行われるが，代物弁済として債権の譲渡がなされることもある。

　法文に「給付をしたときは」とあるので，給付の約束だけでは足りず，現実に給付をすることが必要である。すなわち，弁済者は，当事者間における権利の移転だけでなく，債権者のために対抗要件も備えてやらなければならない。ただし，不動産の譲渡による代物弁済において，当事者間で債権者が所有権移転登記に必要ないっさいの書類を債務者から受領した時点で債務が消滅する旨を特約することは可能である（最判昭43・11・19民集22-12-2712）。この場合には，債権者が書類を債務者から受領した時に，代物弁済の効力が生じる。

3　代物弁済の効果

　代物弁済は，弁済と同一の効力を有する（482条）。
　代物弁済として給付された物に瑕疵があった場合でも，もはや本来の債務は消滅しているので，債権者が改めて本来の給付を請求することはできなくなる。ただし，代物弁済は有償契約であるから，弁済者は担保責任を負う（559条による570条の準用）。もしも弁済受領者が代物弁済契約を解除すれば，本来の債権が復活することになる。

　　＊　**代物弁済として給付された種類物に瑕疵があったとき**　　この場合，弁済受領

者が瑕疵のない代物の引渡しを請求できるかが問題となる。瑕疵担保責任の法的性質論について，いわゆる法定責任説に立てば，種類物に瑕疵担保責任の適用はないので，代物の引渡請求は可能ということになろう。また，契約責任説（債務不履行責任説）でも結論は同じである。しかし，代物弁済は，実際の給付が行われて債権の消滅という効力が生じる要物契約であるから，履行請求権を前提とする代物・修補請求を考える余地はない。したがって，482条に定める代物弁済においては，瑕疵のない代物引渡しは請求できないと解するべきであろう。

4　代物弁済の予約

　主として金銭消費貸借契約の当事者間で，代物弁済の予約が行われることがある。例えば，AがBに1,000万円を貸し渡す場合において，Bが期限に弁済しないときは，B所有の甲不動産の所有権をAに移転することを予約しておく，といったケースである。また，同じ例で，AがB所有の甲不動産に抵当権を設定し，それと同時に，期限に弁済しないときは甲不動産の所有権を移転する旨を約定しておくこともある。このいずれの場合も，所有権移転請求権保全のための仮登記が行われる（不登105条2号）。

　このように，代物弁済の予約は，担保の目的で行われる。債権者の立場からは，抵当権を設定した場合でも，煩瑣な競売手続を回避して私的実行により満足を得るとともに，場合によっては，債権額を上回る価値の物件を「丸取り」する「うまみ」があるといわれてきた。しかし，こうした目的で行われる代物弁済の予約に「担保」としての効力以上のものを与える必要はない。そこで，金銭債務を担保するための代物弁済の予約等の契約であって，その契約による権利について仮登記（または仮登録）のできるものについては，関係当事者間の利害を適切に調整するために，「仮登記担保契約に関する法律」（昭和53年法律78号）が制定された。その詳細は，NOMIKA物権法に譲る（→PART 2 ⑥「2　仮登記担保」を参照）。

4 供　　託

1　供託の意義

　供託とは，弁済者が弁済の目的物を債権者のために供託所へ寄託して，債務を免れる制度である。債権者が弁済の受領を拒むとき（**受領拒絶**），または受領することができないとき（**受領不能**）は，弁済者は，供託により自己の債務を免れることができる（494条前段）。弁済者が過失なく債権者を確知することができないとき（**債権者不確知**）も，同様である（同条後段）。このように，法文上は，債権者不確知の場合にのみ弁済者の無過失が要求されているようにみえるが，前二者の場合も含めて，弁済供託とは，本来，過失のない債務者に債務を免れさせる制度である。

　債権者が受領しない場合には，債務者は，弁済の提供を行うことにより，その後の不履行の責めを免れることができる（493条・492条）。しかし，その場合も，自己の債務が消滅するわけではない。したがって，債務者が債務から解放されるためには，弁済の提供とは別に，債権の消滅を認める制度が必要となる。供託は，こうした目的で置かれた債権の消滅原因であり，民法は，債権の消滅につき定める「第1款弁済」の「第2目」として「弁済の目的物の供託」に関する規定を置いた（494条〜498条）。これを「弁済供託」という*。

*　**弁済供託以外の供託**　供託とは，法令の規定により，金銭・有価証券またはその他の物品を供託所または一定の者に寄託することを指称する。弁済供託については，商法にも規定がある（商524条・585条〜587条など）。また，弁済供託以外に次のものがある。①担保供託：債権担保のためにする供託であり，相手方に生ずる損害の賠償を担保する手段となる（366条3項・461条2項など）。②保管供託：他人の物を直ちに処分することができない事情があるときに，一時，供託によって保管するものである（394条2項後段・578条，商527条など）。③執行供託：民事執行の目的である金銭または目的物の換価代金を当事者に交付するために行う供託である（民執156条）。なお，民法494条と執行供託の双方を原因とする供

託を混合供託という。④特殊供託：その一例として，公職選挙立候補者に義務付けられる供託金等の供託がある（公選92条）。

2　供託の法的性質

供託は，第三者のためにする寄託契約の性質を持つ（537条〜539条・657条）。

例えば，賃貸人をA，賃借人をBとして，月額賃料20万円でA所有の建物の賃貸借契約が締結されていたところ，AB間で賃料値上げをめぐって争いを生じ，Bが従前どおりの賃料20万円を持参してもAが受け取らないので，Bが，Aの受領拒絶を理由として供託所Cに賃料を供託したとする。Bは，Cとの間で供託契約を締結して金員を供託するが，これにより金員を受領する権利を獲得するのは，第三者であるAである。民法上，第三者のためにする契約においては，AがCに対し受益の意思表示をした時に，Aの権利が発生するとされるが（537条2項），供託は，法律上認められた特別の制度であるから，債権者の受益の意思表示は必要ないと解されている（川井）。

3　供託の要件

供託の要件は，①供託原因があること，②債務の本旨に従った供託であること，である。

3-1　供託原因があること
(1)　債権者の受領拒絶

債権者が受領を拒んだときは，供託が認められる。この要件との関連で問題となるのは，債権者が「あらかじめ」受領を拒絶しているとき，債務者が供託するために，口頭の提供をする必要があるか否かである。弁済の提供との関連では，債権者があらかじめ受領を拒んでいるときでも，債務者は口頭の提供をする必要がある（493条但書）。したがって，供託を弁済

の提供の効果とみるならば，債権者があらかじめ受領を拒絶しているときでも，債務者は口頭の提供をしなければ供託できないことになる。

判例は，債務者が供託前に民法493条の規定に従い弁済の提供を行ったこと，および債権者がこれに応じず弁済の受領を拒んだこと，という二つの事実が必要であって，債権者があらかじめ受領を拒絶しているときでも，口頭の提供が必要と解している（大判明40・5・20民録13-576，大判大10・4・30民録27-832）。ただし，債務者が口頭の提供をしても，その無為に帰することが明確な場合には，口頭の提供をすることなく供託できるとする趣旨の判例をも併せて理解しておく必要がある（大判明45・7・3民録18-684，大判大11・10・25民集1-616）。

（2） 債権者の受領不能

債権者が受領することができないときは，供託が認められる。債権者が受領できない理由には，債権者が履行場所に現れないとか，持参債務の場合に債権者が不在であるといった事実上のものと，債権者が意思能力を欠いているのに法定代理人がいないといった法律上のものがあり得る。受領できないことにつき，債権者の帰責事由は要件とならず，また，一時的不在もこの要件に該当して供託が可能になると解されている（大判大11・6・2民集1-267）。

（3） 債権者不確知

弁済者の過失なく債権者を確知することができないときは，供託が認められる。債権者が死亡して相続人が不明の場合や，債権が二重に譲渡されて誰が譲受人か分からない場合などが，これに該当する。なお，弁済者の「過失なく」とは，弁済者が善管注意義務を払っても真の債権者を確知することができないことを指す*。

* **譲渡禁止特約付の債権が譲渡または差押え・転付された場合** 差押禁止特約付の指名債権が譲渡された場合，当該譲受人の権利は，その者が善意・無重過失か否かにより定まる（最判昭48・7・19民集27-7-823）。したがって，その点が確定するまでは，債務者としては，債権者不確知ということになる。一方，譲渡禁止特約付の債権が差押え・転付された場合について，近時の判例は，差押え・転付債権者の善意・悪意を問わず，差押え・転付命令の効力を認めている（最判昭45・4・10民集24-4-240）。したがって，この場合には，債権者不確知とはいえな

いと解するべきであろう（川井）。

3-2 債務の本旨に従った供託であること

供託は，債権の消滅という効果をもたらすのであるから，本来の債務の履行と同じく「債務の本旨に従って」なされなければならない。したがって，債権額の一部を供託しても，当該部分に限った債権消滅の効果をもたらすものではない。ただし，債務の総額との対比において，供託金額にごくわずかの不足があるにすぎないときは，全額に対する弁済供託として有効と判断されることもあり得る（最判昭33・12・18民集12-16-3323）。

新しい判例には，交通事故によって被った損害の賠償を求める訴訟の控訴審係属中に，加害者が，被害者に対し，第一審判決によって支払いを命じられた損害賠償金の全額を任意に弁済のため提供した場合には，その提供額が損害賠償債務の全額に満たないことが控訴審における審理判断の結果判明したときであっても，原則として，その弁済の提供はその範囲において有効であり，被害者においてその受領を拒絶したことを理由になされた弁済のための供託もまた有効であるとしたものがある（最判平6・7・18民集48-5-1165）。

なお，債務者が債権者に対して同時履行の抗弁権（533条）を有する場合には，債権者から反対給付がなされることを供託物受領の条件とすることができる（498条参照）。しかし，本来の債権に付されていない条件を供託金受領の条件とすることは，許されない。判例は，二番抵当権者が，一番抵当権者の有する債権を代位弁済のため供託するにあたり，一番抵当権設定登記の抹消を供託金受領の条件としても，供託は無効と判示している（大判昭18・9・29民集22-983）。

4 供託の方法

4-1 供託の当事者・場所

（1）供託者・被供託者

供託をすることができる者は債務者に限らず，弁済をすることのできる

第三者も，供託することができる（494条参照）。被供託者は，債権者である。

(2) 供託の場所

弁済供託は，債務の履行地の供託所にしなければならない（495条1項）。金銭および有価証券については，国の機関である法務局・地方法務局またはそれらの支局，もしくは法務大臣の指定する出張所が，「供託所」として供託事務を取り扱う（供託1条）。その他の物については，法務大臣の指定した倉庫営業者または銀行が，供託所となる（供託5条）。供託所について法令に特別の定めがない場合には，裁判所は，弁済者の請求により，供託所の指定および供託物の保管者の選任をしなければならない（495条2項）。不動産が供託された場合は，495条2項により供託物保管者が保管することになる。

4-2 供託の目的物

供託の目的物は，金銭が圧倒的に多いが，有価証券，動産，不動産のこともあり得る。弁済の目的物が供託に適しないとき（例えば爆発物），滅失もしくは損傷のおそれがあるとき（例えば果物その他の生鮮食品），またはその物の保存について過分の費用を要するとき（例えば家畜）は，弁済者は，裁判所の許可を得て，目的物を競売し（自助売却：497条，商524条），その代金を供託することができる。

4-3 供託の通知

供託をした者は，遅滞なく，債権者に供託の通知をしなければならない（495条3項）。ただし，現行の供託規則によれば，供託者が被供託者に供託の通知をしなければならない場合には，供託官が通知を行うこととされている（供託規16条・18条3項・20条2項）。したがって，供託者自身が別途に通知をする必要はなく，通知が遅滞するという問題も生じない。

5 供託の効果

供託により，債権は消滅する（494条）。このことに伴い，①債権は何時消滅するのか，②債権者はどのようにして供託物を受け取るのか，③供託者が供託を取り消して（撤回して），いったん供託した目的物を取り戻すことはできるのか，といった諸点が問題となる。

5-1 債権の消滅

供託により，直ちに債権が消滅するというのが通説である（我妻）。したがって，その後の利息は生じなくなり，担保権や保証債務も消滅する。後に触れるとおり（**5-3 弁済者の供託物取戻し**），弁済者は，一定の時期まで供託物を取り戻すことができることとの関連では，供託により債権は消滅するが，供託者が供託物を取り戻すと債権は消滅しなかったことになるという「解除条件付構成」で説明するのが一般である。

目的物の所有権は，金銭および代替物が供託された場合には，供託により供託物の所有権がいったん供託所へ移転し，債権者が供託所から同種・同等・同量の物の交付を受ける時に，その物の所有権が債権者に移転する。これに対して，特定物が供託されたときは，債権者が供託によって直ちに所有権を取得すると解するのが通説である（我妻，川井）。供託は，弁済者と供託所間における第三者のためにする寄託契約であり，債権者の受益の意思表示を必要としない法定の制度であるから，供託によって，すなわち供託契約の成立と同時に，供託物が特定物である場合の所有権は債権者に移転する，ということである（176条参照）。

5-2 債権者の供託物払渡請求

債権者は，供託所に対して供託物の払渡しを請求することができる（「交付」請求ともいう。なお，供託法は，「還付」を請求するという表現を使っている〔8条1項〕）。ただし，債権者が債務者に反対給付をすべき債務を負っている場合には，債権者は，その反対給付をしなければ供託物を受け取ることができない（498条，供託10条）。

なお，さきにみたとおり（3-2を参照），弁済者が債権額の一部を供託しても，当該部分に限った債権消滅の効果をもたらすものではないが，債務の総額との対比において，供託金額にごくわずかの不足があるにすぎないときは，全額に対する弁済供託として有効と判断されることがある（前掲最判昭33・12・18）。その関連において，判例は，債権者が，債権全額には不足する弁済供託金を，債権の一部の弁済として受領する旨をあらかじめ留保して受領したときは，債権者は残額の請求をすることができると解している（最判昭38・9・19民集17-8-981）。

5-3 弁済者の供託物取戻し

供託は，弁済者の保護を目的とする制度であるから，弁済者が，いったん供託したものの，供託物を取り戻して，直接，債権者に支払うことを望むなどの事情があれば，一定の事由が生じない限り（496条1項前段・同2項），これを認めることが相当である。これは，弁済者による供託契約の取消し（撤回）にあたる。供託物の取戻しが認められる場合には，弁済者が供託をしなかったものとみなす（496条1項後段）。

供託物の取戻しが認められなくなるのは，以下の場合である（なお，供託法8条2項も参照）。

（1） 債権者が供託を受諾した場合（496条1項前段）

債権者によるこの受諾は，供託所または債務者に対する意思表示によってなすべきものと解されている（我妻ほか通説）。

（2） 供託を有効と宣告した判決が確定した場合（496条1項前段）

ここにいう判決とは，供託の有効なことを確認するものだけでなく，弁済請求の訴えに対して債務者が供託した旨の抗弁を提出し，これが認められて請求が棄却された場合なども含まれる（我妻）。

（3） 供託によって質権または抵当権が消滅した場合（496条2項）

供託により債権が消滅する結果，当該債権を担保していた質権または抵当権は，付従性により消滅する。その後に弁済者の取戻しを認めて質権または抵当権を復活させると，担保権の消滅を前提として利害関係に入った第三者を害するおそれがあるので，取戻権を消滅させる趣旨である。

（4） 弁済者が取戻権を放棄した場合

　明文の規定はないが，弁済者が取戻権を放棄する旨の意思表示を供託所または債権者に対してしたときは，取戻権は消滅する（我妻，川井）。

（5） 取戻請求権が消滅時効にかかった場合

　取戻請求権は，債権一般の消滅時効期間に服する（167条1項により10年）。問題となるのは，消滅時効期間が何時から進行するかである。法文によれば，消滅時効は「権利を行使することができる」時から進行するとされ（166条），それは権利の行使に法律上の障害がないことを意味すると解されている。判例は，供託の基礎となった債務について紛争の解決などによってその不存在が確定するなど，供託者が免責の効果を受ける必要が消滅した時から，消滅時効が進行するとしている（最大判昭45・7・15民集24-7-771）。また，債権者不確知による供託の場合も，供託者が供託の効果を受ける必要が消滅した時を，消滅時効の起算点と解している（最判平13・11・27民集55-6-1336）。

5 相　　殺

1　相殺の意義と機能

1-1　相殺の意義

　相殺とは，二当事者が互いに相手方に対して債権を持ち，かつ，債務を負う場合において，各当事者が自己の債権を債務の弁済に充てることにより，双方の債権・債務を同時に消滅させることである。例えば，AがBに対して500万円を貸し付けていたところ，その後，BがAに商品を売り，Aに対して300万円の代金債権を取得した場合において，Bが**相殺の意思表示**をすると，BがAに対して負っていた貸金債務は「対当額」である300万円の範囲で消滅し，Bの債務は200万円だけが残る（505条1項本文）。このように，300万円の範囲でAがBに対して有していた債権が消滅する

ので，相殺は，債権の消滅事由の一つに位置付けられている（鈴木）。このとき，相殺を働きかける債権（BがAに対して有する代金債権）を**自働債権**といい，相殺される債権（AがBに対して有する貸金債権）を**受働債権**という。

1-2 相殺の機能
相殺には，次のような三つの機能があると考えられる。
（1）決済事務の簡略化
相殺により，各当事者が別個に決済することに伴う時間や費用を節約することができる。このこと自体が，単なる債権の消滅事由という意味を超えた相殺の機能であるといえよう。
（2）当事者間の公平
相殺には，当事者間の公平を確保するという機能もある。前記1-1の例で，ABともに債権を回収する前に，Aの資力が悪化した場合，Aは，Bに対して，貸金債権500万円全額の請求および回収が可能であるのに対して，Bは，自己が持つ300万円の代金債権の回収ができるとは限らない。もしもAが破産すれば，Bは，自己の債権につき，破産債権として配当加入ができるにすぎず，全額回収に対するBの期待は大きく裏切られることになる。むしろ，AB両者が対当額において決済できると信頼していたことを考慮し，相殺を認めることが公平にかなうといえよう。
（3）相殺の担保的機能
上記（2）のような取扱いは，結果的にみて，BがAに対して持つ債権回収の期待を保護することになる。その意味において，相殺には担保的機能がある。判例は，銀行が行ういわゆる預金担保貸付において，「相殺権を行使する債権者の立場からすれば，……受働債権につきあたかも担保権を有するにも似た地位が与えられるという機能を営む」と説いている（後出の最大判昭45・6・24民集24-6-587）。

1-3 相殺契約
相殺は，当事者の一方から相手方に対する意思表示によってするものと定められている（506条1項）。ここで予定された相殺は，**相手方のある単独**

行為である。一方，相殺に関する合意，すなわち相殺契約も有効であり，そこでは民法上の相殺の方法，要件および効果を一定の範囲で修正することも可能である。

例えば，相殺の方法について，一定の事由が発生した場合に，当事者による相殺の意思表示を要することなく，当然に相殺の効力が生じると定めることが可能である。また，相殺の要件について，契約によりこれを緩和したり，法定の相殺禁止事由に該当する場合（509条～511条）であっても，相殺できるものと合意したりすることができる。さらに，相殺の効果についても，民法に定める遡及効（506条2項）を排除することができる。

2　相殺の要件（相殺適状）

相殺の要件は，①「2人が互いに」債務を負担していること，②その債務が「同種の目的を有する」こと，③双方の債務が弁済期にあること（以上，505条1項本文），④債務の性質が相殺を許さないものでないこと（505条1項但書），である。また，当事者間に相殺禁止の特約がないこと（505条2項本文），法律上の相殺禁止に該当しないこと（509条～511条）も，消極的な要件となる。こうして，相殺の要件を充たす債権の対立がある状態を，「相殺適状」という。

2-1　「二人が互いに」債務を負担していること

相殺の第1の要件は，AおよびBという同一当事者が，それぞれ相手方を債務者とする債権を有することである。そこには，(1)同一当事者間の債権債務関係であること，(2)対立する債権が有効に存在していること，という二つの内容が含まれている。

(1)　同一当事者間の債権債務関係であること

例えば，AとBという同一当事者間において，AがBに対して債権を持ち，BがAに対して債権を持つという関係が，相殺の要件として必要である。ただし，これに関する三つの例外が民法に明文をもって規定されている。

まず，保証人は，主たる債務者の債権による相殺をもって，債権者に対抗することができる（457条2項）。例えば，AがBに対する債権を有し，この債権を担保するために保証人Cが付いている場合において，BがAに対する債権を持つときは，Cは，BがAに対して持つ債権を自働債権とし，AがBに対して持つ債権を受働債権として，相殺の意思表示をすることができる。また，Aに対して連帯債務を負うBCのうち，BがAに対して債権を有する場合において，Aが相殺を援用しない間は，Cは，Bの負担部分について相殺を援用することができる（436条2項）。この二つのケースは，AC間の債権債務関係からみれば，第三者であるBの有する債権で，Cが相殺をなしうる場面である。
　さらに，AがCに対して有する債権をBに譲渡した場合において，AがCに対して譲渡の通知をしたにとどまるときは，Cは，その通知を受けるまでにAに対して取得した債権をもって，Bが譲り受けた債権との相殺をすることができる（468条2項）。
　なお，AがBに対して債権を有し，この債権を担保するためにB所有の不動産に抵当権を設定していた場合において，Cがこの不動産を譲り受け（Cは抵当不動産の第三取得者），かつ，CがAに対して債権を有していたとき，Cは，自己がAに対して持つ債権を自働債権とし，AがBに対して持つ債権を受働債権として相殺することができるかにつき，争いがある。これと同じ問題は，上記のCが物上保証人だった場合にも生じる。
　判例は，抵当不動産の第三取得者について，これを否定する（大判昭8・12・5民集12-2818）。そこでは，抵当不動産の第三取得者CがAに対して負担するのは債務でなく責任であって，二人が互いに債務を負担するという要件を欠くことが重視されている模様である。したがって，この判旨は，物上保証人にもあてはまることになろう。しかし，学説では，Cが自己の責任を免れるために，その基礎にあるBの債務を自己の債権で相殺することは認めてもよいと説くものが多い（我妻，川井）。
　（2）　対立する債権が有効に存在していること
　対立する債権は，いずれも有効に存在しているものでなければならない。債権が不成立，無効または消滅済みであるときは，相殺適状を欠くのが原

則である。

　債権が，取り消される可能性のある契約から発生している場合，当該契約が取り消されるまでは，その債権は，自働債権・受働債権のどちらにも用いることができる。もしも相殺後に当該契約が取り消されたときは，取消しの遡及効（121条本文）により債権は遡及的に消滅し，相殺も効力を失う。ただし，取消権者が，取り消される可能性のある債権を自働債権として相殺の意思表示をした場合には，相殺を履行または履行の請求（125条1号・2号）に準ずるものとみて，これを法定追認と解する余地が出てくるであろう。

　また，時効によって消滅した債権が，その消滅以前に相殺適状にあった場合には，これを自働債権として相殺に用いることができる（508条）。これは，対立する二つの債権が相殺適状に達すれば，当事者は，当然に清算されたものと考えるであろうことから，こうした信頼を保護した規定である。なお，判例は，除斥期間を経過した債権を自働債権とする相殺も肯定している（最判昭51・3・4民集30-2-48）。すなわち，これら場合には，対立する債権が相殺の意思表示の時点において「現存」することを要しないことになる。

2-2　債務が「同種の目的を有する」こと

　ここでいう「目的」とは，債権者の意図や目標でなく，債務者の行為すなわち「給付の対象」のことである。金銭の支払い，土地の引渡し，労働の提供などが，これにあたる。最も多く相殺が行われるのは，金銭債権どうしである。双方の債務の履行地が異なるときであっても相殺できるが，相殺をする当事者は，相手方に生じた損害を賠償しなければならない（507条）。

　一方，Aが甲土地をBに引き渡し，Bが乙土地をAに引き渡す債務を負う場合には，ABが負う債務は，どちらも土地の引渡しという同種の目的を有するとして，相殺が可能であろうか。相殺の可否を判断するうえで「同種の目的」というためには，当事者の意思において，甲土地と乙土地のどちらを得ても同一であると認められる必要がある。一般には，相殺は

否定されるであろう（梅）。

2-3　双方の債務が弁済期にあること

　AがBに対して500万円の貸金債権を持ち，BがAに対して300万円の代金債権を持つ場合において，Bが，300万円の代金債権を自働債権として相殺の意思表示をするケースに即して考えよう。

　このとき，Bの代金債権（自働債権）は，弁済期が到来していなければならない。そうでなければ，Aは，弁済期未到来の債務を強制的に弁済させられることになるためである。一方，AがBに対して持つ貸金債権（受働債権）の弁済期が未到来の場合には，Bは，まだ弁済する必要はないが，期限の利益は原則として放棄できるから（136条2項本文），自働債権の弁済期が到来していれば，Bは，相殺の意思表示をすることが可能である。

　さらに，自働債権の弁済期が未到来の場合でも，相殺の予約を用いることにより，相殺が可能になることがある。例えば，上の例で，BのAに対する代金債権が弁済期未到来であっても，Aに一定の信用不安が生じた場合にはAは期限の利益を失い（137条参照），弁済期が到来したものとしてBから相殺するという予約をしておくことが可能である。ただし，厳密にいえば，この場合においても，一定の事由の発生により自働債権の弁済期を前倒しして到来させるのであって，自働債権の弁済期が未到来のまま相殺を認めるわけではない。

　なお，自働債権に抗弁権が付いている場合，すなわち相手方の立場からいえば，自己の債務の履行につき抗弁権を有する場合には，これを自働債権とする相殺は認められない。相手方の抗弁権を不当に奪うことになるためである。

2-4　債務の性質が相殺を許さないものでないこと

　相殺をするためには，双方の債務の性質が相殺を許すものであることを要する。両方の債務について別々に，かつ，現実に履行をしなければ，その債権を発生させた目的を達せられない場合が，これにあたる。例えば，農業に従事するAとBとの間で，互いに一定日数の農作業の手伝いを派遣

する約定をした場合には，当事者の一方の意思表示により両債務を相殺することはできない（ＡＢ自身が各々手伝いをする約定をしたときは，ＡとＢの労働には個性があるから，債務が「同種の目的を有すること」という要件を欠くことにもなろう）。また，隣り合って住むＣとＤが，互いに夜10時以降は騒音を立てないという不作為債務を負担しあう場合も，相殺は認められない。

3　相殺の禁止

3-1　当事者の意思表示による相殺の禁止

　当事者が反対の意思表示をした場合には，相殺はできない（505条2項本文）。ここで「当事者」とは，原則として，「二人」の当事者を指すから，この条項は，相殺禁止の特約を意味する。ただし，単独行為により債権が発生する場合には，その当事者の単独行為により相殺を禁止することができる。ただし，第三者がこうした相殺禁止を知らず，相殺の目的とできると信じて債権を譲り受けたり，債務を保証したりすることがあり得る。こうした第三者の信頼を保護する必要があることから，相殺禁止の意思表示は，善意の第三者に対抗することができない（505条2項但書）。

3-2　法律による相殺の禁止

　民法は，受働債権とすることのできない債権を三つ定めている。**（1）**不法行為により生じた債権（509条），**（2）**差押禁止債権（510条），**（3）**支払いの差止めを受けた債権（511条），である。これらの債権は，相殺によって消滅させるのでなく，現実に債務者から債権者に給付させるべきものと考えられていることになる。

（1）　不法行為により生じた債権

　不法行為によって生じた債権を受働債権とする相殺は，認められない（509条）。法文は，不法行為に基づき損害賠償の債務を負った債務者は，相殺をもって債権者に対抗することができないと定める。すなわち，被害者から損害賠償の請求を受けたとき，加害者は，相殺を主張して債務を免れることはできない，という意味である。

ここでいう債権者とは，不法行為により損害を受け，加害者（A）に対してその賠償請求権を取得した被害者（B）である。このときAがBに対して何らかの債権を有するとしても，Aが持つ債権を自働債権とし，Bの損害賠償債権を受働債権として相殺することは禁止される。こうした相殺を認めるとすれば，Bは，現実の金銭賠償を受けることができない。相殺とは，簡便な債権の決済方法であって，当事者を保護するために認められたものであるところ，不法行為の加害者は，こうした法律上の保護に値しないことから，相殺が禁止されたものである（梅）。

　こうした趣旨は，さらに敷衍して次のように説かれる。すなわち，不法行為により生じた債権を受働債権とする相殺を認めない理由は，二つある。その一つは，不法行為の被害者には現実の弁済によって損害の填補を受けさせるべきであること（「治療代は現金で」などという），もう一つは，被害者の自力救済を防ぐこと，である（我妻）。後者の意味は，例えば，AがBに金銭を貸し付けていたところ，Bがこれを返済しないので，Aが腹立ちまぎれにBを殴ってケガをさせ，Bから不法行為に基づく損害賠償を請求された際に，貸金債権との相殺を主張することを防止する，ということである。

　これに対して，不法行為によって生じた債権を自働債権とする相殺は，認めて差し支えないことにつき異論はない*。

* **双方の過失により互いに損害賠償請求権を取得した場合**　Aの運転する自動車とBの運転する自動車が双方の過失により衝突事故を起こした場合には，AおよびBは，それぞれ相手方に対する損害賠償請求権を取得する。この場合，一方から他方に対する相殺は認められるだろうか。509条の文言を忠実に解釈すれば，ABどちらからの相殺も禁止される。しかし，報復的不法行為の防止という，509条により相殺が禁止される理由の一つは，こうした双方過失による1回的事故のケースではあてはまらないように思われる。また，こうした事故によりABの被った損害が物的な損害だけである場合には，「治療代は現金で」という理由も，説得力に乏しい。したがって，学説では，少なくとも，①双方過失による1回的事故であって，②双方に生じたのが物損のみである場合には，509条は適用されないと解するものが多い（川井，内田）。

　一方，判例は，上記①②のような事情がある場合にも，不法行為の被害者に現実の弁済によって損害の填補を受けさせるべきことを理由として，相殺を認めて

いない（最判昭49・6・28民集28-5-666）。

（2） 差押禁止債権

　法律によって差押えが禁止される債権を受働債権とする相殺は，認められない（510条）。差押禁止債権としては，民事執行法152条において，公のものでない扶養料債権，給料・賃金等の債権，退職手当等の債権など，私的な債権が挙げられている。公的な継続的債権の差押禁止は，特別法によって個別に定められている（恩給11条3項，厚生年金保険41条1項，生活保護58条，健康保険68条，労働基準83条2項，労災保険12条の5第2項など）。これらの債権は，債権者がこれを現実に行使し，債務者から給付を受けて生活費や治療費などに充当することが予定されているのだから，これを受働債権とする相殺が禁止されていることになる。

　一つ問題となるのは，労働者の賃金債権を受働債権とする相殺の可否である。民事執行法において禁止される賃金債権の差押えは，その支払期に受けるべき給付の4分の3にとどまるから（ただし，その額が標準的な世帯の必要生計費を勘案して政令で定める額を超えるときは，政令で定める額〔民執152条1項1号〕），これに該当しない部分については，相殺が許されると解する余地もある。しかし，労働基準法は，賃金の通貨払い，労働者に対する直接払いと併せて「全額払い」を求めている（労働基準24条1項）。したがって，賃金債権を受働債権とする相殺は，全面的に禁じられていると解すべきである。判例も，こうした立場を明らかにしている（最判昭31・11・2民集10-11-1413など）。

（3） 支払いの差止めを受けた債権

　㋐ 規定の趣旨　支払いの差止めを受けた債権を受働債権とする相殺は，認められない（511条）。この条文の意味は，AがBに対して有する甲債権を，Aの債権者Cが差し押さえた場合には（A＝債権者，B＝第三債務者，C＝差押債権者），Bは，Cによる差押えの後にAに対して取得した乙債権を自働債権とし，甲債権を受働債権として相殺することができない，ということである。逆にいえば，Bが，Cの差押え前から，Aに対する乙債権を持っていたときは，乙債権を自働債権とするBの相殺は妨げられない。

しばしば問題とされる具体例ケースは，次のようなものである。①Aは，B銀行に定期預金の口座を持ち（AがBに対して持つ預金払戻債権を乙債権とする），これを担保としてB銀行から貸付けを受けていた（BがAに対して持つ貸金債権を甲債権とする）。②Aが，国税を滞納したため，国Cは，AがBに対して有する預金払戻債権（乙債権）を差し押さえた。③一方，Bは，Aに対する貸金債権を自働債権とし，AがBに対して持つ預金払戻債権を受働債権として，相殺の意思表示をした，というケースである。

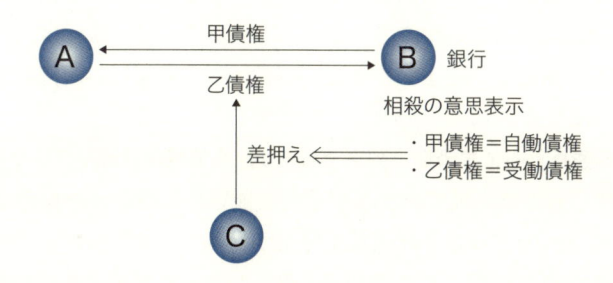

```
        甲債権
   A ←────────── B  銀行
     ──────────→
        乙債権      相殺の意思表示
         ↑
      差押え ←── ・甲債権＝自働債権
                  ・乙債権＝受働債権
         C
```

　この場合において，乙債権は「支払いの差止めを受けた債権」（511条）にあたるから，Cによる差押え後に，Bが甲債権を取得したとき——したがって，貸金債権の弁済期もCによる差押え後となるとき——は，Bは，相殺することができない。こうした場合の相殺を認めては，Cによる差押えの効力が否定されてしまうことになり，きわめて不当だからである。

　一方，Cによる差押えの前に，Bの甲債権が弁済期を迎えていたときは，Bの持つ相殺への期待を重視すべきである。なぜなら，こうした相殺への期待があるからこそ，Bは，預金を担保として貸付けを行うといえるからである。したがって，甲債権を自働債権とし，乙債権を受働債権として，Bが相殺の意思表示をすることは許される。

　　(イ)　**弁済期と相殺の可否**　　以上のような511条の趣旨に照らすと，自働債権と受働債権の弁済期の先後関係は，相殺の可否を決する上で重要な要素となる。そして，銀行が**貸金債権（甲債権）**を持ち，預金者が**預金払戻債権（乙債権）**を持つ場合において，検討を要する場面としては，①甲債

権の弁済期が到来しているが，乙債権の弁済期が未到来の場合，②両債権ともに弁済期未到来であるが，甲債権の弁済期のほうが早く到来する場合，③両債権ともに弁済期未到来であるが，乙債権の弁済期のほうが早く到来する場合，がある。

　(a)　**甲債権の弁済期が到来しているが，乙債権の弁済期が未到来の場合**　この状態で第三者が乙債権を差し押さえたとき，銀行による相殺は許されるか。乙債権の弁済期が未到来とは，銀行は，未だ預金者からの払戻請求に応じなくてよいという期限の利益を有することを意味する。しかし，期限の利益は放棄することができるから（136条2項本文），銀行は，期限の利益を放棄して相殺することができる。相殺に対する銀行の期待および利益が保護されることになる（最判昭32・7・19民集11-7-1297）。

　(b)　**両債権ともに弁済期未到来であるが，甲債権の弁済期のほうが早く到来する場合**　この状態で第三者が預金債権を差し押さえた場合も，銀行が有する相殺への期待および利益が保護されるべきである。したがって，銀行は，(a)の場合と同じく乙債権――銀行からみれば預金払戻債務――につき期限の利益を放棄して相殺することができる。なお，そのためには甲債権の弁済期の到来を待たなければならないはずであるが，実務上は，第三者が乙債権を差し押さえた時は，貸金債権の弁済期が到来するという特約がなされていることが多い。

　(c)　**両債権ともに弁済期未到来であるが，乙債権の弁済期のほうが早く到来する場合**　この場合には，乙債権（預金払戻債権）の弁済期が到来した時点で預金者は銀行に対して払戻しを請求できるので，預金が甲債権（貸金債権）の担保となっているとはいえず，第三者が預金債権を差し押さえたときは，銀行が相殺することはできないのではないか，という疑問が生じる。

　この問題をめぐっては，判例に変遷がある。すなわち，かつての判例は，第三者が乙債権を差し押さえた場合において，銀行が差押前に取得した預金者に対する甲債権の弁済期が差押時より後であるが，被差押債権（乙債権）の弁済期より前に到来する関係にあるときは，銀行は，甲乙両債権の相殺をもって第三者に対抗することができるが，甲乙両債権の弁済期の前

後が逆であるときは，銀行は，相殺をもって第三者に対抗することはできないと判示していた（制限説：最大判昭39・12・23民集18-10-2217）。

しかし，最高裁は，その後に上記判決を変更し，預金者が銀行に対して持つ乙債権（預金払戻債権）が差し押さえられた場合に，銀行が預金者に対して反対債権（貸金債権＝甲債権）を有していたときは，甲債権が差押後に取得されたものでない限り，甲債権および乙債権の弁済期の前後を問わず，両者が相殺適状に達しさえすれば，銀行は，差押後においても，甲債権を自働債権として差し押さえられた乙債権と相殺することができるという立場を明らかにした（無制限説：最大判昭45・6・24民集24-6-587）。この判決によれば，甲乙両債権の弁済期を問題とすることなく，511条の文理どおりに相殺の効力が認められ，銀行の相殺に対する期待および利益が手厚く保護されることになる＊。その判旨は，次のとおりである。

> **判例　差押えと相殺（最大判昭45・6・24民集24-6-587）**
>
> 「民法511条は，一方において，債権を差し押えた債権者の利益をも考慮し，第三債務者が差押後に取得した債権による相殺は差押債権者に対抗しえない旨を規定している。しかしながら，同条の文言および前示相殺制度の本質（引用者注：その意味については，次の＊①を参照）に鑑みれば，同条は，第三債務者が債務者に対して有する債権をもって差押債権者に対し相殺をなしうることを当然の前提としたうえ，差押後に発生した債権または差押後に他から取得した債権を自働債権とする相殺のみを例外的に禁止することによって，その限度において，差押債権者と第三債務者の間の利益の調節を図ったものと解するのが相当である。したがって，第三債務者は，その債権が差押後に取得されたものでないかぎり，自働債権および受働債権の弁済期の前後を問わず，相殺適状に達しさえすれば，差押後においても，これを自働債権として相殺をなしうるものと解すべきである」。

＊　**無制限説を採る判例の意義と評価**　　上記の昭和45年大法廷判決をやや詳しくみると，次のとおりである。

①　まず，この事例は，預金者が国税を滞納したために，国が旧国税徴収法による滞納処分として乙債権を差し押さえたものである。この判決は，こうした制度も強制執行による一般の債権および取立命令の制度と実質的に異ならず，国税滞納処分としての差押えが第三債務者（銀行）の相殺権に及ぼす効力についても，

民法の相殺に関する規定の解釈の問題として考慮すれば足りると解した。そして，民法に定める相殺の制度について，簡易な決済により債権関係を円滑かつ公平に処理することを目的とする合理的な制度であり，相殺権を行使する債権者の立場からすれば，受働債権につきあたかも担保権を有するにも似た地位が与えられるのであって，「相殺制度のこの目的および機能は，現在の経済社会において取引の助長にも役立つものであるから，この制度によって保護される当事者の地位は，できるかぎり尊重すべき」であるとする。

② 次に，この判決は，差押えの効力について，差押えを受けた者は被差押債権の処分，ことにその取立てを禁止され，第三債務者もまた債務者に対して弁済することを禁止され，かつ，債務者との間に債務の消滅またはその他の内容の変更を目的とする契約をすることができなくなるが，第三債務者としては，こうした制約に反しない限り，債務者に対するあらゆる抗弁をもって差押債権者に対抗することができる，とする。すなわち，第三債務者の一方的意思表示による相殺権の行使も，相手方の自己に対する債権が差押えを受けたからといって，当然に禁止されるいわれはないことになる。

③ さらに，銀行は，自己の貸付債権の確実な回収をはかるために，借主につき仮処分，差押え，仮差押えなどの申立てがあったときは，借主は，期限の利益を喪失すること，借主（預金者）が銀行に対して有する預金債権については，銀行が期限の利益を放棄して直ちに相殺適状を生じさせること，という相殺予約の特約を置いている。

④ これらを前提として，最高裁は，(ア)民法511条に定める法定相殺の可否，(イ)相殺予約の特約の効力，について判示した。

まず，最高裁は，(ア)の点について，第三債務者（銀行）は，「その債権が差押後に取得されたものでないかぎり，自働債権および受働債権の弁済期の前後を問わず，相殺適状に達しさえすれば，差押後においてもこれを自働債権として相殺をなしうる」と解した。もっとも，8対7という僅差の多数意見によるものである。多数意見によれば，銀行は，先に弁済期が到来した受働債権（＝銀行は預金の払戻債務を負う）の弁済を拒んでおいて，その間に自働債権（＝銀行が借主に対して持つ貸付債権）の弁済期が到来すれば相殺できることになるので，不誠実な銀行を保護することには違和感もある。昭和39年の大法廷判決が示した「制限説」は，こうした事情をも考慮したものであったといえよう。

一方，(イ)について，最高裁は，こうした合意が「契約自由の原則上有効であることは論をまたない」として，その有効性を承認した。この点は，11対4の多数意見によるものである。銀行実務においては，約款に上記のような相殺予約の条項が入っているため，こうした場面における銀行の相殺への期待は，安定的に保護されるに至ったといえよう。しかし，学説上は，法定相殺と相殺予約とを分け

て，前者については，昭和39年大法廷判決が示した制限説に与するべきであるとの見解もみられる（内田）。

（4）　債権譲渡と相殺

A社がBに対して有する甲債権をCに譲渡し，譲渡人Aから債務者Bに対して債権譲渡の通知がなされた場合において，その通知の前からBがAに対して乙債権を取得していたときは，Bは，乙債権を自働債権とし，甲債権と相殺することができるであろうか。

判例は，譲受人CがA社の取締役である等の事情に言及した上で，「被譲渡債権及び反対債権の弁済期の前後を問わず，両者の弁済期が到来すれば，被譲渡債権の債務者は，譲受人に対し，右反対債権を自働債権として，被譲渡債権と相殺することができる」としている（最判昭50・12・8民集29-11-1864）。この判決が「被譲渡債権及び反対債権の弁済期の前後を問わず」と述べるところは，差押えと相殺に関する無制限説と軌を一にするように思われる。しかし，その妥当性については差押えと相殺におけるのと同様の議論があり，また，あくまでも事案の特殊性を反映した判示ではないか，という疑問が呈されている（内田，川井）。

（5）　逆相殺

銀行とその取引相手方との関係において，後者から前者に対する相殺を「逆相殺」ということがある。AがB銀行に対して有する預金債権（甲債権）が，Aの債権者であるCに転付されたとき，Cは，甲債権を自働債権とし，Cに対してB銀行が持つ債権（乙債権）を受働債権として相殺することができるであろうか。

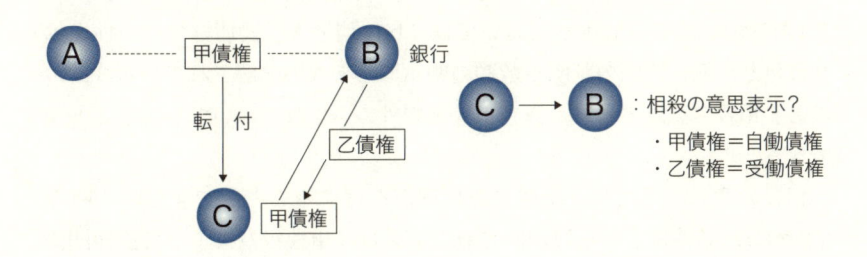

判例は，この場合において，B銀行がAに対してすでに相殺適状にある債権（乙債権）を有していたとしても，B銀行が乙債権を自働債権とし，甲債権を受働債権とする相殺の意思表示（順相殺）をするより先に，甲債権を自働債権とし，乙債権を受働債権とする相殺の意思表示（逆相殺）により甲債権が消滅していた場合には，B銀行による相殺の意思表示は効力を生じない，とした。その判旨は，次のとおりである。

> **判例　転付債権者による逆相殺の可否（最判昭54・7・10民集33-5-533）**
>
> 「……相殺適状は，原則として，相殺の意思表示がされたときに現存することを要するのであるから，いったん相殺適状が生じていたとしても，相殺の意思表示がされる前に一方の債権が弁済，代物弁済，更改，相殺等の事由によって消滅していた場合には相殺は許されない（民法508条はその例外規定である。），と解するのが相当である。また，債権が差し押さえられた場合において第三債務者が債務者に対して反対債権を有していたときは，その債権が差押後に取得されたものでない限り，右債権及び被差押債権の弁済期の前後を問わず，両者が相殺適状になりさえすれば，第三債務者は，差押後においても右反対債権を自働債権とし被差押債権を受働債権として相殺することができるわけであるけれども，そのことによって，第三債務者が右の相殺の意思表示をするまでは，転付債権者が転付命令によって委付された債権を自働債権とし，第三債務者に対して負担する債務を受働債権として相殺する機能が妨げられるべきいわれはない」。

4　相殺の方法および効果

4-1　相殺の意思表示

相殺は，当事者の一方から相手方に対する意思表示によってする（506条1項前段）。この意思表示においては，自働債権と受働債権の同一性を示せば足り，発生原因の証明や数額の明示は必要ないと解されている（我妻）。なお，相殺の意思表示は，裁判上・裁判外のいずれにおいてもすることができる。

相殺の意思表示には，条件または期限を付することができない（506条1項後段）。条件付きの相殺が許されないのは，単独行為によって法律関係を複雑にし，相手方に不当な不利益を与えることを防止するためである。

また，相殺においては，相殺適状になった時にさかのぼって双方の債務が消滅するのだから（506条2項），相殺に期限を付しても意味がない。

4-2　相殺の効果
（1）　対当額での債権の消滅
相殺により，各当事者は，対当額についてその債務を免れる（505条1項本文）。自働債権の額が受働債権の額より少ないときは，受働債権の一部が消滅することになる。例えば，AがBに対して200万円，BがAに対して300万円の債権を持つとき，Aが相殺の意思表示をすると，Bの債権のうち200万円が消滅する。これは，受働債権の債権者であるBが債権の一部である200万円の受領を強制されることを意味する。弁済は，本来，債務の本旨に従って行わなければならず，債務者が一部のみの弁済をしても債権者に受領の義務はないはずであるが，相殺による債権の消滅は，その例外を成す。

また，消滅時効の中断事由としての請求（147条1号）との関係において，自働債権の額が受働債権の額より少ないとき，相殺の意思表示がなされても，受働債権全額に対する請求にはあたらず，債権全額の時効の中断効は生じないというのが判例である（大判大10・2・2民録27-168）。これに対しては，学説の反対が多い（我妻，川井など）。

なお，自働債権の額が受働債権の総額に及ばないときは，弁済の充当に関する規定（488条〜491条）が準用される（512条）。

（2）　相殺の遡及効
相殺の意思表示があると，双方の債務は相殺適状時にさかのぼって消滅する（506条2項）。それが多くの場合における当事者の意思に合致し，かつ，公平と考えられるためである。その結果，相殺の充当や利息の計算等は，相殺適状時を基準として行われることになる。

＊　**意思表示による相殺と，相殺の遡及効との関係**　相殺に遡及効を認めることは，ドイツ民法389条やスイス債務法124条と同じである。それは，相殺について当事者の意思表示を必要とせずに，相殺適状時に債権が対当額で当然消滅するという制度（立法例としてフランス）になじむはずだが，日本では，こうした主

義が強く主張されているわけではない。なお，近時の国際的契約ルールの一つであるヨーロッパ契約法原則では，当事者に相殺権を与えて当然消滅主義を採らない一方（13：101条），当事者による相殺の表示の時から債務が消滅すると定め（13：106条），相殺に遡及効を与えていないことは注目される。

相殺に遡及効があるといっても，いったん相殺適状が生じた後，相殺の意思表示がなされるまでの間に，相殺適状を終了させる事実が生じた場合には，こうした事実を覆すことはできない。例えば，相殺適状が生じた後に受働債権が現実に弁済されれば，もはや相殺することはできない。相殺適状は，相殺の意思表示がされる時点で現存していなければならないためである（508条は，その例外）。相殺適状が生じた後に受働債権の不履行があり，受働債権を生じさせた契約が解除された場合も，相殺適状を終了させるべき事実が生じたことになるので，その後の相殺は認められない。

6 更　　改

1　更改の意義と種類

1-1　更改の意義

　更改とは，旧債務を消滅させ，これに代えて新債務を成立させる契約である（513条）。更改は，本来の給付と異なる債務の履行によって旧債務を消滅させるという意味においては，代物弁済（482条）と類似する。しかし，代物弁済は，本来の給付に代えて現実に他の給付を行うことを内容とするのに対して，更改は，新債務を負担するだけである点で，両者は異なる。例えば，AがBに対して100万円の金銭債務を負担している場合において，AB間で，この債務に代えてAがBに自動車1台を給付するという合意が成立したときは，更改が行われたことになる。このケースにおいて，AがBの承諾を得て，100万円の支払いに代えて自動車1台を現実に引き渡してしまうことは，代物弁済にあたる。

1-2　更改の種類

更改とは、「債務の要素を変更する」契約である（513条1項）。「債務の要素」とは、債務者・債権者・債務の目的を指すと考えられるから、更改には、①債務者の交替による更改（514条）、②債権者の交替による更改（515条）、③債務の目的の変更による更改、の3種類があることになる。

他方において、更改における旧債務と新債務は「要素」を異にする以上、両者は同一性を持たない。その結果、更改が行われると、旧債務に伴う担保も抗弁権も、原則として、すべて消滅することになる（ただし、質権または抵当権につき518条を参照）。しかし、現実の取引において、当事者は、債務が同一性を保ったまま債務者または債権者が変更することを望むことが多い。したがって、①に代えて債務の引受けが、②に代えて債権の譲渡が行われるのが一般である。また、債務の目的の変更も、債権の同一性を失わせない意図の下で行われることが多いといわれる（我妻）。こうした事情から、現代の取引社会において、更改は、さほど大きな役割を果たしていない。

2　更改の要件

更改の要件は、①債権が存在すること、②新債務が成立すること、③新債務と旧債務の要素が異なること、の三つである。

2-1　債権が存在すること

もしも債権が存在していなかったときは、更改契約は無効であり、新債務も成立しない。ただし、債権者の交替による更改の場合において、債権がすでに消滅しているにもかかわらず債務者が異議を留めず更改したときは、新債権者の信頼を保護するために、新債権は成立する（516条による468条1項の準用）。

2-2　新債務が成立すること

新債務に無効原因があったり取り消されたりするなど、何らかの理由で

成立しないときは，更改契約は無効である。この場合には，旧債務も消滅しない。517条は，この理を定めたものであるが，同条の文理上，二つの留意点がある。

その一つは，新債務が当事者の知らない事由によって成立しなかったときは，旧債務が消滅しないと定められていることの反対解釈として，新債務の不成立が当事者の知っている事由に基づくときは，旧債務は消滅することである。新債務が不成立にもかかわらず旧債務を消滅させるのは原則に反するが，こうした場合には，当事者による債権の放棄があったと解されるためである。

もう一つは，新債務が取り消されたときは，旧債務は消滅しないと定められていることの解釈として，これは，①当事者が取消原因を知っていた場合に限るか，②当事者が取消原因を知っていたか否かとは無関係か，争いがあることである（517条の文理上は，どちらとも読める）。起草者は①を示唆していた模様であるが，学説の多数は②を支持している（我妻，川井）。

2-3 新債務と旧債務の要素が異なること

ここにいう「要素」の意味は，「1-2 更改の種類」で説明したとおりである。更改契約の当事者については，次のとおりである。

①債務者の交替による更改は，債権者と新債務者との契約により行うことができるが，旧債務者の意思に反することはできない（514条本文および但書）。②債権者の交替による更改は，新・旧債権者および債務者の三面契約による。これは債権の譲渡に類似するので，確定日付ある証書によってしなければ，第三者に対抗することができない（515条）。③債務の目的の変更による更改においては，当事者に変更はない。なお，「債務の目的の変更」については，条件付債務を無条件債務としたり，無条件債務に条件を付したときは，要素を変更したものとみなす旨が定められている（513条2項）。

3　更改の効果

　更改の効果は，旧債務が消滅して新債務が成立することである。更改における旧債務と新債務とは同一性を持たないので，旧債務の従たる権利であった担保権，抗弁権などは，原則として消滅する。当事者の特約により，旧債務の目的の限度において，質権または抵当権を新債務に移すことはできるが，第三者がこれを設定した場合には（物上保証が行われたことを意味する），その第三者の承諾を得なければならない（518条）。

7　免　　除

1　免除の意義

　免除とは，債権者がその債権を放棄することである。民法は，免除を債権消滅原因の一つとし，債務者の意思にかかわりなく債権者の意思だけですることができる単独行為とした（519条）。ただし，これとは別に，債権者・債務者の合意により債権を消滅させる免除契約も可能である。

2　免除の要件

　免除は，債権者から債務者に対する意思表示によって行う。書面も方式も必要とされず，明示でも黙示でもよいと解されている。
　免除は，自己の債権の放棄であるから，債権者の自由な意思に基づくものである限り制約されないことが原則であるが，将来にわたる扶養請求権を放棄したり，労働者が会社に対する退職金債権を放棄したりすることには問題があろう（川井）。また，免除により，第三者に不当な不利益を与えることは許されない（我妻）。

3　免除の効果

免除によって，債権は消滅する (519条)。債務の一部が免除された場合には，その範囲で債権が消滅する。債権全体が消滅するときは，担保物権や保証債務も，その付従性により消滅する。

8　混　　同

1　混同の意義

混同とは，債権および債務が同一人に帰することであり，混同によりその債権は消滅する。物権法における179条と同旨の規定である。子Bが親Aから金銭を借りていたところ，Aが死亡し，Bがこれを相続した場合や，C社がD社に対する売掛代金債権を有していたところ，両社が合併した場合などが，これにあたる。

混同は，一つの事実であって，人の行為ではない。

2　混同の効果

混同により，債権は，原則として消滅する (520条本文)。混同による債権の消滅は，通常，その債権を存続させる必要がなくなるゆえに認められるものである。したがって，法律的・経済的観点などから，債権を存続させることに意味が認められる場合は，この限りではない。民法は，混同する債権が第三者の権利の目的であるときは，消滅しない旨を定めるが (520条但書)，混同に該当する事実が生じても債権が消滅しないケースは，これに限られない。

例えば，不動産の賃貸人A・賃借人B・転借人Cがいるとき，賃貸人と転借人の地位が同一人に帰した場合，CのAに対する直接の義務 (613条を参照) は混同により消滅するものの，転貸借関係を消滅させる特別の合

意が成立しない限り，転貸借関係は当然には消滅しない（大判昭8・9・29民集12-2384，最判昭35・6・23民集14-8-1507など）。Bは，転貸により転貸賃料を得ているのであるから，AとCの地位が同一人に帰したとしても，Bの利益を奪うことはできないためである。これは，520条但書に該当する一例である。

また，BがAから賃借していた不動産をAから贈与されたものの，その所有権移転登記をする前に，CがAからこの不動産を買い取り登記を済ませた場合には，いったん混同により消滅したBの賃借権は，Cとの関係では消滅しなかったものとして扱われる（最判昭40・12・21民集19-9-2221）。これは，520条但書に該当しないが，混同の例外と認められるべき場面である。

あ と が き

　民法の中でも，債権総則に関する教科書・体系書には優れたものが多い。その一つの要因としては，債権総則に関する優れた研究業績の蓄積が挙げられよう。このような状況において，本書を著すことには勇気を必要としたが，渡辺達徳教授の熱意に励まされ，何とか刊行に漕ぎ着けることができ，正直なところホッとしている。

　本書の執筆に関しては，渡辺教授と常に協議し合い，一方では，それぞれの個性を積極的に打ち出すとともに，他方において，各制度の意義・要件および効果を明確にすることとした。

　まず，執筆者の個性という点では，私の担当部分を例に挙げると，「契約当事者の地位の移転（契約譲渡・契約引受）」が他の教科書よりも若干詳しい。この制度は，民法に明文の規定がなく，一般の教科書では簡単に触れられる程度であり，中にはこれを否定するものも少数ではあるが存在する。しかし，今日のヨーロッパでは，契約譲渡を否定する見解はなく，ユニドロワ国際商事契約原則においても明文化されるに至っている。そして，このような国際的動向を背景に，本書では，「契約当事者の地位の移転」の意義・要件および効果を明らかにすることに努めた。しかも，その記述が現在の判例・実務にも合致していることは，容易にうかがわれよう。また，渡辺教授のご担当部分では，債務不履行について，ドイツ法やウィーン売買条約（国際物品売買契約に関する国際連合条約）に関する長年の研究成果が表れている。

　しかし他方，本書は，学説の詳細な説明を省き，民法上の制度の意義・要件・効果を明確にし，かつ，その実務における運用を明らかにするため，判例を重視した解説を行っている。そのため，本書は，全体として，極めてオーソドックスな教科書でありながら，比較的コンパクトな分量に収まっている。民法を学習するためには，民法の条文を参照しつつ，教科書を何度も繰り返し読むことが必要であるが，本書もそのような教科書として利用していただければ幸いである。

本書が少しでも読者の役に立つものとなることを願いつつ，改めて，本書を書く機会を与えて下さった渡辺達徳教授と弘文堂編集部の高岡俊英氏に感謝したい。

　2007年10月

野澤　正充

事項索引

あ

与える債務 …………………………… 12, 53
安全配慮義務 ……………………… 63, 83, 86

い

異議なき承諾 ………………………………… 220
遺産分割協議 ………………………………… 148
慰謝料 ………………………………………… 93
一部代位 ……………………………………… 278
一身専属（義務）…………………………… 256
一身専属権 …………………………………… 124
　　帰属上の—— ………………………… 256
　　行使上の—— ………………………… 256
一般財産 …………………………………… 39, 119
違法性 ………………………………………… 77
違約金 ………………………………………… 112
違約罰 ………………………………………… 112
遺留分減殺請求権 …………………………… 124

う

ウィーン売買条約 …………………………… 65
受取証書 ……………………………………… 271
　　——の交付請求 ……………………… 258
　　——の持参人に対する弁済 …… 261, 271

か

掴取力 ………………………………………… 37
拡大損害 ……………………………………… 81
確定期限 ……………………………………… 68
確定日付のある証書 ………………………… 213
貸金業規制法 …………………………… 24, 28
貸金業法 ………………………………… 28, 30
過失 …………………………………………… 71, 72
　　契約締結上の—— …………… 11, 59, 84
過失責任原理 ………………………………… 71
過失責任主義 ………………………………… 71
過失相殺 ………………………………… 91, 105
カフェ丸玉女給事件 ………………………… 37
貨物引換証 …………………………………… 249
貨幣 …………………………………………… 21

か

仮登記担保契約に関する法律 …………… 292
関係的契約 …………………………………… 64
間接強制 ……………………………………… 55
　　——の補充性 ………………………… 55
間接訴権 ……………………………………… 121
完全賠償 ……………………………………… 101
観念の通知 …………………………………… 211
元本債権 ……………………………………… 22

き

機関保証 ……………………………………… 180
期限の定めのない債務 ………………… 69, 89
危険負担 ……………………………………… 60
帰責事由 ………………………………… 60, 70
　　——の立証責任 ……………………… 76
既判力 ………………………………………… 135
義務 ……………………………………………… 3
義務的送付債務 ……………………………… 17
逆相殺 ………………………………………… 313
求償権 ……………………… 176, 257, 259, 260, 274
給付 ……………………………………… 9, 246
給付義務 ………………………………… 62, 64
給付保持力 ……………………………… 35, 37
供託 ……………………………………… 118, 293
　　——の意義 …………………………… 293
供託金還付請求権 …………………………… 217
供託物取戻し ………………………………… 299
共同保証 ……………………………………… 193
共有 …………………………………………… 160
金銭債権 ……………………………………… 20
金銭債務 ……………………………………… 91
　　——の不履行 ………………………… 107
金銭的評価 …………………………………… 104
金銭賠償の原則 ……………………………… 92

く

具体的軽過失 ………………………………… 14

け

契約譲渡 ……………………………………… 199

契約責任
　——の時間的拡大 ……………………… 63
　——の質的拡大 …………………………… 63
　——の人的拡大 …………………………… 63
契約当事者の地位の移転 ………………… 199
契約引受 ……………………………………… 199
結果債務 ……………………………………… 12
検索の抗弁権 ……………………………… 181
現実的履行の強制 …………………… 36, 51
原始的障害 …………………………………… 59
原始的不能 …………………………………… 10
原状回復 ……………………………… 92, 101
原状回復義務 ……………………………… 185
現状引渡し ………………………………… 252
限定種類債権 ……………………………… 19
限定承認 ……………………………………… 40
権利外観理論 ……………………… 261, 262
権利質 ………………………………………… 202

こ

故意 …………………………………… 71, 72
好意的送付債務 …………………………… 18
更改 …………………………… 168, 199, 257, 316
公正証書 …………………………… 122, 213
後発的障害 ……………………………………… 60
後発的不能 ……………………………………… 11
国際的動産売買契約に関する国連条約 …… 65
個人保証 …………………………………… 179
子の引渡請求権 …………………………… 56
混合供託 …………………………………… 294
混同 …………………………………………… 320

さ

債権 ……………………………………………… 3
　——の効力 …………………………………… 4
　——の財産化 ………………………………… 7
　——の主体 …………………………………… 4
　——の準占有者に対する弁済 …… 41, 261, 262
　——の発生原因 ……………………………… 4
　——の目的 …………………………………… 4
債権者代位権 ……………………………… 120
債権者遅滞 …………………………… 92, 115
債権者不確知 ……………………………… 295
債権証書 …………………………………… 286

　——の返還請求 ………………………… 258
債権譲渡 …………………………………… 199
　——と相殺 ……………………………… 313
債権侵害による不法行為 …………… 36, 41
催告の抗弁権 ……………………………… 181
財産的損害 ………………………………… 93
財産分与 …………………………………… 147
裁判上の代位 ……………………………… 124
債務 …………………………………… 3, 39
　——と責任 ………………………………… 39
　——の引受け …………………………… 317
　——の本旨 ……………………………… 248
債務不履行 ………………………………… 58
債務名義 ……………………… 53, 122, 278
債務免除 …………………………………… 257
詐害行為 …………………………………… 137
詐害行為取消権 ………………………… 120
差額説 ……………………………………… 92
作為債務 …………………………………… 12
差押え ……………………………………… 121
差押禁止特約 ……………………………… 295
詐称代理人 ………………………………… 264

し

自己の財産に対するのと同一の注意（義務）
　………………………………………… 14, 254
自己のためにするのと同一の注意 ……… 14
持参債務 ……………………………… 17, 295
事実的因果関係 …………………………… 104
自助売却 …………………………………… 118
自然債務 ……………………………… 35, 37
自然法 ……………………………………… 52
執行供託 …………………………………… 293
執行証書 …………………………………… 122
執行力 ………………………………… 35, 37, 51
実体法 ……………………………………… 52
実定法 ……………………………………… 52
自働債権 …………………………………… 301
支配権 ………………………………………… 3
謝罪広告 …………………………………… 54
集合債権譲渡担保 ………………………… 209
重利 ………………………………………… 25
受益者 ……………………………………… 137
手段債務 …………………………………… 12

出資法	24, 28
受働債権	301
受領拒絶	250, 294
受領遅滞（債権者遅滞）	92, 115, 254, 258
受領不能	295
種類債権	13, 15
——の特定	17
種類物	13, 15
種類物債権	13, 15
準占有	264
消極的財産損害	93
譲渡禁止特約	204, 295
消費寄託	265
消費者契約	85
消費者契約法	85
情報提供・説明義務	63
除斥期間	152
信義則	63
人的担保	161
信用保証	194
信用保証協会	284
信頼利益	84, 94

せ

請求権	3
請求払無因保証	189
請求力	35, 37, 51
制限種類債権	19
精神的損害	93
責任	39
責任財産	119
——の保全	4, 36
責任訴訟	142
責任能力	71
責任判決	142
積極的債権侵害	80, 81, 93
善管注意義務	13, 252, 295
選択債権	31

そ

相殺	133, 300
——の意義	300
——の意思表示	300, 314
——の遡及効	315
——の担保的機能	7, 301
相殺契約	301
相殺適状	302
相殺の禁止	306
当事者の意思表示による——	306
法律による——	306
相殺予約	312
相続放棄	148
相対的取消し	141
相対的免除	169
相当因果関係	95
相当因果関係説	96, 101, 102
送付債務	17
訴求力	35, 37, 51
即時取得	252
訴訟法	52
損益相殺	104
損害軽減義務	106
損害事実説	93
損害担保契約	189
損害賠償	36, 91, 112
——による代位	91
損害賠償債務	185
損失説	92

た

タール売買事件	19
代位の付記登記	280
第三者異議の訴え	141
第三者のためにする契約	232
第三者の弁済	255
代償請求権	113
代替執行	53
代替的作為債務	54
代替取引	57
代替物	15
対当額	300
代物弁済	289, 316
——の予約	292
担保供託	293
担保責任	59
担保保存義務	287
担保保存義務免除特約	288

ち

遅延賠償	94
遅延利息	254
注意義務違反	
契約準備段階における信義則上の——	84
中間最高価格	100
中間省略登記	125
抽象的軽過失	13
調査・開示・説明義務	83, 85
直接強制	52

つ

追完	81
通貨	21
通常損害	93, 97, 102

て

提供	
言語上の——	250
現実の——	248
口頭の——	250, 294
定期預金の期限前払戻し	267
抵当不動産の第三取得者	225
手続法	52
転得者	137
転付命令	121
塡補賠償	94

と

ドイツ債務法現代化	80
登記請求権	125
倒産隔離	202
特殊供託	294
特定債権	123
特定物	13, 248
特定物債権	13, 145
特別財産	39
特別損害	93, 97, 102
特約店契約	242
独立当事者参加	123
取立債務	17, 250
取立訴訟	122

な

内容証明郵便	213
為す債務	12, 54

に

荷為替	249
任意債権	31
任意代位	275, 276

ね

根保証	180

は

賠償額の予定	91, 109
排他性	3
破産管財人	260
破産財団	260
ハドレイ対バクセンデイル事件	102
判決代用	54
反訴	152

ひ

非財産的損害	93
非債弁済	290
否認権	138
表見相続人	262

ふ

深川渡事件	251
不確定期限	69
不可抗力	70, 75, 108
不可分債権・債務	159
不完全債務	39
不完全履行	61, 79
複利	25
不作為義務違反	55
不作為債務	12
不真正連帯債務	159
付随義務	64, 83
不代替の作為債務	55
不代替物	15
物権	3
物上保証人	225

物的担保	161
不特定物債権	13, 15
扶養請求権	3
フランチャイズ契約	242
分割債権・債務	159
分別の利益	193, 286

へ

併存的（重畳的）債務引受	227
弁済	246
——による代位	259, 274
——の充当	272
——の提供	115, 247, 254
——の場所	253
——の費用	253
弁済意思	247
弁済供託	293
弁済受領権限	259

ほ

妨害排除請求	36
債権に基づく——	45
法人保証	179
法定代位	275, 277
法定利率	24
保管供託	293
保護義務	83
保護範囲	104
保証委託契約	182
保証契約	182
保証債務	159
保証連帯	193
補助参加	123
本旨不履行	60

み

みなし弁済	29
身元保証	194

む

無形的損害	93

め

免除	169, 319

免除契約	319
免責事由	75

や

約定利率	24

ゆ

有限責任	40
有償契約	14
ユニドロワ国際商事契約原則	58, 65

よ

幼児の引渡し	56
ヨーロッパ契約法原則	65
預金担保貸付	268
余後効	60

り

履行	246
——の引受け	228
履行期	68
——前の履行拒絶	79
履行障害	58
履行代行者	74
履行遅滞	60, 67
履行不能	60, 77
履行補助者	90
——の過失	72
狭義の——	73
履行利益	94
罹災都市借地借家臨時処理法	46
利息	21, 22
利息債権	22
基本権たる——	23
支分権たる——	23
利息制限法	24, 25, 28
利用補助者	74
利率	21, 22

れ

連帯債権・債務	159
連帯の免除	178
連帯保証	181

判 例 索 引

(注：ボールドは本文中，囲みで詳しく紹介した頁である)

明治

大判 明36・3・30 民録9-361 ……………… 215
大判 明36・10・3 民録9-1046 ……………… 231
大判 明39・10・29 民録12-1358 …………… 78
大判 明40・3・11 民録13-253 ……………… 144
大判 明40・5・20 民録13-576 ……………… 295
大判 明41・1・23 新聞479-8 ……………… 271
大判 明41・2・27 民録14-150 ……………… 123
大判 明42・7・3 民録15-649 ……………… 27
大判 明43・2・10 民録16-84 ……………… 205
大判 明43・7・6 民録16-537 ……………… 125
大連判 明44・3・24 民録17-117 …………… **140**
大判 明44・10・3 民録17-538 ……………… 149
大判 明45・7・3 民録18-684 ……………… 295

大正元年～10年

大判 大元12・11 民録18-1025 …………… 109
大判 大元・12・19 民録18-1087 …………… 57
大判 大2・5・12 民録19-327 ……………… 78
大決 大3・4・6 民録20-273 ……………… 286
大連判 大3・12・22 民録20-1146 ………… 215
大判 大4・3・10 刑録21-279 ……………… **43**
大判 大4・4・19 民録21-524 ……………… 176
大判 大4・5・29 民録21-858 ……………… 117
大判 大5・8・18 民録22-1657 …………… 221
大判 大6・10・30 民録23-1624 …………… 144
大判 大7・4・16 民録24-694 ……………… 123
大判 大7・8・14 民録24-1650 …………… 249
大判 大7・8・27 民録24-1658 …………… **96**
大判 大7・9・26 民録24-1730 …………… 149
大連判 大7・10・26 民録24-2036 ………… 144
大判 大7・12・7 民録24-2310 …… 262, 270
大判 大8・7・15 民録25-1331 …………… 249
大判 大8・12・5 民録25-2208 …………… 286
大判 大9・2・28 民録26-158 …………… 249
大判 大9・3・29 民録26-411 …………… 249
大判 大9・12・24 民録26-2024 …………… 152
大判 大10・2・2 民録27-168 …………… 315
大判 大10・4・30 民録27-832 …………… 295

大判 大10・5・27 民録27-963 …………… 76
大判 大10・6・18 民録27-1168 ………… 156
大判 大10・10・15 民録27-1788 ………… 45
大判 大10・11・18 民録27-1966 ………… 276

大正11年～15年

大判 大11・3・1 民集1-80 ……………… 230
大判 大11・6・2 民集1-267 …………… 295
大判 大11・10・25 民集1-616 …………… 295
大判 大11・11・24 民集1-670 …………… 164
大判 大12・10・20 民集2-596 …………… 106
大判 大13・7・18 民集3-399 …………… 249
大判 大14・12・3 民集4-685 …………… **251**
大判 大14・12・15 民集4-710 …………… 230
大判 大15・3・25 民集5-219 …………… 232
大連判 大15・5・22 民集5-386 ………… **100**
大判 大15・7・20 民集5-636 …………… 204
大判 大15・12・2 民集5-769 …………… 195

昭和2年～9年

大判 昭2・10・10 民集6-554 …………… 286
大判 昭3・5・11 民集7-337 …………… 138
大判 昭4・1・30 新聞2945-12 ………… 276
大判 昭4・3・30 民集8-363 …………… **74**
大判 昭4・12・16 民集8-944 …………… **125**
大判 昭5・2・5 新聞3093-9 …………… 205
大判 昭5・10・10 民集9-948 …………… 212
大判 昭5・10・23 民集9-982 …………… 56
大決 昭5・11・5 新聞3203-7 …………… 57
大判 昭6・4・7 民集10-535 …………… 279
大判 昭6・10・6 民集10-889 …………… 275
大判 昭7・6・21 民集11-1198 ………… 133
大判 昭7・6・28 民集11-1247 ………… 214
大判 昭7・7・7 民集11-1498 …………… 124
大判 昭7・9・30 民集11-2008 ………… 178
大判 昭7・10・11 新聞3487-7 ………… 196
大判 昭7・12・6 民集11-2414 ………… 213
大判 昭7・12・13 新聞3506-7 ………… 149
大判 昭8・4・6 民集12-791 …………… 197

大判 昭8・5・9 民集12-1123 ………… 239
大判 昭8・6・13 民集12-1472 ………… 190
大決 昭8・8・18 民集12-2105 ………… 225
大判 昭8・9・29 民集12-2384 ………… 321
大判 昭8・12・5 民集12-2818 ………… 303
大判 昭9・1・30 民集13-103 ………… 197
大判 昭9・2・27 民集13-215 ………… 195

昭和10年〜29年

大判 昭10・3・12 民集14-482 ………… 133
大判 昭10・4・25 新聞3835-5 ………… 37
大阪地判 昭11・3・24 新聞3973-5 ……… 38
大判 昭11・4・15 民集15-781 ………… 234
大判 昭11・8・7 民集15-1661 ………… 276
大判 昭12・12・11 民集16-1945 ………… 169
大判 昭14・4・12 民集18-350 ………… 197
大判 昭14・5・16 民集18-557 ………… 134
大判 昭14・8・24 新聞4467-9 ………… 234
大判 昭15・3・15 民集19-586 ………… 135
大判 昭15・5・29 民集19-903 ……… 262, 264
大判 昭15・9・21 民集19-1701 ………… 170
大判 昭15・11・9 法学10-415 ………… 232
大判 昭18・9・29 民集22-983 ………… 296
大判 昭19・4・28 民集23-251 ………… 212
大判 昭20・5・21 民集24-9 ………… 188
最判 昭23・12・14 民集2-13-438 ………… 250
最判 昭24・1・18 民集3-1-10 ………… 57
最判 昭27・3・6 民集6-3-320 ………… 27
最判 昭28・5・29 民集7-5-608 ………… 208
最判 昭28・12・14 民集7-12-1386 ……… 123
最判 昭28・12・14 民集7-12-1401 ……… 45
最判 昭28・12・18 民集7-12-1446 ……… **99**
最判 昭28・12・18 民集7-12-1515
 ……………………………… **45**, 50, 128
最判 昭29・7・20 民集8-7-1408 ………… 45
最判 昭29・9・24 民集8-9-1658 ………… 133

昭和30年〜39年

最判 昭30・1・21 民集9-1-22 ……… 94, 100
最判 昭30・4・5 民集9-4-431 ………… 45
最判 昭30・4・19 民集9-5-556 ………… 75
最判 昭30・9・29 民集9-10-1472 ……… 230
最判 昭30・10・11 民集9-11-1626 ……… 153
最判 昭30・10・18 民集9-11-1642 ……… **19**

大阪地判 昭30・11・15 訟月2-2-57 ……… 233
最大判 昭31・7・4 民集10-7-785 ……… 54
最判 昭31・11・2 民集10-11-1413 ……… 308
最大判 昭32・6・5 民集11-6-915 ……… 250
最判 昭32・7・19 民集11-7-1297 ……… 310
最判 昭32・9・3 民集11-9-1467 ……… 109
最判 昭32・12・19 民集11-13-2278 ……… 268
最判 昭32・12・19 民集11-13-2299 ……… 182
名古屋高判 昭33・2・27 高民集11-5-339
 ……………………………………………… 39
最大判 昭33・5・28 民集12-8-1224 ……… 57
最判 昭33・9・26 民集12-13-3022 ……… 149
最判 昭33・12・18 民集12-16-3323 … 296, 299
最判 昭34・6・19 民集13-6-757 ……… **175**
最判 昭35・4・21 民集14-6-930 ……… 78
最判 昭35・4・26 民集14-6-1046 ……… 148
最判 昭35・6・23 民集14-8-1507 ……… 321
最判 昭35・12・15 民集14-14-3060 ……… 248
最判 昭36・4・28 民集15-4-1105 ……… 99
最大判 昭36・7・19 民集15-7-1875
 ……………………………………… **145**, 154
最大判 昭37・6・13 民集16-7-1340 ……… 27
最判 昭37・7・20 民集16-8-1605 ……… 231
最判 昭37・8・21 民集16-9-1809 … 264, 265
最判 昭37・9・21 民集16-9-2041 ……… 249
最判 昭37・10・9 民集16-10-2070 ……… 156
最判 昭37・11・9 民集16-11-2270 ……… 195
最判 昭37・11・16 民集16-11-2280 ……… 100
最判 昭38・9・19 民集17-8-981 ……… 299
最判 昭39・1・23 民集18-1-76 ………… 156
最判 昭39・6・12 民集18-5-764 ……… 152
最大判 昭39・11・18 民集18-9-1868 ……… 27
最判昭和39・12・18 民集18-10-2179 ……… 195
最大判 昭39・12・23 民集18-10-2217 ……… 311

昭和40年〜49年

最判 昭40・3・26 民集19-2-508 ……… 152
最大判 昭40・6・30 民集19-4-1143 ……… **186**
最判 昭40・9・21 民集19-6-1560 ……… 125
最判 昭40・12・3 民集19-9-2090 ……… 117
最判 昭40・12・21 民集19-9-2221 ……… 321
最判 昭41・5・27 民集20-5-1004 ……… 149
最判 昭41・10・4 民集20-8-1565 … 267, 269
最判 昭41・11・18 民集20-9-1861 ……… 281

最判 昭41・11・18 民集20-9-1886 ……… 174
最判 昭41・12・20 民集20-10-2139 ……… 234
最判 昭41・12・23 民集20-10-2211 ……… **114**
最判 昭42・8・25 民集21-7-1740 ……… 164
最判 昭42・10・27 民集21-8-2161 …… 221, **224**
最判 昭42・11・9 民集21-9-2323 ……… 150
最大判 昭43・11・13 民集22-12-2526 …… **28**
最判 昭43・11・19 民集22-12-2712 ……… 291
最判 昭44・6・24 民集23-7-1079 ……… 132
最判 昭44・11・25 民集23-11-2137 ……… 28
最判 昭44・12・19 民集23-12-2518 ……… 150
最判 昭45・4・10 民集24-4-240 …… 208, 295
最判 昭45・4・21 判時595-54 ……… 173
大阪地判 昭45・5・28 下民集21-5=6-720
　　　　　　　　　　　　　　　　　　 136
最大判 昭45・6・24 民集24-6-587 … 301, **311**
最大判 昭45・7・15 民集24-7-771 ……… 300
最判 昭45・10・13 判時614-46 ……… 162
最判 昭46・4・23 民集25-3-388 ……… 239
最判 昭46・11・19 民集25-8-1321 ……… **156**
最判 昭46・12・16 民集25-9-1472 ……… **117**
最判 昭46・12・16 民集25-9-1516 ……… 78
最判 昭47・3・23 民集26-2-274 ……… **186**
最判 昭47・4・20 民集26-3-520 ……… 100
最判 昭48・2・16 民集27-1-99 ……… 174
最判 昭48・7・19 民集27-7-823 ……… 295
最判 昭48・10・11 判時723-44 ……… 109
最判 昭48・10・30 民集27-9-1304 ……… 281
最判 昭48・11・30 民集27-10-1491 ‥ 148, 149
最判 昭49・3・7 民集28-2-174
　　　　　　　　　………… 212, 213, 263
最判 昭49・3・19 民集28-2-325 ……… 239
最判 昭49・6・28 民集28-5-666 ……… 308
最判 昭49・9・20 民集28-6-1202 ……… 148
最判 昭49・11・29 民集28-8-1670 ……… **129**
最判 昭49・12・12 金法743-31 ……… 151

昭和50年～59年
最判 昭50・2・25 民集29-2-143 …… **86**, 88, 89
最判 昭50・3・6 民集29-3-203 ……… **128**
最判 昭50・7・17 民集29-6-1119 ……… 149
最判 昭50・7・25 民集29-6-1147 ……… 243
最判 昭50・12・1 民集29-11-1847 ……… 155
最判 昭51・3・4 民集30-2-48 ……… 304

最判 昭51・6・21 判時835-67 ……… 243
最判 昭52・3・17 民集31-2-308 ……… 208
最判 昭52・7・21 判時867-58 ……… 149
最判 昭53・10・5 民集32-7-1332 ‥ 145, 155
最判 昭54・1・25 民集33-1-12 ……… 153
最判 昭54・7・10 民集33-5-533 ……… **314**
最判 昭55・1・11 民集34-1-42 ……… **216**
最判 昭55・1・24 民集34-1-110 ……… 144
最判 昭55・7・11 民集34-4-628 ……… 123
最判 昭55・12・18 民集34-7-888 …… 70, 89
最判 昭56・2・16 民集35-1-56 ……… 89
最判 昭57・7・1 判時1053-89 ……… 72
最判 昭57・12・17 民集36-12-2399 ……… 178
最判 昭58・5・27 民集37-4-477 ……… 90
最判 昭58・9・6 民集37-7-901 ……… 69
最判 昭58・10・6 民集37-8-1041 ……… 124
最判 昭58・12・19 民集37-10-1532 ……… 148
最判 昭59・2・23 民集38-3-445 ……… **269**
最判 昭59・4・10 民集38-6-557 ……… 90
最判 昭59・5・29 民集38-7-885 ……… 285
最判 昭59・9・18 判時1137-51 ……… 84

昭和60年～63年
最判 昭60・5・23 民集39-4-940 ……… 279
最判 昭61・4・11 民集40-3-558 …… 219, **263**
最判 昭61・11・27 民集40-7-1205 ……… 285
最判 昭61・12・19 判時1244-13 ……… 90
最判 昭62・4・23 金法1169-29 ……… 279
最判 昭63・7・1 民集42-6-451 ……… 174
最判 昭63・7・19 判時1299-70 ……… 154
最判 昭63・10・13 判時1295-57 ……… 270

平成元年～9年
最判 平3・4・11 判時1391-3 ……… **88**
最判 平3・9・3 民集45-7-1121 ……… **287**
最判 平3・10・1 判時1404-79 ……… 241
最判 平3・10・25 民集45-7-1173 ……… 174
最判 平4・2・27 民集46-2-112 ……… 154
最判 平4・11・6 判時1454-85 ……… **225**
最判 平5・3・30 民集47-4-3334 … 215, **217**
最判 平5・7・19 判時1489-111 ……… 265
最判 平6・4・21 裁時1121-1 ……… 111
最判 平6・7・18 民集48-5-1165 ……… 296
最判 平6・11・8 民集48-7-1337 ……… 57

331

最判 平6・11・24 判時1514-82 ………… 174
最判 平7・6・23 民集49-6-1737 ……… **288**
最判 平8・7・12 民集50-7-1918 ……… 244
最判 平9・4・24 民集51-4-1991 ……… 270
最判 平9・6・5 民集51-5-2053 ……… 208
最判 平9・7・15 民集51-6-2581 ……… 70
最判 平9・11・11 民集51-10-4077 …… 223

平成10年〜

最判 平10・6・12 民集52-4-1121 ……… 144
最判 平10・9・10 民集52-6-1494 ……… **174**
最判 平11・1・29 民集53-1-151 …… **206**, 209
最判 平11・6・11 民集53-5-898 ………… 148
最大判 平11・11・24 民集53-8-1899 **126**, 133
最判 平12・3・9 民集54-3-1013 ……… 148
最判 平12・3・24 民集54-3-1155 ……… 91
最判 平12・4・21 民集54-4-1562 ……… 209
最判 平13・3・27 民集55-2-434 …… 85, 107
最判 平13・11・22 民集55-6-1033 …… 124
最判 平13・11・27 民集55-6-1090 …… 211
最判 平14・10・10 民集56-8-1742 …… **210**
最判 平15・4・8 民集57-4-337 …… 265, **266**
最判 平16・2・20 民集58-2-380 ………… 30
最判 平16・2・20 民集58-2-475 ………… 30
最判 平16・11・18 民集58-8-2225 …… 85, 94
最判 平17・7・19 民集59-6-1783 …… 83, 85
最判 平18・1・13 民集60-1-1 …………… 30
最判 平18・1・19 判時1926-17 ………… 30
最判 平18・1・24 判時1926-28 ………… 30
最判 平18・1・24 民集60-1-319 ………… 30
最判 平19・2・27 判時1964-45 ………… 85

著者紹介

渡辺 達徳（わたなべ　たつのり）
　1955年生まれ
　1979年3月　中央大学法学部卒業
　1990年3月　中央大学大学院法学研究科博士後期課程単位取得退学
　現在，中央大学大学院法務研究科教授
　【主要論文・著書】
　「給付障害の基本構造に関する一考察(1)(2・完)」法学新報96巻5号・6号（1990），「民法541条による契約の解除と『帰責事由』(1)(2・完)」商学討究44巻1＝2号・3号（1993〜1994），「ドイツ債務法現代化法における一般給付障害法」『契約法における現代化の課題』（法政大学出版局）所収（2002），「ドイツ債務法現代化における帰責事由～その内容及び機能について～」判例タイムズ1116号（2003），『民法渡辺道場』（日本評論社・2005）等。

野澤 正充（のざわ　まさみち）
　1960年生まれ
　1983年3月　立教大学法学部法学科卒業
　1991年3月　立教大学法学研究科博士後期課程修了
　1993年3月　博士（法学）
　現在，立教大学大学院法務研究科教授
　【主要論文・著書】
　『契約譲渡の研究』（弘文堂・2002），『債務引受・契約上の地位の移転』（一粒社・2001），『ケースではじめる民法（補正版）』（共編著，弘文堂・2005），『Step up債権総論』（共編著，不磨書房・2005），『はじめての契約法（第2版）』（共著，有斐閣・2006），「契約の相対的効力と特定承継人の地位(1)―(5・完)」民商法雑誌100巻1―6号（1989），「枠組契約と実施契約―『契約の集団』論の新たな展開―」日仏法学22号（2000），「消費者契約法とフランス法」ジュリスト1200号（2001），「私立大学に対する学納金返還請求訴訟」法学セミナー589号（2004），「売買契約に基づく目的物引渡請求権と代金額の確定」『要件事実論と民法学の対話』（商事法務・2005），「瑕疵担保責任の比較法的考察(1)(2)」立教法学73―74号（2007）等。

債権総論（弘文堂NOMIKA）

　平成19年11月30日　初版1刷発行

著　者　渡辺　達徳・野澤　正充

発行者　鯉渕　友南

発行所　株式会社　弘文堂　　101-0062　東京都千代田区神田駿河台1の7
　　　　　　　　　　　　　　TEL 03(3294)4801　　振替 00120-6-53909
　　　　　　　　　　　　　　　　http://www.koubundou.co.jp

装　丁　青山修作
印　刷　三美印刷
製　本　牧製本印刷

© 2007 Tatsunori Watanabe, Masamichi Nozawa. Printed in Japan

Ⓡ　本書の全部または一部を無断で複写複製（コピー）することは，著作権法上での例外を除き，禁じられています。本書からの複写を希望される場合は，日本複写権センター（03-3401-2382）にご連絡下さい。

ISBN978-4-335-30314-2

法律学講座双書

法学入門	三ケ月　章
法哲学概論	碧海純一
憲法	鵜飼信成
憲法	伊藤正己
行政法（上・中・下）	田中二郎
行政法（上・*下）	小早川光郎
租税法	金子　宏
民法総則	四宮和夫・能見善久
債権総論	平井宜雄
*債権各論Ⅰ	平井宜雄
債権各論Ⅱ	平井宜雄
親族法・相続法	有泉　亨
商法総則	石井照久
商法総則	鴻　常夫
会社法	鈴木竹雄
会社法	神田秀樹
手形法・小切手法	石井照久
*手形法・小切手法	岩原紳作
商行為法・保険法・海商法	鈴木竹雄
商取引法	江頭憲治郎
民事訴訟法	兼子一・竹下守夫
民事訴訟法	三ケ月　章
民事執行法	三ケ月　章
刑法	藤木英雄
刑法総論	西田典之
刑法各論	西田典之
刑事訴訟法（上・下）	松尾浩也
労働法	菅野和夫
*社会保障法	岩村正彦
国際法概論（上・下）	高野雄一
国際私法	江川英文
工業所有権法（上）	中山信弘

＊印未刊